大资本

解码广药白云山

朱宝／著

南方日报出版社
NANFANG DAILY PRESS
中国·广州

图书在版编目（CIP）数据

大资本 : 解码广药白云山 / 朱宝著. -- 广州 : 南方日报出版社, 2019.6

ISBN 978-7-5491-1920-2

Ⅰ. ①大… Ⅱ. ①朱… Ⅲ. ①制药工业－工业企业管理－资本运作－研究－广州 Ⅳ. ①F426.77

中国版本图书馆 CIP 数据核字(2018)第 261325 号

DAZIBEN JIEMA GUANGYAO BAIYUNSHAN
大资本 : 解码广药白云山

著　　者：朱　宝
出版发行：南方日报出版社
地　　址：广州市广州大道中 289 号
出 版 人：周山丹
责任编辑：刘志一　李　沁
封面设计：程　琳
版式设计：肖晓文
责任校对：阮昌汉
责任技编：王　兰
经　　销：全国新华书店
印　　刷：广东信源彩色印务有限公司
开　　本：787mm×1092mm　1/16
印　　张：17.5
字　　数：300 千字
版　　次：2019 年 6 月第 1 版
印　　次：2019 年 6 月第 1 次印刷
定　　价：88.00 元

投稿热线：（020）87360640　读者热线：（020）87363865

序 中国资本市场的棱镜

胡 泳

在中国资本市场发展到让一个小股东感到迷茫的时期，《大资本》这本书的出版恰逢其时。作者将广药集团的两个上市公司——一个在联交所和上交所同时上市，一个在深交所上市，置于中国资本市场建立、发展和变化的历史轨迹中，研究与考察两家上市公司所遭遇的市场环境、政策变化、资本市场文化，包括机构投资者、小散户股东和监管机构等资本市场参与者在内的多主体博弈，以及两家上市公司和广药集团的变化与发展，资料翔实，分析丝丝入扣，同时也不乏人性化的故事，可以让阅读者通过充满画面感的场景再现、故事性的写作风格和简洁易懂的表述，更切身地感受和体悟中国资本市场建立、发展与变化历程中，那些不为人所知的魄力、坚持、黯然神伤、无奈和精彩。

要想重新审视当前的资本市场，我们可以从《大资本》一书中找到历史上似曾相似的情景和样貌。本书可以帮助阅读者站在更宽广的视野和格局上，深入至繁复的知识体系中，去了解当前发生和必须面对的种种，并从中得到启示：随着国际、国内市场环境与宏观经济的变化，身处其中的上市公司，在沉浮起落之中，该如何变迁、调整和适应。

细读此书可以发现，《大资本》通过对广药集团资本运作反哺实业的全面记录和还原，展现了一幅中国资本市场变迁的图景，堪称一部记录中国资本市场发展和商业史的卓越著作，有助于上市公司、拟上市公司、大公司的管理者以及资本市场参与者，找到更好、更简单易行的方法，全局性地了解上市公司可能遭遇和面对的几乎所有状况。从上市到增发，到国企改革和股权分置改革，到重大无先例重组，到员工持股计划和引进民营资本入股，到指数变化风起云涌中，上市公司如何“自洽”，广药集团的资本故事异彩纷呈。作者并不满足于单一微观公司的历史摹写，还把目光投向更广阔的地平线，涉及沪、深、港上市制度的改革与完善，全球投资者与中国香港、内地投资者的不同理念，以及资本市场的文化差异。闪烁其中的，还有“王老吉”商标的商业角力与暗战，以及它们在一个重大无先例重组中若隐若现的影响力。

如书中所述，广药集团是中国老牌的医药集团，它最早的历史可以追溯到数百年前。它的发展历程，不仅是中国医药文明的缩影，更是中国医药产业从计划经济走向市场化过程中经历阵痛、走出困顿与豁然开朗的缩影。广药集团重组8家中医药制造公司、3家医药贸易公司等广州市属优质医药资产，发起设立了一家股份公司，成就了它成为第一批登陆香港证券交易所的公司先行者之一的地位，之后再登陆A股，成为第一批A+H两地上市的大公司。而另一家上市公司，则是更早在深交所上市的大公司。中国医药工业的演进脉络和资本促进医药产业的发展历史尽在其中，可以寻找到近现代中国时代变迁的影子。

《大资本》一书中的故事凝聚着时光的魅力，就如同一个多面体棱镜，可以奇妙地剥开无数的光影面，而每一个光影面，都折射着历史的侧影，是关于陈李济的信守同盟，是关于中医药漂洋过海的雏鹰初啼，是关于中国医药研究体系最初的建立模样，是关于全民所有制公司到市场化运营公司的改革旅程，是关于中国资本市场国企探路的样板……

你所听到过的近现代转折点，都可以从这本书记录的广药集团的起伏中找到印迹，在每个光阴的缝隙中，都可以寻找到回忆的开关，仿佛在放映一部近现代中国公司发展的纪录片，每一帧每一轨都写满故事。

放在改革开放40年的历程中，广药集团最惊心动魄又悬念迭起的便是它的重组与再出发。它是一家工业制药企业打破束缚，扬长避短，利用资本反哺实业的经典创举，通过用时间换空间，广药白云山得以焕发出新的力量，站在同行业的最前端，形成独特的竞争力，直面未来的挑战与机遇。

回望近十年特别是近七八年来广药集团走过的每一步，亲历者都有理由忐忑，如果过去稍有不慎，一步失误，广药集团的发展便到不了今天。如果没有强有力的推动者大胆探索，小心求证，广药集团就可能错失发展的关键窗口期。

透过《大资本》，广药集团重大无先例重组的亲历者们所经历的那些特别的日日夜夜，真实地在眼前再现，正如书里所描述的："在当晚举行的新增股份上市招待会上，宾朋满座，觥筹交错。那时，有多少人，泛起了泪光，打开了记忆之门。"这本书的可贵之处，在于对广药集团审时度势，抓住机会，脑洞大开，极尽可能解决遇到的问题，并最终在每个时间节点到来前成功通关的历程，进行了巨细无遗的描写，特别是"三个三天"的惊险，融资融券跨市场转登记时市场和股价的瞬息变化，以及改制投票的些微胜出对形势的扭转，还有广州医药和沃博联谈判节奏的把握与权衡等，这些企业发展的关键节点在作者的笔下栩栩如生，其间展现出了一家大型医药集团的管理经验和能力，以及其对于市场、人性和商业规律的洞悉。

本书是一本关于重组的工具书，也是一本了解中国医药工业发展的历史书，同时是一本可以用于追寻中国资本市场发展与变化的资料书，更是一部大企业在新时代的管理书，完整呈现了一个中国著名大型医药集团如何通过重大无先例的重组，建立投资孵化平台，延展资源力半径，让实体经济在资本的助力下实现跨越式发展的经典案例。

今天，无论是案例的亲历者，还是旁观者，都有理由比当年更加心怀忐忑，因为经营企业是一个永无休止的过程，不仅如此，前路可能更加山重水复。正如杨万里的那首诗：“莫言下岭便无难，赚得行人空喜欢。正入万山圈子里，一山放过一山拦。”山正多，且奋斗。

（胡泳，北京大学新闻与传播学院教授，著有《海尔中国造》等）

前　言

广药集团的总部位于中国通往世界的南大门、广东的省会——广州，坐落于沙面北街45号。

对于广州来说，沙面是一个有着特殊意义的地方。它风景如画，绿树成荫。闻名遐迩的珠江将古建筑群落围绕其中，形成一个环江的岛屿。这里是广州近现代史，抑或说中国近现代史的缩影。

欧式建筑静立于沙面岛上，见证着时代的变迁。这些建筑的风格涵盖新巴洛克式、仿哥特式、券廊式、新古典式和中西合璧式，鳞次栉比。也是在这里，曾经的领事馆、外资银行和洋行留下它们经营的印迹。

更重要的是，沙面是广州的重要商埠。它历经百年，不断以历久弥新的身姿融汇着“有容”二字：一对对新人沐浴着阳光在这里拍摄婚纱照；成群结队的中外年轻人在泛着历史光芒的咖啡馆里徜徉徘徊，或临江小憩，或游览珠江夜景，不亦乐乎。

四个多世纪的悠久历史，熏陶出了广药集团独特的个性：它传承着千年的中医药文化，经营着时尚不上火的饮品，培育出全球唯一中国人自行研制、拥有自主知识产权，并首先应用于临床的半合成头孢菌素——头孢硫脒。也就是说，你小时候听过的“板蓝根冲剂”是这家公司生产的，你喝到的王老吉凉茶是它旗下的产品，而彰显男性魅力、融洽两性关系的药品金戈，也是它的产品。

当然，它还有更多面。如果要描述这家公司和它近十年的表现，你可以用“开了挂”来形容。

2011年，广药集团启动旗下广州药业和白云山两家上市公司的重组，以国内第一批在香港上市而后A+H（上海与香港两地上市）的广州药业股份，吸收合并在深圳主板第一批上市的白云山股份，而后将白云山的"壳"从深圳交易所注销，再把广药集团旗下的重要资产注入吸收合并后的新公司广药白云山，实现广药集团的整体上市。

这样一个听起来就复杂无比的交易，发生在一家地方国资委管理的医药集团，除了是一桩重大无先例的上市公司重组，这起交易还开许多先河。

比如，以在香港主板与上海主板两地上市的广州药业，吸收合并在深圳主板上市的白云山，将原来在深圳主板上市的主体白云山注销。在中国资本市场上，这是第一例。

广州药业吸收合并白云山后的新主体中，注入广药集团的优质资产，而在注入资产前，一些机构还没改制完成，比如诺贝尔医学/生理学奖获得者、"伟哥之父"费里德·穆拉德任职的广药研究总院，这其实是重大无先例的交易。

而原来在深圳交易所主板上市的白云山股份，涉及把股份从深交所转移到上交所登记，且值得关注的是其中有融资融券类信用账户的跨市场转登记，这是第一例，等等。

更重要的是，这一重组案，涉及中国内地的上交所、深交所与中国香港的港交所。三地交易所的监管规则、市场参与方、中介机构、机构投资者与小股东的差异，以及关涉的监管机构与主管单位众多，任何一个地方出现差池，都可能给重组带来变数。

然而，在只能向前的强力驱动下，虽然遇到了一个又一个的难题、障碍和第一次，但广药白云山的重组最终取得了成功。

重组的完成，使得广药白云山（股票名称“白云山”）摆脱了同一集团旗下两家同业竞争的上市公司无法增发融资的困境。随后，广药白云山启动非公开发行股票计划，并打开员工持股通道，引进云锋基金作为战略投资者。融资通道的打开，为广药白云山推开了跨越性发展的大门。

除此之外，广药集团还一发不可收。在资本的助力下，撬动品牌价值不菲的“王老吉”商标，为广药集团带来超预期营收；旗下上市公司广药白云山从世界500强排名靠前的沃博联手中买回合资公司广州医药的30%股权，解决股权结构掣肘带来的决策效率跟不上公司发展实际的问题；将国内首个“伟哥”产品白云山金戈投产，用3年时间占据重要市场地位；成立广州白云山一心堂医药投资发展有限公司，投资医药零售业，战略投资重庆医药、创美、一心堂；并通过建立不同级别的投资基金，启动广药白云山上下游产业链的投资，布局未来。

同时，在“大南药、大健康、大商业和大医疗”策略的驱动下，市场感受到一家地方国资委主管的大公司，如何在大资本的长袖善舞中，破除系统性机制难题，焕发青春活力，向市场证明它的发展潜力不可估量。

开创性的改革，意味着有人必然需要承担什么。令人印象深刻的一个细节是，广药集团重组完成、王老吉品牌良性运转被证实。在广州市国资委的一次会议中，国资委相关负责人在发言中意外提及“李楚源承担了很多非议和委屈，工作卓有成效”后，参会的人员注意到，“随后上台发言的李楚源说话的声音比惯常大了很多。了解他的人可以感知到，那一刻，他的憋屈终于找到了舒缓的出口——被理解是最大的认同”。

“这是广药集团董事长的职责所在。”被正面问及在面对那些不为人知的困难与艰辛的感受时，李楚源如此回答。

2018年5月，广药白云山控股广州医药，这意味着后者从2018年开始，可以把财务报表并入白云山。而它的另一个表达方式是，从这一年开始，广药集团从千亿俱乐部起步，迈向未来。截至2018年8月9日，广药集团在广东省制造业100强排行榜中位列第八。

可以对比的是，十年前的2008年，广药集团的营收为204亿元，而截至2018年1月1日，这一数据已变为1021亿元。

这家中国制药工业百强第一的企业，拥有30多家成员公司、12家中华老字号品牌、6件国家非物质中医药文化遗产和30个产品超亿元的大型医药集团，正在传承与创新的碰撞、融合中，展现出惊人的发展速度。

广药集团是如何一步步在迟滞中被激发，适应市场的变化，以大象轻舞之姿，向市场展现它如何赢得未来的？它给上市公司与资本市场带来怎样的经验与反思？给实业制造公司提供怎样的借鉴与参考？

市场是残酷的。安全感来源于在变化中求变。当时代和你告别时，可能连一句“再见”也来不及说。

在这样牵一发而动全身的资本市场，广药集团步步为营，划出了一条让人难以效仿与企及的漂亮弧线。

这正是本书想要找寻的密码：广药集团如何在一个个关键节点与转折的路口，迈出了最正确的那一步。千沟万壑，险滩湍流，却成了相伴的优雅风景。

然而，对于广药集团来说，这可能是它广阔视野与远大棋局征途的一幕高潮，附着在它身上的文化意义，还有传统中医药传承至今的商业文明，有待在国际化的市场上去流传延续，细数芳华。

中国资本市场加入MSCI指数（MSCI指数是全球投资组合经理广泛采用的基准指数），就像打开的一扇门，透过它，越来越多的国际目光聚焦在中国资本市场。毫无疑问，那些优秀的公司可以脱颖而出，成为他们投资与配置的首选，这意味着崭新的国际市场渐次打开，更广阔的用户市场把目光向变化中的中国医药健康行业聚焦。

值得关注的是，2018年6月，广药白云山入选MSCI指数，成为国际投资者可以追踪投资的潜在标的。

广药的气度、格局与视野在这里可与之对接与彰显。事实上，广药集团所具备的品性与历史沉淀，可以通过更多见微知著的细节与关键节点的抉择，来呈现与强化人们对此的感受。

资本运作背后的商业逻辑与故事，事业追求和商业文明演进是最好的注脚与落点，这亦是广药集团的光环与企业发展和管理魅力的具象。

广药集团资本市场图谱

1993

1993年11月，白云山A（000522.SZ）在深交所上市。

1997

1997年8月，广药集团作为唯一发起人，重组8家中医药制造公司、3家医药贸易公司等广州市属优质医药资产，设立广州药业股份有限公司。1997年10月，广州药业在香港联交所上市，股票代码00874.HK。

2000

2000年11月，广药集团托管重组白云山股份原控股股东白云山集团，成为白云山股份的控股股东。

2001

2001年2月，广州药业增发A股在上海证券交易所上市，股票代码600332.SH，在H股上市三年多后实现A+H两地上市。

2011

2011年11月，广药集团启动重大资产重组工作，拟以广州药业为主体吸收合并白云山股份及向广药集团发行股份购买资产，最终实现主业资产的整体上市。

2014年12月，广药白云山启动非公开发行A股股票及员工持股计划相关工作，作为新上市平台在资本市场的首次亮相，及首例A+H股上市公司实施员工持股计划的案例，引起市场的极大关注。

2018年5月，广药白云山收购广州医药30%股份，实现对广州医药的控股。

2013

2014

2016

2018

2013年3月，白云山股份股票停牌直至被广州药业吸收合并并注销，深交所主板上市公司“000522.SZ”退出历史舞台。2013年5月，广药集团实施完成重大资产重组，实现主业资产“600332.SH”+“00874.HK”这一新上市主体的整体上市，开上市公司横跨沪、深、港三地交易所资产重组的先河。

2016年8月，广药白云山非公开发行A股新增股份在上交所上市。

2018年9月，王老吉药业收回48.05%股权。

目录

FORTUNE
GLOBAL FORUM
广州2017 · 财富全球论坛

FORTUNE
GLOBAL FORUM
广州2017 · 财富全球论坛

第一章
控股广州医药

站在历史机遇面前，广药集团做出了最有魄力的抉择：迎着资本市场的浪潮，乘风驭浪；沿着商业文明的路径，筚路蓝缕。

这是一个积淀、探索、审时度势与历久弥新的广药集团。它迎着波涛，沉着冷静地等待浪潮来袭。

这是平静而又值得铭记的一天。

一头银发的沃博联首席执行官斯特法诺·佩希纳坐在视频设备前，他略微低着头，眯着眼，仔细听着来自中国合作伙伴的提议。

北京时间2017年9月某天16：00左右，也是伦敦时间9：00左右。

视频会议另一端，是上市公司广药白云山董事长兼广药集团董事长李楚源。

“广药集团希望取得广州医药的控股权。这样的安排，有利于双方合资公司的发展。”李楚源说。

意大利人斯特法诺·佩希纳习惯在倾听时眯着眼——他一边认真听对方的表达，一边思考，快速做出决断，并在对方的阐述结束后，做出回应。

这是惯常于通过并购实现快速发展的沃博联掌门人一贯的行事风格。他的眯眼和间或点头没有任何轻慢，熟悉他的人自然对此习以为常。

“我们同意广药集团提出的方案。我相信这对广州医药的发展是最好的选择。”在李楚源提出广药集团的想法后，斯特法诺·佩希纳以一贯平稳的情绪代表沃博联表达了他们的意见。

对于广药集团、广药白云山和广州医药来说，这是当前能争取到的最好的结果——以低于市场预期的价格，买回了这家在全球500强企业排名前几十位并擅长靠数据做出决策的投资者持有的广州医药30%的股份。

这一举措意味着，广州医药解决了股权机制带来的发展掣肘——随着市场的发展，沃博联与广药白云山分别持有广州医药50%股权的结构，越来越不适应这家公司作为中国排名前五的医药流通公司的发展要求。

让沃博联这家公司做出出让30%股权的决定，不是件容易的事情。原因显而易见，而无论市场占有率，还是规模，抑或未来性与投资回报，广州医药都愈发显现出巨大的潜力。沃博联要做出的这一决定，意味着他们将放弃对广州医药的控股权。

“这起交易以这么快的速度最终达成，表现出了斯特法诺·佩希纳和李楚源两位最高管理者的国际眼光与远见。”广州医药总裁兼董事陈光焰称。

在此之前，作为广州医药的高管之一，陈光焰深刻地感觉到改变广州医药股权结构的迫切性——因为在一桩试图占领地域市场并有潜在收购的提议被否决后，他亲自前往英国伦敦做沟通工作的场景浮现在眼前。各占50%的股权结构，使得广州医药的投资决策变得低效。当争取到沃博联的同意后，潜在的收购标的已被竞争对手买走。

这种遗憾多次出现在对广州医药发展至关重要的决策中，解决董事会的决策机制问题，成了摆在广州医药发展中至关重要的一道难题：从引（外）资、引“智”，到股权松绑，是广州医药打开新局面、进入新发展阶段的必经之路。它的价值，和十年前广州医药引入沃博联成为股东，向这家全球最著名的医药连锁巨头学习先进管理经验一样，对处于特定发展阶段的广州医药，具有划时代的意义。

第一节　特朗普大厦的会面

“生命科学也是生命哲学。未来全球健康的主流，既要关注生命科学，也要关注生命哲学。”2017年12月7日，《财富》全球论坛“医疗的未来”圆桌论坛上，圆桌会议主席、广药集团董事长李楚源说。

2017年，《财富》论坛圆桌会议

在这天的圆桌论坛上，和李楚源同桌而坐的，有沃博联集团首席执行官斯特法诺·佩希纳、百特国际董事长兼首席执行官乔·阿尔梅达等。

斯特法诺·佩希纳坐在正对主席台最右边倒数第二个位置，此刻继续保持着惯常的舒服姿势——用右手手掌托着脑袋，右手尾指置于鼻子与上嘴唇间，眯着眼听《财富》杂志主编与斯特法诺的中国合作伙伴李楚源对谈。

李楚源所坐的位置，与斯特法诺对称——在正对主席台最左边倒数第二个位置上。斯特法诺与李楚源当日都穿着深色西装，令他们俩显得特别突出的地方在于，斯特法诺戴了一条深蓝色的领带，李楚源则戴了一条正红色领带，营造出遥相呼应的喜感。这两人前者是当天论坛的嘉宾，而后者是战略合作伙伴。

论坛很成功，宾主相谈甚欢，卓有成效地探讨了关于医药医疗行业的最新趋势与未来。不过，很少有人知道，就在那天论坛前后，李楚源与斯特法诺正就双方合作关系至关重要的股权交易问题展开一轮又一轮的谈判。而谈判的节奏，则跟随着《财富》论坛的路演节奏，在美国芝加哥、英国伦敦、中国香港和中国内地纷纷留下印迹。

《财富》论坛结束两个星期后，广药白云山和沃博联旗下联合美华与两者的合资公司广州医药签订了《股权转让合同》与《合资经营合同》。也是在当日，广药白云山第七届董事会第五次会议做出决议，通过了《重组报告书》。

重组的主要内容涉及广药白云山用10.9亿元的现金，购买联合美华持有的广州医药30%股权。出让完成后，后者仍然持有广州医药20%的股权。《重组报告书》中约定，联合美华授出了一项向广药白云山转让它持有的这部分股权的售股权。也就是说，交易完成后，广药白云山控股广州医药，并获得进一步购买广州医药余下20%股权的权益。

2018年3月29日，广药白云山2018 年第一次临时股东大会审议并通过了《重大资产购买实施情况报告书》，从那一刻起，不出意外，这项交易将顺利完成。

对于广州医药来说，这是这家公司发展史上至关重要的一刻与转折的历史节点。

1951年6月1日，广州医药在广州成立。在市场化改制发展的浪潮中，2001年12月21日，广州医药改制为有限责任公司。随着改革开放纵深推进，越来越多的外资公司涌入中国，纷纷到对世界开放的中国市场淘金。

2007年12月28日，沃博联前身Alliance Boots， Inc. 属下的联合美华有限公司（ALLIANCE BMP LIMITED）（下称“联合美华”）入股广州医药，持有广州医药50%的股份。

这一股权结构从此刻开始，便延续至2018年5月——双方正式交割完成前。在十余年的发展中，尤其是近五年来，广州医药愈发显现出它跟不上市场变化的一面。而事实上，无论沃博联，还是广药白云山，二者作为广州医药的重要股东，都希望这家公司发展得更好，这一共识成了双方推动股权转让最终顺利完成的根本原因。

不过，看起来表面一片祥和，而事实上却效率不高。打破“你好、我好、大家都好”的局面则是李楚源和斯特法诺·佩希纳在美国芝加哥特朗普大厦的一次会面。

2016年底的一次美国出差，李楚源在芝加哥的特朗普大厦见到了斯特法诺·佩希纳，这一次会面，李楚源试探性地和后者提到了关于广州医药股权结构的问题。

在此之前，广州医药的管理层与李楚源沟通工作时，曾向他提及广州医药在市场拓展中的一些新做法。比如，成为机构的定点合作伙伴，需要有一些前期资金投入，在机构建立起广州医药的定向供货渠道。

这一做法，有利于广州医药市场份额的提升，但沃博联派驻的法人代表与董事却否决了这一做法。原因是，作为以财务数据见长的股东方，他们擅长精确地计算投入的钱能在多长时间内带来多少回报，如果这个不能达到他们的预期，那么就会拒绝投入。

然而，战略性市场拓展不是一个短期能立竿见影并给出财务回报的做法，但如果不去做，可能就失去了把握主动的机会。短期看，这一投资回报不高；但不做，就会全面失去市场。

这也是财务投资与长远回报之间的矛盾，而各占一半股权的股权结构，更使得这一矛盾无法调和。

在李楚源提出股权结构问题时，斯特法诺·佩希纳和沃博联的管理层第一次正式接收到了这个信息。

2017年初，《财富》论坛在香港路演，沃博联的香港团队在这里与李楚源见了面，沟通广州医药日常经营中的工作。在这次会面中，李楚源正式向沃博联团队提出了改变股权结构的想法。

李楚源很明确但巧妙地表达了他的想法。他说，为了广州医药更好地发展，需要对当前的状况做出一些改变。比如，沃博联把持有广州医药的股权卖给后者的母公司广药白云山，让广药白云山百分百持有广州医药；或者，广药白云山把持有的广州医药的股权全部转让给沃博联，沃博联全资持有广州医药。次之的两个选择是，广药白云山控股广州医药，或者沃博联控股广州医药。

言下之意，无论如何，广州医药需要一个控股股东。李楚源提出正式的建议后，沃博联的香港团队准确无误地把广药白云山董事长的想法传递给了沃博联在伦敦的办公室。

时间从2017年2月一直流转，直到2017年下半年，李楚源因到英国伦敦去出差，他在这里再一次见到了他的合作伙伴斯特法诺·佩希纳，与斯特法诺·佩希纳一起的，还有沃博联执行副总裁、全球批发和国际零售总裁及首席执行官奥内拉·芭拉女士。

这次会面，斯特法诺·佩希纳与奥内拉·芭拉从李楚源这里获得了更多关于中国市场发展变化的新鲜信息，这使得他们对中国合作伙伴的帮助心怀感激，并看到了之后在中国市场发展中， 这家合作伙伴能给他们带来进一步帮助的诚意、信心与潜力。他们更坚信，广州医药在中国市场无限的发展潜力，沃博联与广药白云山在广州医药的合作前景一片光明。解决股权结构问题对于广州医药至关重要，而至于谁控股，反倒成了次之的问题。

尽管这次的沟通看起来一切顺畅，不过，李楚源事后回想，在当时，他并不清楚沃博联是否已经做出放弃控股权的决定。

在《财富》论坛召开两个月前，广药白云山的管理层与沃博联的管理层召开了一次视频电话会议。

这是一次决定性的会议。然而，即使视频电话会议结束后，李楚源仍然难以相信，沃博联真的在这次会议中明确了他们将放弃广州医药的控股权。

“没想到他们真的同意了。”视频电话会议结束后，李楚源对一位参会的高管说。

视频会议一接入，无论广药白云山的管理层，还是沃博联的管理层，他们双方都不知道这是一次决定性的会议——他们都试图在这次会议中沟通相互的想法。

会议一开始，李楚源提出，广州医药需要解决股权结构问题，这是让广州医药快速发展需要解决的最紧迫的问题。接下来，李楚源说，沃博联与广药白云山在2007年至今的十年里，各持有广州医药50%的股权，是符合前十年的全球市场与中国市场变化的，但它显然已经不太适合接下来的这个十年。对于广州医药来说，广药白云山在接下来的这个十年控股，更利于为广州医药的发展打开新的局面。

“再过十年，也说不定是沃博联控股更适合市场的发展。”为了进一步阐明这是市场趋势变化决定的，李楚源接着说，“发展阶段不同，股权结构需要做出相应调整。”

视频会议另一端，沃博联的管理层仔细听着李楚源的阐述。

“他们可能想了想，觉得也对。”李楚源说。

事情出现了戏剧性的一幕：眯着眼若有所思的斯特法诺·佩希纳听完李楚源的发言后，居然直奔主题说：“我同意李先生的说法，这的确是更有利于广州医药发展的做法。”

就这样，广州医药的股权结构被松绑。

奥内拉·芭拉盯着斯特法诺·佩希纳，一言不发。斯特法诺·佩希纳说完话后，他转过头看了看奥内拉·芭拉女士，并表示他们要商量一下，如果成立工作小组，由谁来对接接下来的交易。

接下来的交易，还包括价格问题。

“股权转让的价格以及广药白云山推荐的中介机构，希望能由双方共同商定。” 斯特法诺·佩希纳提出。

广药白云山的管理层表示认可。在前几轮的讨论中，广药白云山已经明确表示，沃博联转让广州医药股权的定价，需要市场机构给出公允的估值，并特别强调，转让价格需要获得广州市国资管理机构的认可与审批。

“沃博联是一家非常有远见的全球医药连锁巨头。他们并没有纠结于单一合作的得失，而寄望的是在中国市场的长远发展与更广泛的合作。”广州医药总裁陈光焰说，“李楚源董事长亦如此，对他来说，广州医药控股权问题的解决是根本，他也希望未来广药集团与沃博联在广阔的中国市场有更多的合作与互补。这是过去双方合作奠定的，亦为未来的合作打开了无限的可能性。”

从提出到完成交易，这项重大资产重组工作在集团副总经理程宁带领的工作团队的积极推动下，用了不到一年的时间，广州医药重新轻装上阵，推进之迅速和顺利，是广州医药管理层没有想到的。

“作为董事长，他敢想。接着，他是一个把‘想到’也要用尽全力去‘做到’的人。这是他的性格。”广药集团一位管理层评价说。

毫无疑问，在这一时刻，广州医药做出了更好的选择，毕竟在中国市场，如果只考核净利润与现金流，医药流通公司将可能失去它们至关重要的市场——医院，这是中国医药流通公司的重要客户。不过在账期方面，医药流通公司往往并不太具有话语权，而它们又必须尽快把钱给它们的供应商，这就决定了医药流通公司的财务费用比较高，利润空间因此被压缩。

如果放弃医院，医药流通公司基本等于放弃市场，这与欧洲国家是不同的，只关注现金流与净利润，医药流通公司将失去市场，这相当于“自我毁灭”。如何有效地平衡，决定了医药流通公司的现在。至于未来，则是接下来你将要看到的。

第二节 股东沃博联

英语口音中带着意大利弹舌音的奥内拉·芭拉，在2017年夏季末的伦敦，与广州医药总裁、执行董事陈光焰，坐在沃博联总部的办公室沟通关于广州医药在中国市场的运营情况。

“销售情况怎样，是否达到预期设定的目标？”“税前利润呢？银行存贷款利率近期是否有调整？”“现金流这个问题，预付账款与应收账款之间的时间差，是否还有可能缩减？”奥内拉·芭拉职业性地向陈光焰抛出了一连串用数字说话的财务分析指标，希望从中直抵要领地了解到广州医药当前的经营状况。

这是陈光焰与李楚源一起在伦敦展开商务沟通的场景。隔壁房间，李楚源正在与奥内拉·芭拉的上司斯特法诺·佩希纳，就广州医药股权转让一事展开进一步商讨——也就是双方公告签订《股权转让合同》与《合资经营合同》两三个月前。

坐在陈光焰对面的这位身材修长、着一身精致得体套装、拎着国际品牌皮包、搭配得当的世界500强公司高管、职业经理人奥内拉·芭拉，在与合作伙伴沟通交流时，她总是以相似的方式获取想要的关键信息。很多时候，奥内拉·芭拉不容分辩，一步一步让对方简明扼要地做出回答。虽然年近60，但她精力旺盛，不知疲倦。

通常情况下，如果没有斯特法诺·佩希纳在场，她表现强势，就像一把装满子弹的机关枪，能量满满地掌控着局面，使在场的每个人都能感受到她强大的气场，而不知不觉地按照她的方式行事——看起来，这与她苗条而优雅的外表是两种风格。

不过，她亦能很好地见机行事，明晰主次。比如，当她和斯特法诺·佩希纳同处一个空间时，大部分时候表现得相当“乖巧”：一般不出声，特别是当斯特法诺·佩希纳已经表明了公司的态度后，接下来她就会一言不发。

在近十年的合作中，奥内拉·芭拉正是以这样的方式，与广药白云山和广州医药的管理层一起推动着广州医药经营管理的改善与现代化，广州医药也在这种磨合中，吸取了最具实践价值的全球性先进管理经验，对广州医药来说，这是一笔巨大的财富。而这亦是它的母公司广药白云山的最高管理层乃至关注广州医药发展的地方国资委支持广药白云山与沃博联“联姻”的初衷。

2007年1月27日，和现在一样，亦是沃博联的管理层坐在广州药业股份有限公司（简称“广州药业”）的办公室，与广药白云山前身广州药业股份有限公司的管理层，代表联合美华，与广药白云山签订了《广州医药有限公司增资合同》。联合美华是沃博联为了入股广州医药而设立的全资子公司。

当日，双方还签署了《合营合同》与《广州医药有限公司章程》。合同约定，联合美华买入广州医药的股权后，将进一步向广州医药增资，使双方的持股比例分别达到50%。从这一天开始，广州医药进入了一个没有控股股东的十年。

沃博联入股广州医药，对于中国医药流通行业是件大事。

沃博联入股广州医药前十年，也就是1997年，广州医药的母公司前身之一——广州药业才完成改制，并在这一年，获得了国家经济体制改革委员会和国务院证券委员会的批文，获准于当年10月在香港交易所挂牌上市，成为中国资本市场在香港上市的最早一批公司之一。

2001年初，广州药业获得中国证监会的核准，向内地市场公开发行股份，并于当年的2月6日在上海证券交易所正式挂牌，成为先H股，再H+A的上市公司。

一个可以对比的数据是，中国工商银行于2006年在中国内地与香港两地挂牌同步上市（A+H）。从这个角度来看，广药白云山的前身，依托距离香港很近的地理优势，受益于中国改革开放，走在了探索资本市场发展、完善公司治理的前列。

当然，如果追溯广州医药母公司广药白云山前身的历史，其实可以到1993年，那时，中国资本市场迎来第一批上市公司。关于这一点，本书将另辟内容提及。

也就是说，经过十多年资本市场探索与公司化运营，广药白云山的前身，已经积累了相当的资本市场经验。时间来到沃博联入股广药白云山子公司广州医药的2007年，进入到了如何加快推进医药流通行业大发展这个全新命题的时代。

引入外资，出发点当然是引入资本做大做强医药流通行业；引入外资的“智”，亦即先进的管理经验；引入外资的药品，亦即先进的制药技术，试水与国际接轨。作为一家重要的上市公司，广州医药首批引入外资正是符合当时市场发展的选择。

沃博联显然是更好的选择之一。

联合美华是一家在英国注册的公司，它是沃博联为投资广州医药而设立的全资子公司，沃博联通过多层持股平台全资持有联合美华。除了持有广州医药的股权外，这家公司没有其他的实际经营业务。也就是说，从一开始，联合美华的使命，就是要通过广州医药进入中国市场，至于其后的发展，则是由市场的发展变化而决定。

沃博联是一家在美国纳斯达克上市、股权比较分散的公司。比如，截至2017年12月7日，它的前20大机构股东中，有BlackRock Institutional Trust Company， N.A.（机构信托公司），JP Morgan Asset Management（摩根大通资产管理公司）等的身影，其角色看起来更像是财务投资。

这是一家十分擅长通过并购与投资，再进行整合的方式快速占领市场的全球知名医药连锁巨头，它的经营范围涵盖药品零售、日用保健品零售以及医药配送和医疗服务。

它的实际控制人给沃博联打下的最著名的标签，是全球首家以药店为主导的全球性医药保健公司，通过经营药品批发和社区药点，提供医疗保健服务。

公司实际控制人通过经营主体沃博联，在全球超过25个国家开展业务，雇员逾38万人；进行的股权权益类投资的公司，在11个国家经营着超过1.3万家门店。

沃博联还是全球规模最大的医药批发分销商之一，拥有390多家配送中心，每年向超过23万家药店、保健中心和医院提供配送服务，业务覆盖20多个国家。它另一个值得一提的是：它是全球最大的处方药与其他保健品产品的采购商之一。

如果要把这家公司与你的日常生活对上号，或者产生一些关联，那么它旗下的零售和业务品牌组合沃尔格林（Walgreens）、杜安雷德（Duane Reade）、博姿（Boots）、联合医药（Alliance Healthcare），以及 No7、 Soap&Glory、Liz Earle、Sleek Make UP，或者 Botanics 等比较全球化的健康美容产品品牌，也许能令你有些印象。

Michael，一位在英国曼彻斯特出生长大的男士，用“大部分英国人一年总有那么些时候从博姿（Boots）的店里买过药，它是一个非常大（他用Huge来形容）、声誉很好的品牌”来描述他对博姿的印象。但事实上，他并不太知道博姿的母公司沃博联，甚至“没有听说过这家公司”。

不过现在，这家公司通过广州医药可能进一步加深你的印象。关于广州医药，你可能也比较陌生，但如果说起“健民医药”等这些药店的名称，你可能会想起它，或者在什么时候与它产生过交集，尽管你可能并没有意识到它和一家叫广州医药的公司有什么关系，就像Michael并不知道身边的博姿与沃博联的关系。

当然，沃博联和联合美华关于广州医药的这笔交易，对于沃博联来说非常重要——毕竟广州医药是前景广阔的中国市场中十分重要的公司，但这笔交易的确算不上数额特别重大的一项交易。

不过，双方在十年的合作中获得了不少它们想要的东西，有些甚至超出了预期。先看看它给广州医药带来了什么——想起这点，奥内拉·芭拉女士有点咄咄逼人但却十分职业的举动，以及她带着意大利弹舌特点说意式英语的样子便浮现在眼前。

从沃博联入股广州医药开始，作为广州医药的股东，沃博联与广药白云山就开始筹划给广州医药的发展带来帮助。十年来，广药白云山、广州医药的管理层与沃博联的往来与沟通，基本出发点亦在此。

沃博联提供的经验可圈可点。以发展规划为例，引入沃博联后，广州医药的发展规划从五年缩短为了三年，且每年都会对当年的发展方向与成效进行检视，根据变化的市场做出调整，这样就更利于跟上市场的变化，迅速做出决策与调整，效率更高，适用性更强。

还有一些经验是沃博联全球经验的本土化。

大约从2011年开始，投资方沃博联便尝试把它的全球大型零售连锁巨头的零售经验带给广州医药，比如有点类似于“零售药店试验”的项目。

这个项目基于一套科学的运营体系。

以零售药店的选址标准为例，涵盖的内容可能包括药店一公里范围内的人群细分——根据年龄结构配置相应的药物。这方面中国医药流通公司多来源于“拍脑袋的”经验，或基于一种模糊的判断，但没有体系或数据以及科学的管理方式可循。

沃博联的运营体系规定了零售药店的面积、装修风格、色系等等，体现出它特有的标识，目的是通过这些细节的呈现，给前来买药的人留下专业与可信的印象，让品牌标识深入人心。运营体系甚至还会规定药店药品的摆放、咨询台的位置、药师须具备的能力与技巧。

经过几年的摸索，沃博联的这套体系在广州医药的试验中很难说取得了预期效果，原因在于沃博联熟悉的英国医药市场结构与中国的医药市场结构不同，需求和认知亦不同。

不过，广州医药的中国管理层近期正在尝试把沃博联的这套体系本土化，倒是让人眼前一亮。

比如，随着医药零售监管政策与市场变化，单体的药店在中国市场的运营正变得越来越没有竞争力，他们的运营者迫切需要联合起来，共同把市场做大做强，不然可能面临被收购的命运。但要让这些单体药店抱团又面临现实困难，它们有各自的供货渠道，价格亦不同，很难联合起来。

广州医药看到了这些单体药店面临的问题，他们想到了沃博联在英国批发业务市场用到的单店联盟这个做法，看起来很适合中国的零售市场。

接下来，广州医药便建立了一个以“健之桥”为商标标识的单店联盟，凡是使用了这个商标标识的单体药店，广州医药将给它们提供一些免费服务，前提是这些药店向广州医药采购药品。

这个前提对于单体药店是有效的——纳入联盟后，广州医药提供的采购价更低，药品品类更加丰富。

这一做法取得了成效，在2018年年中，拥有“健之桥”商标标识的单体联盟店已达450家。

第三节　推开机遇的大门

与沃博联的“跨国联姻”，对于十年前的广州医药来说，是最好的选择之一。随着市场的发展与变化，十年后的今天，广州医药不得不再次面对抉择——市场结构与需求的差异，导致了沃博联与广药白云山对广州医药面临的中国市场变化认知出现差异，而这种差异，最明显的体现便是决策效率降低，跟不上市场的变化。

从沃博联的全球经验特别是基于欧美的经验来看，新开一家零售药店的培养期大约为四年，也就是说，新店的目标是四年后赚钱——从中国市场的投入来看，这么长时间才实现盈利的项目，可能在第三年已经被砍掉了。从一定程度上来说，市场的发展阶段决定了它进一步发展的速度。具体到欧美市场与中国市场，两地发展阶段的不同，决定了两地发展速度的差异——就像考生考90分，努力考到91分比较难，而如果是考60分，努力考到80分，相对就更加容易。

两地市场的变化就更加不同了。

对于广州医药的中国管理层来说，他们思考的一个问题是，医药连锁的未来场景是怎样的——互联网技术的发展正在改变医药流通的渠道。

从2016年开始，面对“互联网+”的发展机遇，行业外的互联网公司对医药流通行业表现出极大的兴趣。新型医药电商模式不断涌现，B2B（公司到公司）逐步向 B2C（公司到消费者）、O2O（线上到线下）等模式转型，传统商业贸易逐步向现代综合服务转型。

2017年初，国务院公布取消互联网药品交易资格 B 证和 C 证的审批。这意味着，合法的药品流通公司都可自由开展互联网药品的 B2B和B2C 业务，医药电商

广州医药股权转让项目签约仪式

发展迎来了黄金期，与此同时，也开始蚕食传统医药流通公司的市场份额，给传统医药流通企业带来转型的压力，增加运营成本。

沃博联派驻的管理层恐怕无法很好回答这个问题：他们在中国市场的经验不足，他们也在尝试中摸索欧美市场经验的中国本土化。

问题在于，在本地化的摸索中，双方更加发现“文化”差异无处不在。

一个可以使这种差异具象化的例子是，沃博联在整个伦敦可能只有几个或者十几个销售人员对接——这些销售人员依靠的是标准化、系统化与信息化来实现运营，价格一经招标确定，子公司按合同约定向医疗机构供货，医疗机构按合同约定准时付款。

中国市场的批发业务面对的是医院，它意味着，一个省级区域对接的销售人员可能是几百个——不同医院有不同科室、不同医生，用什么药，往往由他们决定。

零售市场更不一样。

一个可以对比的数据是，据陈光焰提及沃博联在伦敦管理运营的医药连锁店有数百家。而在中国，一个大型医药连锁公司，在某一地区管理的医药连锁店可能只有几十家，这已经算多的了。

这是由两地的市场结构决定的。以伦敦为例，医药流通公司大约70%的营收占比来源于零售业务，余下的为批发业务的营收占比。以广州医药为例，营收90%以上来源于批发业务，余下的是零售业务。

市场结构的不同，决定了两地的市场需求亦不同。

英国医疗设施的配备，以聚居的人口数为参考。比如，每3.5万个市民聚居的地方，须配备一个社区服务中心，市民的就医首选亦为该服务中心。

并且服务中心的医、药是分开的。也就是说，社区服务中心提供诊疗服务，而对应的药，需要到零售药店购买。

零售药店的设立有标准——通过招标，政府部门选定一个医药流通公司为一个社区中心提供药品。它带来的好处是，药品管理比较清晰，不会出现药品价格竞争带来的问题。根据市场规则，药品提供商的盈利基本能够估算出来。

中国的现状是，医和药没有分开。也就是说，医院提供处方，也提供药品。这就决定了医院是医药流通公司的主要客户，后者主要向医院供货。

随着医疗体制的改革，医药市场的参与主体愈发意识到，中国医药流通的未来是零售，但谁也没有办法回避它的当前是批发。

对于中国医药流通公司来说，医药零售的到来还有很长的路要走，需要解决的问题还有很多，比如管理体系与人才缺口。

因药品的特殊性，医药流通公司需要对药品的采购、验收、储存、养护和抽检，以及运输与销售等全程保留可跟踪记录，并依托信息技术，推进经营管理过程的实时监控，这要求医药流通公司须配备一定数量的执业医师、有经验的业务管理人员、市场开发人员和专业的物流技术人员等，还须建立完善的质量控制、物流及信息服务、连锁门店开发及标准化运营等管理体系。而这些，对于中国的医药流通公司来说，才刚刚开始。

另一方面，人才缺口正在成为一个重要难题。

据国家食品药品监督管理总局统计，截至 2016 年底，全国注册执业药师总数约为34万人，也就是说，每万人口中注册执业药师人数仅为2.5人，执业药师注册率为 52.7%，同比之前还下降了近10个百分点。注册执业药师的培养，是长期积累的过程，任重道远。

由此可以看出，如果没有当下，恐怕亦很难有未来。

对于广州医药的管理层来说，他们需要为这家公司把握当下，并在变化的当下中，布局未来。

对于中国医药流通公司来说，把握当下，就是要从批发业务市场中获得更好的市场份额。市场份额的获得，往往需要面临更多的资源投入与资金支持——卖出越多的药品，需要的资金量可能越大，这是由账期决定的。

所谓的账期，分为两方面。一方面指的是医药流通公司采购药品时，它需要向它的供货商付钱的周期；另一方面是，医院采购了医药流通公司的药品，什么时候能付钱给后者受合同约束。

无论如何，医药流通公司从医院收到钱的时间，往往比他们付给供货商钱的时间要长很多。因此，中国的医药流通企业，现金流为负值是常态。

据中国商务部的不完全统计，截至2014 年，179 家药品批发公司对医疗机构平均应收账款周转天数为 122 天，应收账款总额超过 587亿元，占对公立医疗机构销售总额的37.6%。

个别医疗机构在6个月回款时，给公司开具银行承兑汇票（通常承兑期为半年），将支付药品货款的时间又延长了。应收账款回款周期的拉长导致商业企业需要更多的资本金以应对运营资金缺口的增长。

此外，还有存货资金占用带来的资金需求。

一般来说，医药流通公司将从医药工业机构采购的药品产品配送到下游的需求方。医疗市场的特殊性，要求医药流通公司药品的仓储及配送必须关注配送的及时性、需求的不确定性，以及突发传染性疾病的急迫性。同时，医药流通公司还须应对医药工业生产的周期性和在途运输的不确定性。

这带来的问题是，医药流通公司必须对各种药品保持一定的存货，这就不得不占用资金，这也就意味着，医药流通公司需要承担下游销售终端和存货对资金的占用，这对它的资金实力提出了更高要求。

可是，擅长医药零售的沃博联管理层不理解的一个问题是，既然未来的发展前景属于

广州医药集团有限公司总部旧景

医药零售，为什么当下需要扩大批发业务的份额——这便使得任何利于当下扩大批发市场份额的举措，都需要进行一轮又一轮的解释说明。

一轮又一轮的解释说明后，沃博联理解了中国市场的现状与合作伙伴的策略，同意投入资源与资金做出尝试时，就已贻误了大规模占领市场份额的有利机会。

毕竟中国发展太快，市场更是瞬息万变，根据市场变化迅速做出决策实在太重要了。对于广州医药来说，这亦是绕不过的纠结。

在一次一次的磨合中，无论广药集团、沃博联，抑或广药白云山和广州医药的管理层都意识到，需要做出一些改变。

2018年5月，沃博联向广药集团上市公司广药白云山，转让广州医药30%的股份已完成交割。截止到2018年8月，变化已然发生——沃博联管理层的角色已由“共同决策”转变为“财务管控”，而广州医药的管理层则开始扮演战略管控的角色。

这种角色的转变在股权交割后的董事会中已有体现——沃博联派驻广州医药的董事会就广州医药管理层提出的相关的新的市场举措，表达他们的立场与意见，但表决时，他们会尊重董事会决议，举手同意。

在此之前，如果沃博联派驻的董事有不同的意见与想法，广州医药的管理层需要准备书面的说明材料，前者根据数据与材料做出分析与判断，而这种分析与判断有时并不太符合中国市场的现状，比如账期这一点，仅凭广州医药，很难改变什么。

对于广州医药来说，如果按照沃博联惯常的“技术派”风格要求，去改善账期是件很难的事情，那么要让沃博联根据项目投入算投资回报的方式，支持广州医药新开拓项目投入的难度，恐怕就更大了。

解决了股权结构问题，意味着在广药集团的主导下，解决广州医药发展的资金需求成为可能。

对于广州医药来说，这是当下发展阶段中至关重要的一环。

随着中国推进医药改革，“医药分家”“两票制”和“药品零加成”等政策的颁布将加速行业并购整合的步伐，对医药流通公司的政策理解能力和反应效率等提出了更高要求，极大改变了医药流通行业的竞争格局。

所谓“两票制”，是指药品从生产公司到流通公司开具一次发票，从流通公司到医疗机构开具一次发票。“两票制”对医药流通公司带来的影响是，配送公司接受中标药品生产公司委托后，需要把药品直接配送到参与招标的各医疗机构，不得另行委托。

需要说明的是，医药流通公司的主要业务为药品批发，并针对终端客户的不同，分为分销和纯销。也就是说，“两票制”倒逼医药流通公司不得不主动改变自身的商业模式，原来的分销业务将面临渠道下沉的压力。从长期来看，医药流通公司可能在终端市场覆盖面不断增加，更多地发展纯销业务。

“两票制”的推行，使得终端客户管理难度增大，中小流通商的回款账期将加长，药品生产公司更倾向于选择配送网络丰富、回款有保障、更有实力的配送商。此外，一些省份在执行“两票制”时，明确规定对配送商进行遴选，限定配送商的数量，这将直接导致中小配送商从公立医院医药配送业务的市场竞争中出局。

当然，这对大型医药流通公司可能是个机会——大型医药流通公司资金池较大，对药品流通上下游资金垫付能力强，付款能力强，经营规模更容易做大。

也就是说，“两票制”的推行，对配送企业终端网络及配送能力提出了更高的要求——终端网络覆盖广、物流配送能力强、资金实力雄厚的公司具有更强的竞争力。不具备终端渠道的代理商，以及过票公司，在“两票制”实施的背景下，将不具备存在的价值。具备一定终端渠道的中小型商业公司可能面临被并购的命运。“两票制”将促使医药流通行业集中度提升，形成强者恒强的局面。而全国性医药流通公司和区域龙头公司，则可能通过收购兼并，不断扩大市场份额，这就需要更多的资本支持。

在此背景下，广药白云山和联合美华共同改变广州医药的股权结构，更贴近中国市场的需求，且国内资源优势更强的广药白云山成为控股股东是更好的选择，有利于进一步促进广州医药的发展，增强它的竞争力，特别是资本实力。

从广药集团的上市公司广药白云山的角度来看，2013 年完成重大资产重组后，广药集团实现了主业资产整体上市，并推进大南药、大健康、大商业板块的资源整合。除广州医药之外，广药白云山控股的医药进出口公司和采芝林药业也从事医药流通业务，同属于大商业板块。

此次交易完成后，广州医药将成为广药白云山公司的控股子公司，有利于广药白云山进一步整合旗下大商业板块资源，发挥协同效应，做大做强大商业版块，从规模中获得更多资源优势与议价能力。

交易完成后，广州医药将并表广药白云山，可以预期，广药白云山的营业收入将大幅增长，盈利能力进一步增强。与此同时，广药白云山与广州医药之间的关联交易将大幅减少，有利于完善上市公司治理结构，并进一步提升广药白云山对优质医药流通资产的控制力，增强持续盈利能力和发展潜力，有利于实现上市公司股东利益最大化。

第二章
白云山来了！

2013年5月22日下午，上海证券交易所5楼交易大厅内，时任广药集团副董事长李楚源与时任广药集团副总经理、财务总监兼财务部部长程宁等一起，出席广药集团重大资产重组说明会。

从第二天上午9时30分开始，广州药业新增股份上市流通。这意味着，始于2011年11月的广药集团整体上市计划，即广州药业吸收合并白云山的重大资产重组取得阶段性成功。广药集团核心资产注入重组后的上市平台，它将以新的姿态出现在投资者面前。

对于广药集团来说，这是历史性的一刻，亦是一家上市历程可以追溯到逾22年前的上市公司开创性的一刻，从这一天起，“广州药业股份”这个用了15年的上市公司名称将不复存在，“白云山”这个用了22年的上市主体迈上在另一家公司身上存续的征程。几个月后，取而代之的，是一个集合了它们而又你中有我、我中有你的主体——广药白云山！

在当晚举行的新增股份上市招待会上，宾朋满座，觥筹交错。那时，有多少人，泛起了泪光，打开了记忆之门。

近500个日日夜夜，甘苦自有感知。广药集团副总经理程宁不会忘记，由于压力过大，头发掉得很厉害，而不得不到美容院想办法养发和护发；审计部长高燕珠不会忘记，以重组前上市公司白云山证券事务代表身份加入重组工作组，从走着上班，到提前一个多小时出门地铁转公交，生活规律彻底被改变的一幕一幕……

这一切，都围绕着一个关键事件在发生变化：广药集团整合旗下两个上市主体，注入核心资产后，在香港、上海两地整体上市。这个关键词为“重大”“无先例”的重组案，是国企改革试点的典范，是香港和内地资本市场规则与实践的探路者，开融资融券账户跨市场转登记的先河，在香港和内地市场分别向两家上市公司股东提供异议股东收购请求权和股东现金选择权，一举实现非公开发行、员工持股计划，以及引入具有互联网公司基因的基金，作为战略投资者投资地方国资委旗下医药集团公司和它的上市公司。

光想想那些关键词都已经让人望而却步，还要一步一步推进，参与其中的人员在重组完成后，甚至用“早知道那么难就不做了”来描述他们在其中经历的点点滴滴。不过，这只是他们表达当时心情的一种措辞。而事实上，当他们被认真问起回忆那段时光的感受时，他们更多用的是“能参与这样一起无先例的重组案，是一段最珍贵的时光”来表达。

敢于经历，是勇敢年轻的表现。

在熙熙攘攘的人群中，回眸过往，总有些打湿眼角的记忆，把这些经历镌刻下来，找到那些走过的岁月的模样，才不至于在信息的汪洋大海中，一点一点随风而去，烟波浩渺，浮光掠影。

在新增股份上市招待会上，广药人为广药集团上市庆典欢呼

对于参与广药集团重大重组的每一位员工来说如此，而对于广药集团的发展历程来说，更是如此。

“荣耀与美好”，是招待会上嘉宾提到的更多的词。嘉宾席中，一位时任广州市国资委领导说：这两个词，一个代表过去，一个代表未来。

这是一种继往开来，更是乘风驭浪。尽管时任广药集团副董事长李楚源在招待酒会致辞的尾声时，用祝大家“王！老！吉！”来传递他的心声，但这只不过是他们带领广药集团登上一个又一个舞台的开端。未来，还有更广阔的世界、更奇妙的征程，等待他们去开启。

正如控股广州医药，接着整合广药集团旗下大商业版块，是广药集团又一个波澜不惊而实则非常关键的收购举措。

将广州医药纳入广药集团的上市公司广药白云山，使其成为控股子公司，意味着广药集团大商业版块的重要资产更加完善。而这又是广药集团布局大南药、大健康、大商业和大医疗，向医药健康产业龙头企业迈进的关键一步，亦是广药集团大棋局中的重要一环。

最关键的，莫过于一家名为新“（广药）白云山”的公司将在三个月后挂牌，它们的代码为600332.SH和00874.HK。

第一节　三个交易所停牌

2011年11月5日，这是一个周六，晚上，在广药白云山重组前广州药业（600332.SH）秘书室工作的黄雪贞接到公司电话，让她第二天去办公室开会。黄雪贞也没多想，兴许觉得是个例行加班。

第二天，黄雪贞到办公室后，才知道是让她参与于次日——亦即11月7日停牌工作的准备事宜。

广药集团的重组终于来了！

由于重组涉及一家上海与香港上市的公司，还涉及一家深圳上市的公司，在当天的会议中，确定了三地停牌事宜。

听到这一消息，参会人员既没有特别震惊——这是广药集团的大事，又没有特别平静——这是一场“战役”。没有特别震惊的原因在于，大约两年前，广药集团的上市公司亦申请过停牌，公告筹划重组事宜。不过，那次的重组后来因故暂停了。既然有了上一次的“经验”，这一次，没人敢过于乐观，谁也不知道会发生什么。

毕业加入国泰君安的陈静，参与了几个颇为知名的IPO项目，此刻正在公司各个部门学习锻炼。他接到电话通知到广药集团总部开会。

陈静不觉得意外，也不觉得吃惊。从他加入国泰君安开始，就听说过广药集团重组一事——这个几年前曾经试图付诸实践，而后又放弃的议案，已经成为这家券商的“新人必读宝典”——但凡加入的新员工，或多或少都被分配关注研究过这一未成型的可能议案。不久前，这个“宝典”亦传到了他的手中。

但凡接手或者阅读过“宝典”并潜在可能推进它的国泰君安员工，都知道这是一块“难啃的硬骨头”。接手后，陈静带着一种“硬着头皮”也得上的心态，成了广药集团重组案的券商项目负责人，在时任国泰君安董事总经理袁雪梅、时任执行董事张力的带领下，他和同事许磊一起，加入了这场充满变数的重组之旅。

这一次，广药集团的重组会走向何方？前途未卜，扑朔迷离。

不过，这一次，看起来更是势在必行。

2007年至2011年前后，随着中国资本市场股权分置改革的完成，国务院、国资委和中国证监会先后多次发文，就国有企业整体上市出台指导意见，鼓励国有企业资产或主业进行整体上市。

在此前后，国家行业主管部门出台了一系列支持医药行业通过并购重组做大做强的政策，如医药行业主管部门先后发布《关于加快医药行业结构调整的指导意见》《全国药品流通行业发展规划纲要（2011—2015）》等。

与此同时，广东省广州市国资委正推进落实广州市《关于利用资本市场促进我市国有企业做强做大的意见》（穗府办函［2011］101号文），加快国资优化布局和市属国有企业的整体上市。此时，时逢广药集团“十二五”发展战略与规划的逐步完善，推进广药集团整体上市工作的内外部环境日趋成熟。

自托管重组上市公司白云山股份开始，广药集团即积极寻求整合下属两家上市公司医药资产，建立统一的资本运作平台，进而借力资本市场进一步做大做强医药主业。

基于上市公司当时的现实状况，2009年8月，广药集团提出以广州药业股份换股吸收合并白云山股份，并向广药集团发行股份购买资产的整体上市方案，其后因整合平台的选择两难、被吸并方“壳”资源如何处理意见的分歧，以及整合涉及沪深港三地交易所沟通难度等等多种因素，广药集团整体上市工作一直未能取得实质性突破。

可是问题在于，在此时的监管规则下，两大上市平台因潜在同业竞争的存在，无法进行再融资，这对于广药集团来说，是一个摆在面前的难题。

既然时机看起来更加成熟，那么广药集团的管理层做出的选择和决策便是“放手一搏”：通过整体上市发挥资源协同效应，优化激励机制，推进战略顺利实施，刻不容缓。

广州药业秘书室接到任务后，时任董秘庞健辉和秘书处没有时间想太多，他们立刻开始行动，联系联交所申请临时停牌事宜。

通常来说，对于涉及重大资产重组的案例，在确定开展重组的意向后，需要向交易所申请临时停牌，随之再申请关于重组的正式停牌。

不过，11月6日是个周日，联交所例行休息的周末。香港的工作习惯是，没有特别重大的事项，一般不在周末联络。

幸运的是，通过服务广州药业股份香港上市平台的财务顾问和律师，秘书室联系到了联交所。得到的答复是，可以次日开盘前申请临时停牌，大家的担忧此刻终于落了地，余下的便是拟定临时停牌的公告准备事宜。

2011年11月7日，广州药业股份在它的上市地联交所和上交所分别申请停牌，而本次重组涉及的另一位主角，即上市公司白云山股份也在深交所申请停牌，正式启动重组事宜。

一天前的那个周日，亦即11月6日，时任广药集团董事长杨荣明、时任广药集团总经理李楚源以及时任广药集团财务总监程宁三人商议，成立由程宁任组长的重组工作小组。来自广药集团、广州药业股份和白云山股份的与上市事宜相关的人士都加入了工作小组，为重组工作的正式实施做好准备。

两天后，即11月9日，李楚源和程宁以及重组工作小组部分成员兵分两路，踏上与上交所和深交所沟通的征程。工作小组亦开始了选聘中介机构的工作。

陈静是重组工作小组的一员。从接到电话通知的那一天起，每个周一，他都一早乘坐从深圳开往广州的动车，然后再转车到沙面北街45号的广药集团。

在广药集团的二楼，有一间小小的会议室，这间会议室靠窗的一面，临着一条河，而河的旁边，便是沙面古建筑群的出入口。在这里有一座桥，仿佛寓意着连接过去与现在，亦连接着广药集团与外面的世界。

陈静没有想到，从重组停牌开始，他跨过那座桥，来到二楼这间小小的会议室后，一直在这里待了半年，重复着周一上午到，周五下班赶回深圳的工作节奏。

对于重组工作小组的人来说，一切都是全新的——他们中的任何一个人，此前都未曾参与过这项工作，亦无相关工作经验，他们需要在摸索中学习，在学习中完成高难度动作，而完成高难度动作的同时，还不能失败。

事后证明，在这次只能成功不能失败的学习中，如果任何一个环节出了问题，广药集团的重大无先例重组，便不会在这里的文字中出现，而广药集团则可能因此错过一个发展的黄金时代。

作为当时的财务总监，程宁是重组案的“灵魂工程师”。有一天，当重组案的“总设计师”——时任广药集团董事长杨荣明和总经理李楚源对她交代说广药集团的重组案要重启时，程宁便铺开了空白纸，在“总设计师”的把控中，领航这一趟“创意之旅”。

重组公告发布后9天，即2011年11月16日，广药集团的重组工作小组召开了第一次中介机构协调会。这次协调会阵容强大，在广药集团重组工作小组的统筹下，券商机构负责组织律师、审计等机构参与，列好各自的分工、例会制度和沟通机制，按照计划时间表提交资料与做好准备工作。从这一天起，中介机构陆续进场。

时任白云山证券事务代表高燕珠第一次接触广药集团的重组，是庞健辉和白云山股份的董秘沟通停牌事宜，后者安排她跟进做好白云山股份的公告事宜。

当听到这个消息后，高燕珠的第一反应是，这次真的要启动重组了吗？在此之前，一些或真或假的消息在市场上已传过几轮，从2009年公告重组暂停后，关于广药集团将要重组的消息就没有停过。

不过，此刻市场关注者很好奇的地方在于，本轮重组，方案是怎样的？两家上市公司，谁吸并谁？余下的那个上市公司的壳，如何处置？

第二节 留下哪个上市平台?

回忆起2009年广药集团重组暂停的原因时，令程宁印象深刻的是，除了联交所、上交所与深交所三地交易所机制与协调方面的原因外，当时各方面顾虑更多的地方还在于，两家上市公司重组后，余下那家上市公司的壳资源如何处理?

2013年，广药集团完成资产重组，在实现整体上市的活动上，李楚源在签名板处签名留念

在那一次可能的重组方案讨论中，有建议提到说用广州药业股份吸收合并白云山股份，再把白云山股份的壳卖掉。

提到这里，先需要梳理一下，无论是2009年那次重组暂停，还是2011年的重组重启，广药集团的重组与整体上市，到底需要做些什么。

这得从广药集团重组前后所拥有的资产说起。

时至停牌重组前，广药集团拥有抑或控制的资产主要由三部分组成：上市公司广州药业股份，股票在上交所和香港联交所上市交易；上市公司白云山股份，股票在深圳证券交易所上市交易；还有其他医药主业资产，比如，由广州药业生产经营使用，但由于历史原因未注入的全部在用商标，以及部分房屋建筑物。

这些同时围聚在广药集团旗下的资产所带来的问题是，下属上市公司之间存在潜在同业竞争，特别是广州药业股份和白云山股份比较典型；另一个问题是，上市公司资产不完整。

正如市场所关注的一样，重组方案如何设计？无论交易所，还是小股东、机构，抑或广州市国资委，乃至监管机构和市场，都十分关注。它很大程度上决定了重组案是否能顺利推进，从更长远的角度讲，它亦关系着广药集团的未来发展与战略的推进。

基于2009年重组暂时搁置的经验，那些可能继续参与这次重组工作的相关人员，对于方案已经有些许概念。不过这一次，需要更加完善与经得起推敲、更符合当前市场状况的方案出台。

广药集团重组启动前后，即2011年前后，中国证监会对于上市公司同业竞争的审核，有着严格的把控，而广州市国资委关于简化国有上市公司控股权结构的政策也正陆续实施。

考虑到广药集团之后将在这个重组后的上市平台上整合旗下资源，并让这个平台发挥更好的资本市场融资功能，经过多轮讨论，重组工作小组初步拟定了以广州药业股份作为主体，换股吸收合并白云山股份，再发行股份，购买广药集团可转让医药主业资产的方案。

重组方案在讨论时，提到了几种方式。比如，广州药业股份吸收合并白云山股份，再向广药集团定向增发，收购广药集团余下的医药资产；广州药业股份定向增发，收购白云山股份和广药集团的医药资产，至于白云山上市公司的壳资源，则考虑是不是通过市场化方式卖掉。

重组工作小组对重组路径进行了广泛的讨论，意见比较集中在第一种方式，即广州药业股份吸并白云山股份，再注入广药集团资产整体上市。原因在于，基于市场方式的定价，更符合市场规则，利于得到市场参与者与监管机构的认可。

卖壳的方案之所以未被采纳，更重要的原因是，广药集团重组的时间窗口好不容易打开，转瞬即逝；卖壳的现实问题是，对借壳方的要求很高，在短时间内的可操作性不强，会增大整体上市的不可控性，鉴于前一次重组的搁浅，这一次的重组首先要确保的是在有限的时间内顺利推进重组，解决主要矛盾，以免贻误重组良机。

而选择哪个上市平台留下来，在2009年的那一次重组中是一个重要议题，这一次亦无法回避，成为重组工作小组讨论的重要议题。

毫无疑问，广药集团重组广州药业股份和白云山股份是一件大事，具有历史意义。但如果把它放在更深一些的层面来看，它亦是广州市政府通过资本运作，帮助国有企业运营更加良性的典型案例，也意味着，它不仅仅被市场所关注，亦凝聚了广州市委、市政府的关心与关注。

白云山上市公司对于中国资本市场，特别是深圳证券交易所来说，具有特殊的历史意义和价值。

时光倒流至1990年12月，上海证券交易所和深圳证券交易所开始营业，标志着中国集中交易的证券市场开始形成。中国证券监督管理委员会出版的《中国资本市场二十年》记载，8年前的1982年5月，国家经济体制改革委员会成立，负责统筹和指导全国的经济体制改革工作，推动企业的股份制改革。一些小型国有及集体企业开始进行多种多样的股份制尝试，最初的股票开始出现。

4年后的1986年12月，国务院发布《关于深化企业改革增强企业活力的若干规定》，提及各地可以选择少数有条件的全民所有制大中型企业进行股份制试点。

1992年，中国南方出现了具有标志性意义的事件——邓小平南行，并发表了著名的南方谈话。之后，国家体改委联合国家计委、财政部、中国人民银行和国务院生产办公室出台《股份制企业试点办法》，并联合相关部委发布了十几个配套文件。全国随之兴起前所未有的股份制改革热潮，诞生了一大批通过定向募集方式设立的股份有限公司，发行了法人股和内部职工股。

亦是在这一年，广州白云山制药股份有限公司（即“白云山股份”）成立。一年后，即1993年，白云山股份在深交所上市，股份代码000522.SZ。

也就是说，白云山股份诞生于邓小平南行前后，迎着中国前所未有的股份制改革浪潮登陆深交所，沐浴着光环，成为深交所主板的“明星”上市公司。

上市重组发布会上李楚源发言

由此看来，历经改革开放，目睹白云山成立、上市以及发展至今的广州市相关领导，对于白云山有着较为深厚的情感，就不难理解了。而“白云山”这几个字，因秦末高士郑安期隐居白云山采药济世，就被烙上了深刻的传统中国医药文化的烙印，加之是第一批在中国资本市场上市的制药公司之一，其在医药行业内具有了很高的知名度。

更何况20世纪90年代时，白云山股份的年销售额已达8亿元，占当时中国医药销量的3%，位居首位，品牌知名度高，是行业龙头。

原白云山企业集团公司董事长、总经理贝兆汉依然记得，白云山股份上市那天，他到深交所出席上市敲钟仪式——即便在今天，这仍然是一个公司上市时最隆重而又极具意义的仪式。

上市当日，贝兆汉的心情是激动的。他回想起了十多年前自己以30万元银行借款负债经营，带领白云山制药厂从一个农场的制药车间，发展到登陆深交所所经历的那些看似久远却近在眼前的一刻。即便在2019年初春的当下，那些场景在贝兆汉眼前，依然历历在目——委托当地农民栽种药材，与作为二级渠道的广州医药公司合作销售药品，率先走出广东向全国推广药品，白云山制药厂改制上市与最早的员工持股计划……

当天第一代中国股民偶遇在深交所参观的贝兆汉后大声叫嚷着：“快看快看，白云山（股份）的厂长来了。”这在今天，恐怕已是难以再现的朴素时光。

到了2004年，广药集团控股在上交所和香港联交所上市的广州药业股份，以及在深交所上市的白云山股份两家上市平台，市场普遍预期“广药双子”之间会有进一步的重组整合，以解决潜在的同业竞争问题、发挥资产的协同效应。

五年后，亦即2009年8月24日，广州药业股份和白云山股份双双停牌。当时，市场人士纷纷猜测停牌是为重组事宜。不过，重组因故搁置，直到两年多后，两家上市公司于2011年11月初再次双双停牌启动重组。

换句话说，上市公司白云山的历史沿革与发展变迁，决定了在广药集团的整体上市与重组决策中，有一个必须考虑的因素——如何最大程度平衡文化的传承与继往开来发展战略，实现国有公司价值的最大化。

这不禁使人想起，之后广州药业新增股份上市晚宴上，时任广州市国资委领导点评其“荣耀与美好”时提及的荣耀代表过去，美好代表未来。这用在广药集团重组方案选择时的考量就可以表述为：用重组后的公司，把过去的荣耀与未来的美好连接起来，在这个新平台上，续写一家文化沉淀深厚而又是中国经济与中国资本市场发展特殊节点中重要参与者和见证者的公司新的“荣耀与美好”。

广州药业股份吸收合并白云山股份，是一个更具操作性的选择。如果后者吸收合并前者，那么香港与上海两地的监管规则与历史原因形成的迥异的股东文化，使得方案面临更多不可控因素——广州药业股份需要先从联交所和上交所退市，接着白云山股份需要在联交所新增发行H股，用于原广州药业股份的换股。而如果是前者吸收合并后者，涉及的则是内地深交所和小股东投资者，从市场操作上讲，这相对更可行。

充分考虑到“白云山”这一品牌的特殊意义、价值和象征性，以及它在医药行业的影响力，时任广州市委领导建议，重组后上市公司和子公司名称中把“白云山”三个字保留下来，把它的“血统”沿袭下来。这一兼顾情感与传统的关键性细节的加入，打开了各方面的心结，使得重组方案顺利推进。

接下来的问题是，白云山股份从深圳主板退市后，它的壳如何处理？

这是一个孰重孰轻的选择。

重组工作小组做过一个测算，如果把白云山股份卖给一个借壳上市的公司，拟借壳公司需要拿出12.81亿元，获得白云山壳公司35.58%的控股权，且资产规模、盈利能力等与白云山股份相匹配——这样的壳，什么时候能找到买家是个问题。

另一个问题是，在当时涉及的地方国资委旗下公司整体上市方案中，亦无这样的先例，监管机构是否赞成这样的方案——重组难度因涉及联交所、深交所和上交所三地交易所和市场因素等等已然很大，如果再有可能导致拖延的因素存在，势必影响到整体上市的进度，而时间窗口已如此宝贵。

做出注销白云山壳资源的决定须当机立断。在充分的沟通工作后，这一点得到了方方面面的理解。

第三节　确定换股价格?

在投行的操作中，重组是需要选择时间窗口的。

大的政策与市场背景下——为实施广药集团“十二五”发展战略，须进行资源整合，打通融资渠道，整体上市工作刻不容缓。

时间窗口是个问题。在资本市场相对低迷时，启动整体上市是更好的选择。这也是广药集团当机立断在当年11月7日启动停牌的一个重要因素——广州药业股份和白云山股份的股价处于12个月的相对低价。

在股价相对较低时重组，重组预期加上对未来股价走向的信心，将使得小股东散户投资者与机构投资者对重组工作更倾向于投赞成票。他们的认同，对于重组工作的成败至关重要。

还有一个有利因素是股价相对较低，广药集团可以用拟转让的资产，认购相对更多的股份。

当然，包括小股东散户投资者、机构投资者，以及监管等在内的市场参与者，关注的不止这些，比如，他们还会关注重组价格是不是有吸引力。

这是重组方案设计中需要重点关注的地方——换股价格，这是换股吸收合并中吸收方与合并方股东利益博弈的核心。

从过去的经验来看，白云山股份和广州药业股份重组前，有一两年，前者的盈利能力比后者更强，但它在深交所的股价表现却弱于广州药业在上交所的股价表现。

在此前后，一些研究机构的调研报告也提到与上市公司业绩未来预期相关的因素，比如，白云山股份拥有大量纳入广州“三旧改造”范围内的土地储备，存在可能的潜在巨大收益预期。

这些会对市场预期带来影响。

重组工作小组讨论过缓解这种预期的办法——通过给白云山股份溢价的方式实现换购。

但它可能带来更多的问题。

重组工作小组还需要考虑得更进一步，更深远一些：广药集团持有广州药业的股份比持有白云山的股份多，提高白云山换股的溢价，将使得广药集团持有的重组后公司的股权比例降低，这对于国有资产来说，是需要十分关注的。

当然，更重要的是，重组方案是否能获得两个上市公司投资者的认可，更关键的因素在于，在投票时白云山股份当时的股价相对于换股价格的溢价率、广州药业股份价格的表现。

如果从更长的时间段里仔细研究两个上市公司的历史股价走向可以发现，广州药业A股股份的股价相对白云山股份更为稳定。它的潜台词是，在更长一些的时间维度里，市场可能形成过对两家上市公司整合的预期，以两家公司的股价市场表现作为换股的首要衡量因素，在市场看来是一种更市场化且公允的做法。

从行业维度分析，虽然有一些化学药，但广州药业的重头还是中成药，虽然有中成药，但白云山的重头是化学药。当时的医药行业中，中成药的平均估值略高于化学药，这与广州药业股份和白云山股份形成的差异趋势是一致的。

从市场表现来看，广州药业股份和白云山股份都是上市公司，这两家公司持续地进行信息披露，投资者可以获得的消息与展开的判断和分析，也一直是相对更加透明和连续的，在重组前后，股价是投资者对公司发展预期的一种判断。提高白云山的换股溢价，会不会遭遇广州药业股东和小投资者的反对，成为新的风险和不可控因素，是不得不考虑的因素。

也就是说，一个可供借鉴的经验是，在涉及多家上市公司吸收合并的资产重组中，换股价格是各方利益博弈的关键。从理论上讲，股价是上市公司价值的最佳反映，以此作为换股价格最为公允。但股价受多种因素影响，时时都在发生变化。在控股股东回避表决且作为特别决议事项的情况下，提前预判市场反应、确定合理换股价格以获得中小投资者支持是设计方案时应考虑的核心要素。

重组工作小组进行了测算，以它们可能给重组方案带来的影响做出更科学的评估。经过充分讨论论证分析后，重组工作小组给出的意见是，不对白云山股份给出换股溢价。

重组工作小组事后回顾发现，广药集团重组方案分别获得吸并双方股东大会高票审议通过，看起来和方案设想一致，但仔细分析，预期之外的因素给予了很大的辅助和推动。

股票是否赚钱是小股东决策的最重要依据。在广药集团回避表决的情况下，股东大会召开日的股价相对于停牌日价格是否上涨，是影响股东大会表决结果的关键。

2011年，上证综指在4月18日3067.46的高点下跌，一路下行至10月24日最低的2307.15点；之后虽略有回调，但并未如市场预期般反弹，反而震荡下行。直到2014年11月，时隔3年才回到广州药业股份和白云山股份股票停牌前一个交易日（2011年11月4日）内创下的最高的2524.36点。

停牌时的股价给之后的股价表现带来了较大的压力。2012年3月28日，广州药业股份和白云山股份公告重组预案、股票复牌后，除第一个交易日涨停外，之后震荡下行至停牌价以下，白云山股份投资者对方案质疑的声音日益增多。依此发展下去，2012年9月召开的股东大会投票形势不容乐观。

2012年5月，广药集团收到中国国际经济贸易仲裁委的裁决书。这份裁决书提及，广药集团和鸿道集团签订关于将“王老吉”商标使用授权期限，自2010年5月延长10年的补充协议无效，随即将“王老吉”商标许可给广州药业全资子公司广州王老吉大健康产业有限公司生产和销售红罐、红瓶装凉茶。这一偶然事件，出乎意料地提振了市场信心。广州药业股份和白云山股份走出一波独立于大盘和行业的上涨行情，在2012年9月20日召开股东大会前夕，股价相对于停牌价格的溢价，对中小股东来说是利好消息。

尽管广州药业股份和白云山股份的股东中机构投资者较少，股权相对分散，投票沟通难度比较大，但重组工作小组大胆假设，小心求证后，还是必须勇敢做出决策——重组一旦启动，只能成功、不能失败。如果失败，在之后3至5年内，广药集团可能面临找不到更合适时间窗口重组的境况。

综合考虑方方面面意见后，是时候听听交易所的意见了。

与深交所的沟通不可回避——重组方案设计中，白云山股份被广州药业吸收合并后将被注销。而白云山的上市地正是深交所。

对于深交所来说，白云山股份是它主板的一家上市公司，白云山股份伴随着深交所一直走到了2011年，这种感情，有点像老朋友，但又有更多的历史感和使命感。

深交所建立于1990年12月1日。截至2010年年底，即20年后、广药集团重组前一年，深交所共有1169家上市公司，其中主板485家，中小企业板531家，创业板153家。

也就是说，按照当时的市场规则，如果白云山股份从深交所注销，深交所主板上市公司直接减少一家。这对深交所来说，有一种难以描述的遗憾。

截至广药集团重组前一年，深交所20年发展历程中，白云山股份是一个见证者。

《中国资本市场二十年》记载，1990年至1995年，深交所率先提出“以法规为本构建证券市场运作体系”，逐步建立起上市、交易和监管等基本制度架构，并促成了从柜台交易向集中竞价的升级，它成为深市交易结算技术和世界接轨的标志。

之后两年，深交所全面推进市场服务，把深市的版图扩展到全国性市场。其中，白云山股份是重要参与者和名气响当当的大公司。当然，地处广东的深交所与白云山股份这种友谊、历史感和使命感，以及白云山股份那些更值得被提起的经历，都是一段段精彩的往事。

据《广药故事》记载，从“两口大锅闹革命”发展到品牌价值283亿元，“白云山制药”历经40多年发展，被誉为广东改革开放的一面旗帜。但鲜为人知的是，在其发展史上的两次重大跃升，都与习仲勋息息相关。

白云山制药厂是20世纪70年代从白云山农场制药车间发展起来的。1979年，年产值已超千万元的白云山药厂迎来一个重要的发展契机——白云山农场成立农工商联合公司，建立生产经营承包责任制，利润采取“三三四”分成，即利润的30%上缴，30%作为集体福利和奖金，40%作为企业发展基金。

能不能利用企业发展基金实现药厂跨越发展？白云山员工是既兴奋又有一些担心，这种心情延续到了第二年春天。

就在这个关键时刻，时任广东省委第一书记、省长的习仲勋，于1980年春夏之交，第一次来到白云山药厂视察。当天上午10时左右，习仲勋一下车就参观了生产当时畅销的穿心莲片的片剂车间，他一边参观一边详细询问工人、技术人员关于药厂的产品数量，以及工人、技术人员的生活情况。

走出白云山药厂片剂车间，习仲勋远眺风景宜人的白云山麓，一时触景生情。他认为，药厂坐落在风景区，就有责任搞好绿化美化，与优美的自然环境融为一体，他当即要求白云山药厂搞好生产的同时，注重好好规划，办成园林化制药企业。

对于白云山药厂的未来发展，习仲勋提出三点指示意见。一是解放思想，好好利用国家改革开放的政策，开拓市场。打破清规戒律，面向全省、面向全国，建立自己的销售据点。二是招贤纳士，广招人才，与科研部门、大医院合作，不断研究开拓，开发自己的品种。新产品和科研人员都是企业的根基，要勇于探索，不断进取。三是尊重并照顾好职工和知识分子，关心职工生活。习仲勋再三强调企业在改革开放的大潮中，要少务虚，多做

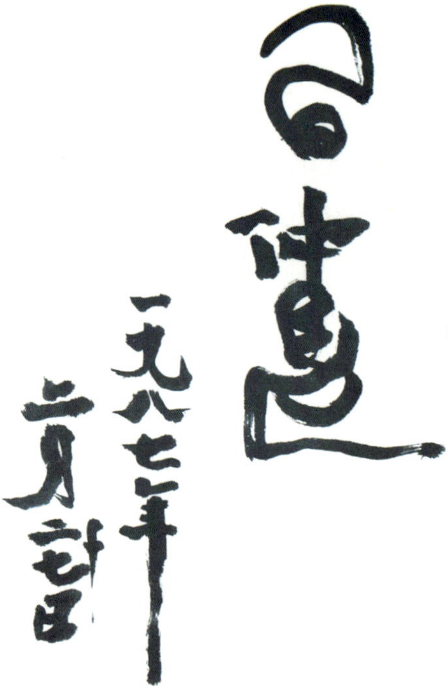

1987年2月27日，习仲勋视察白云山制药厂时亲笔签名留念

实事，一步一个脚印推出优质产品，打响自己的品牌。

视察过后，白云山药厂立即召开会议，学习习仲勋视察指示精神，归纳制定了“爱厂、兴利、求实、进取”八个字作为白云山企业理念。

根据习仲勋“尊重知识、广招人才”的指示，白云山药厂专门招揽科研人才，成立研究所，攻克头孢类产品，引进口炎清、回心丹等独家品种。厂里形成了尊重知识、珍惜人才的良好氛围，新增产品每年达15个以上，同时在国内率先实施产品“五包”，白云山产品在仓库只存货5天便能销售出去，成为中国医药行业的一面旗帜。

仅仅7年时间，白云山药厂就发展成为拥有250多个品种的大型企业，产值从1980年时的1200万元猛增到1.2亿元，是习仲勋第一次考察白云山药厂时产值的10倍。

1987年，已是中共中央政治局委员的习仲勋从北京到广东视察并提出：再去白云山制药厂走走，看看这7年来的变化。

2月27日上午，习仲勋依约来到白云山药厂，他先后参观了化验室，片剂、针剂车间和花园式厂区。白云山药厂的针剂车间拥有从德国引进的最新最先进的生产线，产量规模大，深受习仲勋肯定。

据当时负责接待的药厂厂长霍梳回忆，习仲勋对他第一次视察的情形记得十分清楚，认为对比7年前的情况，药厂进步巨大，也的确遵照他的要求，建设成了园林式的制药企业。“他十分亲切，当天中午与我们一起在药厂招待所餐厅用自助午餐。”霍梳回忆。用餐期间，习仲勋仍不忘寄语白云山药厂：思想要更加开放，不要满足现状，否则就容易被人击垮；要向集约式、多元化发展。

1993年，白云山药厂入选中国医药行业利税十强和中国百家知名企业第28位（广东省入选企业第一位）。随后，“白云山”商标和抗菌消炎药统一品牌 “抗之霸”商标先后被认定为“中国驰名商标”。2001年，白云山制药厂成为广药集团旗下的龙头企业。

2017年，正好是习仲勋第二次视察“白云山”30周年，广药集团党委书记、董事长李楚源在一次党员活动中深有感触地表示，习仲勋当年所做的指示，体现了惊人的正确性和生命力，30多年来仍有效指导着广药白云山的发展壮大，解放思想、广招人才、关爱职工、注重环保仍然是广药白云山在经济新常态下竞争制胜的几大“法宝”。

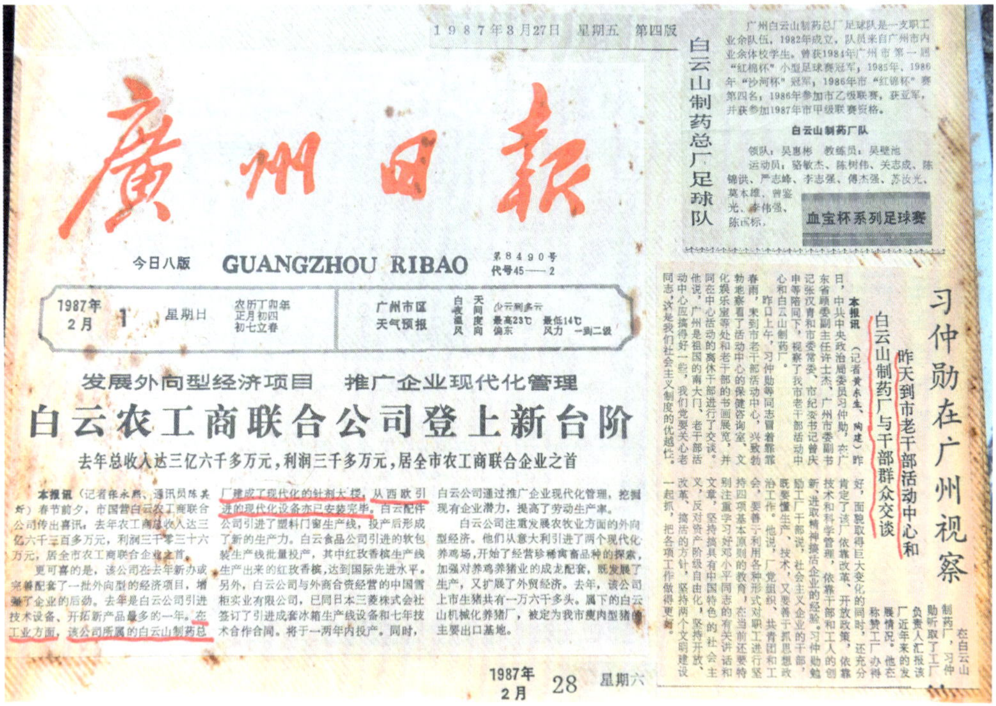

1987年3月27日 星期五 第四版

白云山制药总厂足球队

广州白云山制药总厂足球队是一支职工业余队伍，1982年成立，队员来自广州市内业余体校学生。曾获1984年广州市第一届“红棉杯”小型足球赛冠军，1985年、1986年“沙河杯”冠军，1986年市“红锦杯”赛第四名，1986年参加市乙级联赛，获亚军，并获参加1987年市甲级联赛资格。

白云山制药厂队

领队：吴惠彬 教练员：吴壁池

运动员：骆敏杰、陈树伟、关志成、陈锦洪、严志峰、李志强、傅杰强、苏汝光、莫本雄、曾鉴光、李伟强、陈西标。

血宝杯系列足球赛

广州日报

今日八版 GUANGZHOU RIBAO 第8490号 代号45——2

1987年2月1日 星期日 农历丁卯年 正月初四 初七立春

广州市区天气预报 白天 夜间 风向 风力 少云到多云 最高23℃ 最低14℃ 偏东 一到二级

发展外向型经济项目 推广企业现代化管理

白云农工商联合公司登上新台阶

去年总收入达三亿六千多万元，利润三千多万元，居全市农工商联合企业之首

本报讯（记者张永熙、通讯员陈其炘）春节前夕，市国营白云农工商联合公司传出喜讯：去年农工商总收入达三亿六千三百多万元，利润三千零三十六万元，居全市农工商联合企业之首。

更可喜的是，该公司在去年新办或完善配套了一批外向型的经济项目，增强了企业的后劲。去年是白云公司引进技术设备、开拓新产品最多的一年。在工业方面，该公司所属的白云山制药总厂建成了现代化的针剂大楼，从西欧引进的现代化设备亦已安装完毕。白云配件公司引进了塑料门窗生产线，投产后形成了新的生产力。白云食品公司引进的软包装生产线批量投产，其中红玫香槟生产线生产出来的红玫香槟，达到国际先进水平。另外，白云公司与外商合资经营的中国雪柜实业有限公司，已同日本三菱株式会社签订了引进成套冰箱生产线设备和七年技术合作合同。将于一两年内投产。同时，白云公司通过推广企业现代化管理，挖掘现有企业潜力，提高了劳动生产率。

白云公司注重发展农牧业方面的外向型经济。他们从意大利引进了两个现代化养鸡场，开始了经营珍稀禽畜品种的探索，加强对养鸡养猪业的成龙配套，既发展了生产，又扩展了外贸经济。去年，该公司上市生猪共有一万六千多头。属下的白云山机械化养猪厂，被定为我市瘦肉型猪的主要出口基地。

习仲勋在广州视察

昨天到市老干部活动中心和白云山制药厂与干部群众交谈

本报讯（记者黄东生、陶建）昨日，中共中央政治局委员习仲勋，在广东省顾委副主任许士杰、广州市委副书记张汉青和市委常委、市纪委书记曾庆中等陪同下，视察了我市老干部活动中心和白云山制药厂。

昨日上午，习仲勋等同志冒着霏霏春雨，来到市老干部活动中心，兴致勃勃地察看了活动中心的保健咨询室、文化娱乐室等处和老干部的书画展览，并同在中心活动的离休干部进行了交谈。他说，广州是祖国的南大门，老干部活动中心应搞得好一些，我们党要关心老同志，这是我们社会主义制度的优越性。

在白云山制药厂，习仲勋听取了工厂负责人汇报该厂近年来的发展情况。他在称赞工厂办得好，面貌取得巨大变化的同时，还充分肯定了该厂依靠改革、开放政策，依靠技术和科学管理，依靠干部和工人的创新、进取精神搞活企业的经验。习仲勋勉励工厂干部说，社会主义企业的干部，既要懂生产、技术，又要善于抓思想政治工作。他说，厂党组织、共青团和工会，要善于利用各种形式对职工进行坚持四项基本原则的教育，在当前还要特别注重学习好邓小平同志的有关讲话和文章，坚持搞具有中国特色的社会主义，反对资产阶级自由化，坚持开放、改革、搞活的方针，坚持两个文明建设一起抓，把各项工作做得更好。

1987年2月28 星期六

《广州日报》1987年2月关于习仲勋在广药视察的报道

接下来，把目光拉回广州药业股份、白云山股份与深交所的渊源。

广州药业股份和白云山股份启动重组停牌三天后，亦即2011年11月10日，程宁带着时任白云山股份证券事务代表高燕珠一行拜访深交所，向他们阐明广药集团重组方案的周全考虑和不得已的现实选择，以及此事对于广州药业股份和白云山股份两家公司文化的传承与未来发展的重要性。她们此行的目的，便是做好沟通工作，争取深交所的理解和支持。

尽管有所顾念，但历史的车轮终会滚滚向前。深交所理解并支持广药集团的安排和选择——毕竟商业公司的命运和人类的命运一样，总是在时光交错中来来往往，生老病死。但广药集团重组工作小组工作人员，还是在一些时刻感受到了深交所因对于白云山股份的感情而带来的情绪上的表达，后者总归是希望这样的步伐能慢一点，这样白云山股份从深交所主板上离开的期限就能再拉长一些。

同一时期，重组的另一主角——广州药业股份秘书室的工作人员也马不停蹄。

11月6日，一个周六的晚上，黄雪贞拿着准备好的文件风尘仆仆地去找从海南出差归来的时任董事长杨荣明签字。作为广州药业秘书室的一员，当天，她找到上交所，确认了第二天的停牌流程——临时停牌这么大一件事，需要董事长签字。

时任董事长的行程已提前定好。尽管当天是周末不交易，但为了确保保密，黄雪贞不敢委托其他人去和时任董事长沟通，不管三七二十一，她带着忐忑的心情临时打电话给时任董事长，赶到约定地点完成签字手续。

重组结束多年后，已习惯在沙面北街开始新工作的高燕珠回忆起那段时光，眼里泛着泪光。作为一个坐在她对面听她讲述的倾听者，能感受到那些难以言说的心情。任何一点改变，对人们来说，都是需要勇气的，区别只是程度和大小的差异。对于一家地方国资委旗下的上市公司来说，更可想而知。

不得不说，广药集团在推动一项意义重大的变革，尽管它已经到了一个迫切需要做出改变的时刻，但它所牵涉的方方面面，个中滋味，又实在是外人难以体会的。

如果把每一个个体再放到一个小家庭里，把他们在小家庭与生活里需要面对的一切联系起来，就呈现出了更加多样的丰富性。

在重组的那段时间里，程宁承受着巨大压力，有一天有位下属企业负责人见到她半开玩笑半认真的说，重组这活真不是人干的，感觉你这一年好像老了十岁。重组工作小组人员中承受压力的年轻女士们，尽管最后被评为了“红旗手”，却不约而同胖了少许，她们调侃为“压力肥”。

如今，广药白云山股份已经在资本市场上叱咤风云，它的母公司广药集团连续七年蝉联中国制药工业百强第一名，入选“2017中国医药行业十大最具影响力企业”。在粤企创新500强榜单首发名单上，广药集团是唯一进入前十名的广州企业。

更具标志性意义的是，广药白云山入选国际资本风向标MSCI指数，实现了一家公司从地方走向全国，从中国走向全球的标杆性意义，引起国际资本市场关注，成为全球资产配置可选标的。这也从侧面证明，深交所当年的不舍，是有远见的赞赏。

让话题重新回到广药白云山：除了白云山股份的良好积淀外，更离不开与广州药业股份的强强联手，以及广药集团对白云山股份与广州药业股份重组时勇于挑战和担当的魄力。

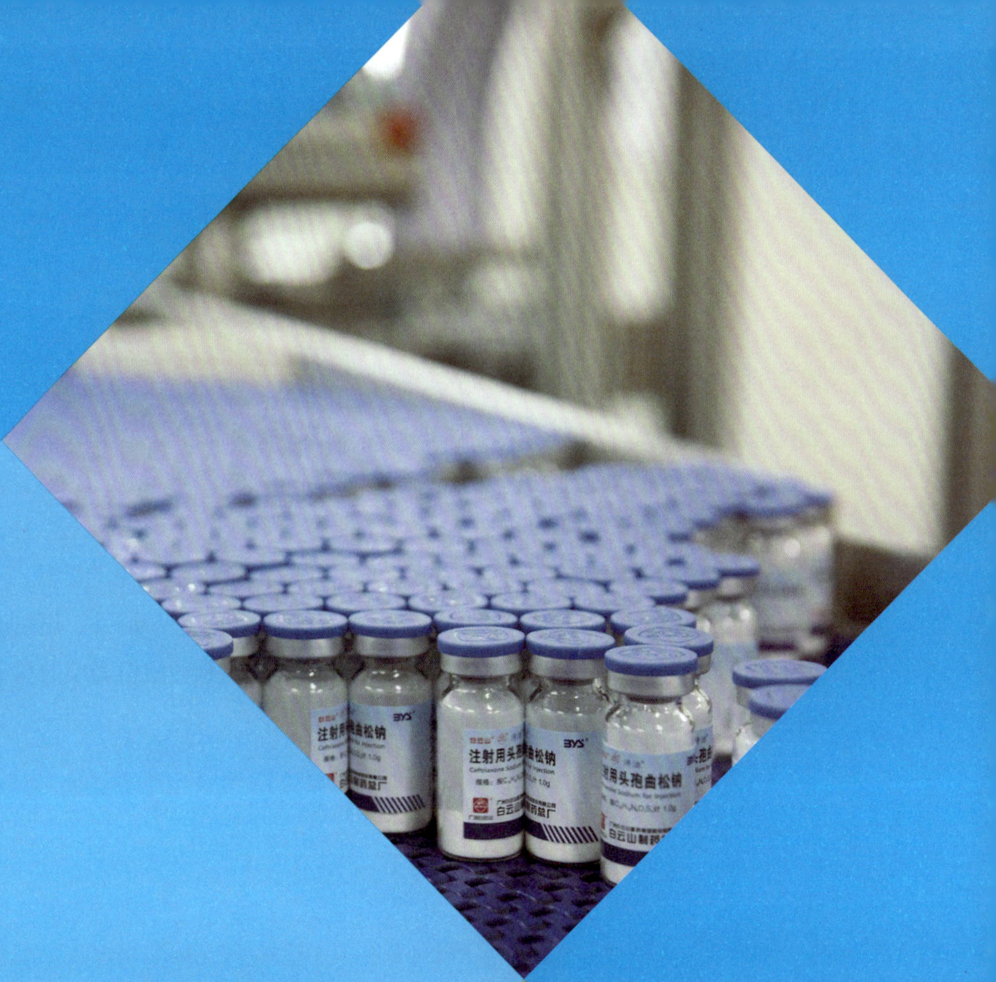

第三章
“潜入者”是谁

2012年3月28日，广州药业股份和白云山股份公告董事会决议和重组方案，股票复牌。从2011年11月7日算起，广州药业股份和白云山股份的重组推进，已接近140天。

在这近140天里，已度过了2012年的春节。尽管对于在140天完成重组这个计划不太可能有预期，但那些盼着两家上市公司重组完成的小股东散户，还是有些望眼欲穿。

不过，交易所的心态则有些细微的差别。

在大约100天时，广药集团的重组方案已通过了广州市市长常务会议的审议，获得广东省国资委预审核，获得中国证监会的预核准等等。

接着，广州药业股份和白云山股份于2012年2月29日分别召开了董事会，审议重组方案，但直到近一个月后的3月28日，才公告董事会决议和重组方案。

在这额外的近一个月时间里，发生了一个有趣的小插曲。一方面，联交所与上交所催着广州药业股份复牌；另一方面，白云山股份所在的上市地深交所，尚未审定完毕重组预案。

更早前的2012年1月4日，联交所发出函件，询问广州药业股份重大资产重组事项的进展。广州药业股份给出的回函显示，截至当日（1月6日），广药集团已按规定将重组预审核相关材料报送广东省国资委，尚待广东省国资委的原则性批复。待取得广东省国资委原则性批复后，广州药业将向中国证监会报送预审核材料，并在通过预审核后，及时召开董事会，审议重组预案并公告。广州药业届时会把交易相关公告呈联交所和上交所审阅，

重大资产重组说明会现场

如两地交易所对公告无任何意见，广州药业就可同时申请A股和H股的股票复牌。

联交所很关注“计划和时间表”。广州药业回函中提到，“因重组事项涉及广州药业股份和另外一家上市公司，以及广州药业控股股东（属国有企业），涉及层面比较广泛，交易讯息比较复杂，并非一般常见交易，监管部门审核需时可能较长，广州药业股份暂时不能预计监管部门完成审核的确切时间。广州药业股份继续协同各相关方，积极推动重组事项各项工作，以尽快在重大资产重组相关信息完整披露后复牌”。

重组方案涉及两家上市公司，总不能让广州药业股份复牌，宣告重组方案，而重组另一主角却依旧停牌。事关两家上市公司的重组，复牌或停牌的公告，还须同步进行。

广州药业股份与白云山股份的复牌波折，亦表明了这两家公司对于三地交易所的重要性。对于上交所和联交所来说，广州药业股份又何尝不具有特别意义，更何况，广州药业股份一开始的上市地是香港，之后才在上交所增发A股，实现香港和内地同时上市。它是中国内地公司赴港上市的一个典型案例，亦是中国地方国资公司以及中国国有经济发展的缩影。

第一节　广州药业全球首秀

广药集团的重组与整体上市，是这家医药行业领军公司发展的必然趋势与里程碑事件。不过，如果想一想这家公司的5万名员工，他们和这家公司因工作关系产生的关联，便大约能想到一家规模如此庞大的公司，它的牵一发而动全身需要承担的压力和责任了，更何况还涉及如此大的改变和调整。

1997年10月30日，广州药业股份有限公司在香港联合交易所挂牌上市

无论是白云山股份，还是广州药业股份，在这里工作的人们，对它们有特别的感情，是人之常情。人们回忆往事时，常常更多回忆的是在过去的日子里度过的美好时光。

在广州药业度过了几十年的老员工们，还依稀记得广州药业的全球首秀。

把时间拉回到20世纪90年代初。1993年6月，境内企业开始试点香港上市，国际证券界和投资界对此反响强烈，投资十分踊跃。之后，越来越多的中国内地企业选择到香港上市，一些公司甚至把上市的目的地扩展到美国、英国和新加坡等市场。

境外上市拓宽了中国内地公司的融资渠道，但它带来的更重大的影响还在于加速了国有大型企业转换经营机制，它们愈发地希望得到全球投资者的关注，也寄望于能早日实现全球化的发展。

这一趋势的到来，让中国证券市场有了更好了解全球成熟资本市场业务规则与发展趋势的机会，另一方面，全球性投资银行亦开始接触中国内地市场，对内地市场的了解增强了全球投资者投资中国的信心。

亚洲金融危机爆发前的1993年至1997年，中国企业开始在国际资本市场崭露头角。在这几年间，中国政府先后批准了五批境外上市预选企业，主力为大中型国有企业，其中有48家完成境外上市。

1997年8月28日，广州药业股份有限公司以发起方式设立。广州药业的设立，具有明显的阶段性特征。在那一天，中国国家经济体制改革委员会出具《关于同意设立广州药业股份有限公司的批复》（体改生〔1997〕139号），同意广药集团作为唯一发起人，重组属下8家中药制造公司、3家医药贸易公司，和其他生产经营性资产有关的国有资产权益作为投入，以发起方式设立。

当年9月10日与16日，广州药业分别收到中国国家经济体制改革委员会和中国国务院证券委员会出具的“同意广州药业转为境外募集股份并上市”“同意广州药业发行境外上市外资股”的批复。

1997年10月30日，广州药业登陆联交所，股票代码00874.HK。

顺应中国内地企业境外上市的潮流，广州药业从一出生，便通过联交所与国际资本市场接轨。

在当时的中国资本市场，境外上市是利用外资的重要方式之一。境内企业通过境外发行上市，不仅拓宽了融资渠道，且通过“引资”和“引智”并举，借鉴和引进先进管理经验、方法和制度，提高企业管理水平。

选择境外上市，亦为内地企业创造了“走出去”的良好平台，利于它们在全球范围内配置资源，提升国际竞争力。

可以说，广州药业一出生便风华正茂。它不但是中国内地公司利用外资的代表企业，更重要的是，它为国有企业，特别是大型、特大型国有企业改制、建立现代企业制度提供了重要经验，实现了国有资产的增值。

更有代表性意义的地方在于，在联交所上市近三年后，广州药业申请增发A股，获得股东大会通过以及中国证监会核准后，2001年2月6日，广州药业在上海证券交易所正式挂牌交易，股票代码600332.SH。也就是说，广州药业股份实现了先H股，再A+H的上市路径。

广州药业的上市轨迹，与近10年来境内外同时发行、先境内后境外等新型发行方式还有所不同。不过，广州药业股份在香港的上市以及之后的发展，与在香港上市的内地公司一起，无疑为将询价、超额配售（“绿鞋”）等境外发行方式的通行做法引进内地资本市场提供了借鉴经验，促进了内地资本市场发行制度的市场化。

2001年至2005年这几年，中国股市持续低迷，资本市场长期积累的一系列体制机制性矛盾进一步凸显，股权分置扭曲市场定价机制的改革被提上议程。

据中国证监会的官方资料记载，中国资本市场建立之初，经济体制改革处于摸索阶段，在此背景下，国有企业的股份制改造，需要通过证券市场补充资金，以实现自身更规范的发展。在当时的市场状况下，做出改革需要考虑到国有企业的控股权与国有资产的稳固，这便产生了被称为“股权分置”的安排。

简单来说，股权分置的意思是说，国家股、国有法人股、一般法人股等等暂时不上市流通。

这种分阶段的做法，给国有企业的改革带来了切实的好处——大量国有企业通过在股票市场发行股份上市，建立现代企业制度，实现跨越式发展。

不过，随着中国经济与资本市场的进一步发展，股权分置的安排出现了发展的掣肘：包括大股东在内的法人股股东所持股份不参与市场定价，使得资本市场的定价机制无法市场化，表现则是公司股价难以对大股东、管理层形成市场化激励和约束，公司治理缺乏共同的利益基础。另外的问题是，由于股份存在非流通协议转让和流通股竞价交易两种价格，资本运营显得非市场化，或者说存在非市场化因素，而国际通行的以统一现货价格为基础的各类市场衍生品创新和对外开放进程无法展开。

经过几年探索，这一问题已形成市场共识。2004年，中国颁布了《国务院关于推进资本市场改革开放和稳定发展的若干意见》。意见明确提出，积极稳妥解决股权分置问题，并提到“解决这一问题时要尊重市场规律，有利于市场的稳定和发展，切实保护投资者特别是公众投资者的合法权益”。

2005年4月底，经中国国务院批准，中国证监会会同国资委、财政部和人民银行正式启动股权分置改革试点。在两批46家上市公司改革试点顺利完成，中国证监会等五部委总结经验后，颁布《关于上市公司股权分置改革指导意见》。当年11月初，中国国务院主持召开股权分置改革座谈会，确定了一批央企和11个省市的100多家地方国资控股上市公司作为改革重点加快推进，使已改革公司市值比例较快地占据市场主导地位，形成改革示范效应。

毫无疑问，广州药业亦是资本市场发展浪潮中的一员。2006年初，广州药业股份加入股权分置改革的队列。当年4月，广州药业A股股东审议通过了这家公司的股权分置改革方案。之后，广州药业完成了股权分置改革。

这便是广州药业股份在参与广药集团重组前的资本市场发展脉络。广州药业股份，是中国内地地方国资公司到境外上市的弄潮儿，是较早一批登陆联交所，向全球投资者展现中国公司品牌的公司之一。

伴随中国的改革开放与经济发展和资本市场发展迭代，广州药业见证、参与了地方国有公司的A+H两地上市浪潮，并鲜见地成为先H再A的地方国资公司，这也侧面表明了广东站在改革开放的前沿。再之后，当完成股权分置改革后，便形成了广州药业股份和白云山股份两家上市公司同业竞争的局面，它们面临新一轮的重组与起航。

第二节　反向路演

从广州药业股份与白云山股份停牌以来，两家公司董秘办的热线就时而响起来。有人打电话进来询问，广州药业股份和白云山股份为什么要重组，有什么好处？

这也是两家上市公司需要在重组方案公告复牌后，向市场释惑的问题。2012年4月10日和11日，即广州药业股份和白云山股份的第一次董事会结束后，时任广药集团副董事长李楚源、时任广药集团财务负责人程宁、时任广州

重大资产重组说明会

药业总经理吴长海、时任白云山股份总经理王文楚、时任券商广药集团重组项目负责人陈静等，带领重组工作小组相关人员，分赴上海、深圳、香港和广州，对机构投资者进行重组方案的路演。

接待者主要有券商。它们是两家上市公司股票的持有者，无论来自自营（自有资金），还是代客理财的，券商是上市公司股份的重要交易者。

一些券商向重组工作小组提出了严苛的问题：重组后的发展战略，是否能提升重组后公司的股价？关于股价的问题，重组工作小组是无法预测的，他们能答复的是：为什么要这么做，重组后对公司带来的好处是什么，未来如何发展等问题。

尽管问题很严苛，一些有眼光的机构投资者还是趁重组方案公布后复牌的时间窗口，在市场犹疑不定之时买入了两家上市公司的股份，并在之后赚了钱。当然也有观望者、卖出者，他们的心态亦如那些在股票市场买入和卖出的小散户股东一样，有着自己的判断和得失。

这一轮的机构投资者沟通，至少让关注广药集团重组的他们，和那些对于潜在投资两家上市公司感兴趣的投资者获得了更多的信息。这对于上市公司来说，是必要的功课。

两个月后，广州药业股份和白云山股份分别召开董事会，审议了此前公告的重组方案，并在之后形成重组报告书，并随同两家上市公司的董事会决议一起公告。

第二次董事会之后，闯关的大Boss即将现身：股东大会投票。

2012年9月4日，广州药业发出了H股通函，在此之后，H股投资者反向路演开启。

H股通函发出后，广药集团重组工作小组便投入紧张的股东大会投票事宜准备工作中。半个月后，即2012年9月19日，广州药业股份和白云山股份将分别召开股东大会，审议通过重组事宜，此举决定着11个月以来重组工作的阶段性进展。

为了使得股东投票能顺利通过，广药集团重组工作小组对股东结构进行了分析。从广州药业来看，H股与A股的股东较为分散，这就意味着股东的解释说明工作需要更加细致。

按照上市规则，需要通过股东大会进行投票，以确定是否通过重组方案。

接下来，分析股东结构对于投票通过很重要。股东名册中，哪些对投票通过具有绝对影响力、较大影响力，以及可能的影响力，上市公司需要从股东名册中了解到。

股东名册中有些是多年持有广州药业股份的资深长线股东。重组工作小组主动了解他们对重组议案的看法，有哪些疑惑——毕竟他们手中握着投票权，任何一个可能导致投票失败的股东都要去争取。

尽管重组方案是重组工作能否顺利推进的关键，但如果重组方案的市场沟通工作没有做好，就很有可能导致重组工作失败。重组方案的执行和推进，有太多不可控因素。

重组工作小组开始筹划组织邀请广州药业H股股东到广州药业实地考察，向他们阐述重组方案，以及重组的原因、价值、意义和重组后公司的发展战略与未来。

邀请名单一遍一遍地核实，细致到需要落实股东们来了站哪里，坐哪里，和谁聊，聊些什么，参观些什么，讲述些什么，回答些什么，这些千头万绪而又关系着工作推进的细节，需要统筹、落实、反馈，一共只有半个月的时间。

如果说第一次董事会结束后的投资者拜访与释惑是走出去，那么这一次则是要请进来，让股东们看到股票交易软件另一头那个鲜活的世界，那个鲜活的医药集团，那些医药集团鲜活的生命力。

邀请工作状况百出：有投资者接到电话，以为是诈骗电话；有投资者接到电话很诧异，不知如何应答，回答了一连串的“好的好的好的”，挂完电话后甚至忘了问怎么去、在哪里参加、反向路演联系人等等。之后广州药业股份重组工作小组人员再向他们发去相关细节的短信。有投资者干脆摁断电话；也有投资者不置可否，不说好，也不说不好；有投资者干脆就问：“那我的股票怎么办？”……

在股东名册上，有一些对广州药业股份有着深厚感情的个人投资者。比如，一位在2000年左右，即广州药业在香港上市三年前后，在广州药业股价跌到低位时就买入广州药业H股的个人股东，之后持续买入，甚至把广州药业股份的分红也用于继续买入广州药业的H股。到了广州药业重组时，这位投资者已经是广州药业持股量非常大的个人股东。

这位个人股东在广州药业股份上市到重组前的十多年里，陆续到过广州药业总部调研考察。当重组工作小组人员拨通他的电话时，听说是广州药业重组工作小组的，他倒并不觉得生分，反倒有些老朋友的熟悉感。重组工作小组人员在电话中说明致电目的后，这位个人股东马上回应道，已经研究和关注此事，并表达了对重组方案的支持。

“如果我要投票，应该怎么做？”这位个人股东迅速反应到实际要推动的事情上来。不仅如此，他还在电话中颇为热心地对工作人员说：“我有朋友，他准备近期到加拿大去生活，可能很长一段时间不回国，但他持有你们挺多的H股。我可以再跟他沟通一下。”

邀约的工作必须迅速推进，原因在于反向路演结束后，在股东大会之前，重组工作小组还要奔赴上海、深圳和香港，以及回到广州展开四地投资者路演。

广州药业股份董秘室（原秘书室）的工作人员被分为了三个组，分别致电股东，通知投票和重组事宜，末了还不忘向他们说一句：“请多多支持广药集团的重组。”

投资者关注的问题被汇总，董秘室安排人手对这些问题做专题研究和答复。在邀请与答疑的过程中，也出现过小股东的不理解，此时，重组工作小组人员便记录下相关问题再跟进处理。

在券商、律所、机构投资者和关注广州药业股份的股东与相关人士的帮助下，反向路演的通知告一段落。接下来，在沙面北街45号的小礼堂里、会议室里，反向路演的现场会议准备工作亦同步推进。

一些小股东投资者甚至不知道到时该如何操作投票，广州药业股份重组工作小组便先在电话中告知，再编成提示短信发送到小股东手机上。

不过，现场秩序一度让重组工作小组有些担忧——那些据传的事情会发生吗，如何做好预案？

第三节　潜入者会来吗？

2012年9月4日和5日，是广州药业股份和白云山股份约定的投资者见面会日期。见面会行程是这样安排的：9月4日，广州药业H股投资者见面会，这天上午8点30分签到，接下来的流程是主持人介绍参会人员与会议议程，广药集团领导介绍重组方案和未来发展战略。10点30分到11点30分的一个小时时间里，现场提问和互动。午餐后，可以选择是否去参观被称为“神农草堂”的中医药博物馆。

王老吉药业商标

见面会召开前夕，广药集团重组工作小组人员心里有点打鼓，隐忧源于几天前发生的关于王老吉大健康和加多宝的正面冲突事宜。

半年多前，即2012年2月16日，广州药业董事会通过了关于成立广州王老吉大健康产业有限公司的议案。这家公司是广州药业属下全资子公司，当时注册资本1000 万元，主营食品、保健品、医疗器械等。

投资者见面会前夕的8月28日，一位陈姓的时任广药集团保卫部负责人接到电话，电话中他被告知，江苏省苏州市木渎镇的王老吉大健康员工被人持刀袭击，情况相当严重。

了解到这一情况后，时任广药集团旗下王老吉大健康公司总经理徐文流和时任集团工会主席黄志恩便到现场去查个究竟，看看到底发生了什么。

这位受伤的员工叫姚辉，当时正躺在医院的病床上，伤口在脸上，从眼角开始，一直延伸到下巴。

见到这一场景，徐文流内心有些触动——为铺个货，至于把员工伤成这样吗？

这也侧面说明了，在当时轰轰烈烈的广药集团和加多宝关于“王老吉”商标的纷争冲突到了什么程度，居然演变成肢体冲突。

据《中国红》一书提及，这位叫姚辉的员工，当天10点多去铺王老吉凉茶的货，他和同事一起，在事发地木渎商城的和兴批发门市部悬挂红罐王老吉凉茶的宣传横幅，大约十分钟后，时任加多宝高级业务代表来到现场，把加多宝的横幅盖在了红罐王老吉的宣传横幅上。

接着双方便吵了起来。一个小时后，征得批发门市部店长的同意后，姚辉和同事把宣传横幅又重新整理好，然后离开。到了15点多，姚辉和同事回到店里，看到加多宝的员工正用美工刀拆除挂好的“王老吉”商标横幅。

双方为此吵了起来，姚辉和同事准备离开时，加多宝的员工让他们别走。不一会儿，加多宝来了一批人，和王老吉大健康公司当地的经销商打起来，姚辉上前劝架，结果美工刀就划向了姚辉的脸部，鲜血直流的姚辉被送去医院。

大约从广药集团重组开始，关于“王老吉”商标的冲突便传闻不断，而一些未经证实的传闻在弥漫——竞品可能会干扰广药集团的重组，甚至言之凿凿地提到竞品总部大本营在香港。对于重组工作小组来说，广州药业H股相关的投票事宜，多了些许隐忧。

9月4日上午的第一场便是广州药业H股股东说明会。

8点，广州药业的同事们来到能容纳160人左右的沙面北街小礼堂。会议开始前夕，这里已座无虚席，通道处都摆满了椅子，一些小股东站在旁边，听现场的阐释。

广州药业股份做了些预案，请保卫部同事到现场维持秩序。路演处于一种看起来很安全且轻松的氛围中，恐怕很少有人知道重组工作小组人员当时的心情。他们有的坐在前面，有的站在后面，有的站在中间，扫视整个会场。

此类人数众多而又事关重大的会议，一定不能出什么差错。

保卫人员分别坐在第一排和稍微靠中间的位置。第一排坐着广药集团最高管理层，中间是机构投资者与小散户股东投资者集中就座的地方。

负责本场H股投资者会议的工作人员一直站着，环视着整个会场每个人的一举一动。鉴于几天前的流血冲突，现场最担忧的便是起哄甚至打起来。

签到时，重组工作小组人员感觉到了些许异样，但他们显得很淡定，见机行事。

“气场和表现就像竞品的人，传递出不太友善的信号。”参与当天H股反向路演组织工作的一位重组工作小组人员说，“穿着和气质上有差异，比如看起来流里流气。也有可能穿得比较正式，言行举止像是找茬的。”

中间还是出现了短暂的小插曲。有人起身问了一些与广药集团重组方案无关的问题，一听便是没有看过重组方案，也不关注广药集团重组事宜的人。

广州药业股份一位浙江籍陈姓投资者主动回答了这些问题。在这位投资者的倡议下，提问者中不友善的问题被终止。短暂的一两分钟里，工作人员甚至担心吵起来，提醒有话好好说。接下来，小插曲的这个缔造者和陈姓投资者小股东吵了几句。现场的小投资者加入了劝说的队伍，可能是考虑到身处公共环境，短暂的争吵停了下来。

中介机构也为广州药业股份推荐了投资者，他们投资了广州药业股份，相互之间展开良好的互动和沟通。

伴随着反向路演和第一次董事会、第二次董事会，以及股东大会前的上海、北京、深圳与广州的投资者路演，“王老吉”商标的商业竞争，成为潜在的一次次隐忧。

一些传闻甚至提到，竞品可能在香港市场买入股份，在股东大会上给广药集团的重组制造难题。重组工作小组每组织一次活动，都不得不考虑这些问题并做出预案，以避免可能的干扰因素出现。

这也另一个侧面印证了重组对于广药集团的重要性——这能使这家地方国资委旗下的公司变得更加强大，而面对日益强大的竞争对手，竞品终归是有一些行为与方式来体现它们自己对市场的影响力。

关于“王老吉”商标纷争，最新的动向是2018年7月27日，广东高院对“王老吉”商标法律纠纷一案做出判决。判决的结果是广东加多宝饮料有限公司在内的六家加多宝系公司，连带赔偿广药集团经济损失等14.4亿元。

这起由广药集团主张，提出诉求为广东加多宝赔偿于2010年5月2日至2012年5月19日，因侵害“王老吉”注册商标造成的广药集团经济损失，余下五家加多宝连带赔偿损失责任的案件告一段落。在上诉时效内可以提起上诉。

由广东高院的这起判决可以看出，广药集团重组时期，亦正好碰上“王老吉”商标的商业纷争事件。这也反映出了广药集团重组所面临的市场复杂性和困难，以及广药集团在重组中所倾注的空前投入和力度。

作为大健康板块的重要资产，“王老吉”商标显然在广药集团的重组中居于重要位置，它甚至是贯穿重组沟通工作中必然会被问及的问题，无一例外。

第四节　完整重组方案

重组工作小组在反向路演期间准备的文档中提到，“作为国内唯一一次涉及上海、深圳和香港三地交易所的重大资产重组，广药集团整体上市具有较高的难度且颇为复杂，进入股东会投票环节是广药集团、上市公司和各中介机构付出艰巨努力的结果。一旦重组方案未获股东大会通过，上市公司将须择机停牌、重新启动重组事项”。

从这份文档中可以看到，中介机构对于股东们将如何对重组方案投票仍存担忧，但也表明重组即使出现困难，仍会择机重启，势在必行。

这份完整的重组方案将以一种全新的方式和它的投资者见面。在公告里，它是一份冷冰冰的文字，而如今，在这个温馨的小礼堂里，它要以一种生动的方式让投资者理解它。

在这场“广药集团上市公司投资者交流会”上，时任广药集团董事长杨荣明与时任广药集团总经理李楚源分别坐在主席台正中间最中心的位置。在他们的左右两边，分别坐着时任广药集团财务总监程宁与时任广州药业董事总经理吴长海和另一位时任广州药业股份负责人之一。

一段当年的投资者交流会视频中，身着黑色西装的程宁正在向投资者介绍：“广药集团2012年底争取拿到中国证监会的批文，之后开始正式实施重组。”吴长海则略带腼腆地表示，未来广州药业股份将在生物医药方面持续投入，传统中医药与化学药将持续增长与递进式增长。

一些著名的投资人来了。

在这个视频里，出现了吉姆·罗杰斯的身影。吉姆·罗杰斯是一位在全球投资界很早就成名的投资人，他与索罗斯曾一起在全球市场呼风唤雨。与后者不同的是，他特别喜欢中国文化，是量子基金的创始人。参观调研广药集团后，吉姆·罗杰斯说他看好广药集团重组上市的前景。

因广药集团重组事宜前来参观调研的投资者阵容可以用“非常强大”来形容，有来自基金公司的、证券公司的、投资管理公司的，还有私募和研究机构，职位涵盖董事总经理、投资总监、副总裁，地区从香港、上海、广东到四川，等等，不仅有中国的，亦有国外的。

因宣称坚持投资茅台而声名卓著的但斌也来了。作为深圳市东方港湾投资管理有限责任公司的负责人之一，截至股东大会投票日前的股东登记时，他所在的公司持有白云山股份股票。另一家深圳市榕树投资管理有限公司，它的时任负责人之一也来到了现场。

“机构投资者对于广药集团的重组、两家上市公司的状况，以及为什么重组还是比较了解的，他们比较支持。他们关心重组方案本身，想了解更多关于广药集团未来的发展战略、对市场的调查研究，以及接下来几年的目标和计划。”参与过投资者交流组织的黄雪贞回忆说。

投资者们蜂拥而至的目的，是和广药集团的管理层面对面地交流，了解一些冷冰冰的公告之外的信息，他们都在等着揭晓这份相对完整和成熟的重组方案，以及那些公告外的解读。

这份重组工作小组准备的投资者推介材料中提到，广药集团分别持有广州药业股份和白云山股份48.20%与35.58%的股权，并百分之百持有一系列房屋建筑物、一系列具有悠久历史与传统的知名商标，以及一家名为“保联拓展”的公司，并投资了百特医疗12.50%的股权。此次重组，正是把这些资产合并作价后，装入上市平台，实现广药集团医药资产的整体上市。重组方案显示，重组完成后广药集团将持有新的上市平台45.24%的股权。

除广州药业股份和白云山股份两个上市平台重组外，余下资产需要通过广州药业发行股份来购买的方式，实现装入重组后的上市平台。

在这个大的框架下，广州药业股份发行新增A股股份，换股吸收合并白云山股份。换股定价为吸收合并双方在定价基准日前20个交易日均价，经除权、除息后确定。换股的比例为，白云山股东以1股白云山股票换取0.95股广州药业A股。

为了关照投资者利益，方案给投资者提供异议股东收购请求权和现金选择权。

除广药集团外的白云山股份股东享有现金选择权，现金选择权的价格为11.50元/股。

引入现金选择权，是为了让投资者在白云山股份的壳被注销后，如果不愿意再持有白云山股份，亦不愿意以换股的方式把持有的白云山股份换为广州药业A股股份，那么他们可以选择向广州药业股份卖出这些股份。

除了引入现金选择权这个资本市场上符合市场规则的办法外，广药集团的重组方案里还设计了异议股东收购请求权。

异议股东收购请求权是针对广州药业股东而设计的。如果持有广州药业H股和A股的股东，在知悉由广药集团重组而引发的广州药业股权或者资产等发生变化后，不愿意继续持有广州药业股份，那么，他们可以将持有的广州药业股份，提出异议股东收购请求。

待这些步骤完成后，广州药业股份再向广药集团定向非公开发行A股股份，购买后者持有的包括房屋建筑、商标、保联拓展全部股权，以及百特医疗12.50%的股权等。发行的定价基于市场规则，即定价基准日前20个交易日均价，经除权和除息后确定。

根据市场化评估机构评估，广州药业股份拟买入的广药集团资产价格共约4.22亿元，大约需要发行0.35亿股广州药业A股。重组方案中明确约定，从认购股份上市之日起三年内，广药集团不可以转让这些股份。

为了确保重组工作顺利推进，广药集团做出承诺，对于基于一系列评估办法作价的房屋建筑物和商标等，如果实际净收益没有达到给出的预期净收益值，广药集团以股份的方式做出补偿。

坐在现场交流的投资者更关注的问题是，这一系列重组动作之后，上市平台竞争力在哪里。

重组工作小组给出的说明是，这相当于是一家专注于中药和生物药的上市公司，吸收合并了一家专注于化学药和中药的公司，除解决了同业竞争问题外，上市平台可以从研发、采购、生产、营销和分销等全产业链实现整合。

拟发行股份购买资产对于上市平台的好处是减少了关联交易，使得上市平台的资产更加完整。购买商标资产的做法，可以为下一步广药集团大健康产业提供核心商标资源。将保联拓展纳入新上市平台，有利于未来上市平台进出口业务国际化，以及成为设备进口平台。买入百特医疗，可以给上市平台提供稳定投资收益，百特医疗是一家行业龙头公司，据广药集团研究分析，这家公司具有广阔发展前景。

在投资者交流会现场，广药集团对重组价值进行了分析，给出了可以实现的时间表。比如，整合采购渠道，构建归口平台；整合品牌资源和营销策略，并提出用1—2年的时间实现。接着，再花2—3年时间，优化管理架构，以广药总院为平台，整合研发资源和分销

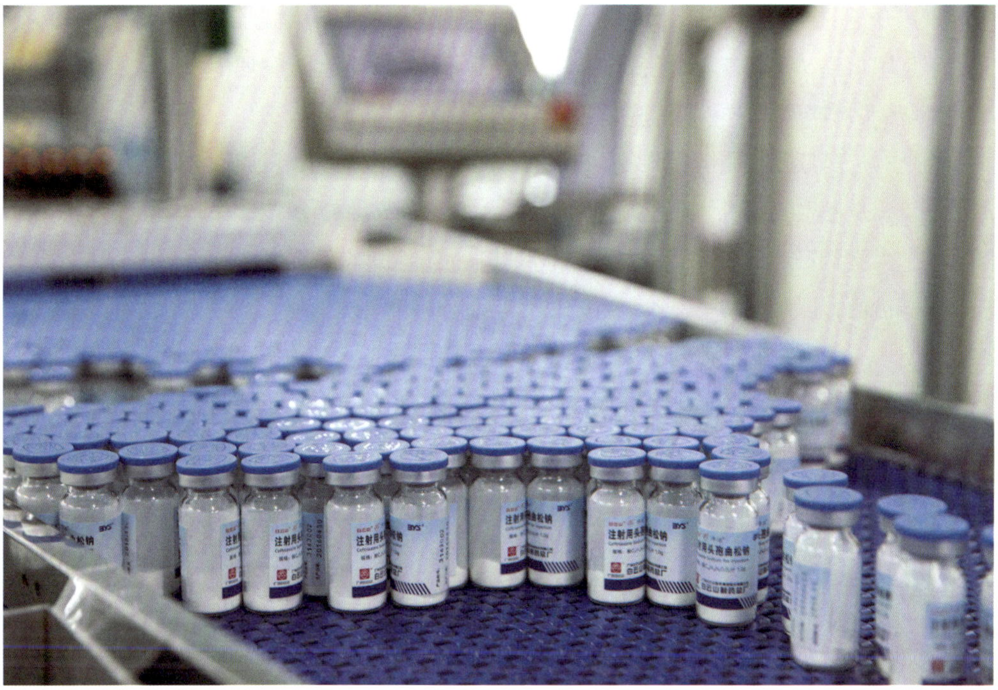

广药集团药品生产

网络与零售终端。用3—5年时间，基于广药工业园建立统一专业化生产基地，并构建多级仓储和配送网络。换句话说，用最长5年时间，实现采购和品牌、管理与研发，以及生产物流的全部整合。

这听起来是一个十分巨大的工程，但又让人分外期待。不仅如此，广药集团还设计了重组后的业务架构，让一个全新的、充满竞争力的上市平台展现在众人眼前。

在和投资者交流分析时，广药集团提出重组后的上市平台，将在大南药与大健康两个大的战略板块下，分别聚集中药、化学药、生物药和物流业等等，以及以"王老吉"商标为核心的大健康产业。

为了让这两大战略显得更加具体，广药集团把拟注入上市平台的品牌资源进行了梳理，涵盖白云山、王老吉、陈李济、中一和抗之霸等13个中华老字号品牌，占据医药老字号半壁江山。在技术方面，把广州汉方现代中药研究的开发、白云山化学药的创新中心以及广州拜迪生物医药研究的开发纳入其中。在拳头产品方面，更是将含7个合营企业的20个销售过亿元产品系列聚集在上市平台上，并把诸如不申请解密，可以永久保密的，拥有五大中药机密级品种的产品纳入其中。

现场介绍时，时任广药集团副董事长李楚源提到，王老吉大健康公司落户广州南沙，并表示那里将是“王老吉”所在的大健康公司总部。“王老吉没有理由不做成冠军，就像中医药我们做成冠军一样。”李楚源说。

至此，广药集团把重组后的发展战略聚焦在“振兴大南药、发展大健康”的双驱动发展战略上。从落实上来说，在资产整合基础上，实施“资源、科技、品牌、标准、人才和国际化”大南药产业；将优势品牌资源向保健食品、功能性饮料、药妆等行业辐射，充分发掘品牌价值，以此作为发展大健康产业的基础。

在这些看起来有些抽象的字面描述中，为了让投资者对广药集团的未来发展有更深刻的了解和认识，广药集团还把当时提出双轮驱动的“双轮”进行了细分，以让投资者对于这双轮在这个庞大的医药公司中到底是什么，有更好的把握。

比如，在大南药的中药方面，提出了生产技术、工艺与流程创新，加快基因中药的发展；抓好中药标准的规范化生产，并发展特色中药，扩充中药资源；建设GAP的认证种植基地。在这里可以划重点的关键词有：基因中药、特色中药，以及GAP认证种植基地。这些词听起来至少比较厉害。

至于大南药的化学药板块，广药集团重组后则更加致力于化学药产业链的完善，比如，母核中介体的原料粗品基地，这个听起来太专业，简单来说，它是化学制药中的关键制剂。在这个板块，更具有未来性的事情便是加强一类新药的研发，以头孢类抗生素为发展重点，加快产品更新换代。

在大南药板块的生物药方面，广药集团为其定下的发展战略是依托联合研发中心，整合外部资源，加快自主生物药产品的研发步伐。

无论是大南药的中药、化学药，还是生物药方面，听起来都显得有点过于专业。不过，对于投资者来说，他们可以实实在在通过数据看到接下来的业绩表现中，在保证品质的前提下，广药集团的市场占有率和营收增长到底怎么样。这恐怕是最直接的方式，也决定了接下来投资者在关注这家公司时，是用脚投票，还是用手投票。

在当时，还有一个重要的业务，便是物流业。从某种程度上来说，它决定了渠道的效率。广药集团在投资者交流会上对此做了说明，表示在整体上市后，通过资产协同效应的发挥，将逐步实现集中统一采购，基于物流信息化体系，加速全国性物流网络体系建设；建设配送中心，整合运输资源，降低运输费用。这两点在互联网的冲击以及医药电商概念的崛起中，正显现出越来越重要的作用，这亦是广州医药近几年来电商营收持续增长的支撑所在。

那个在投资者大会上成为隐忧的因素——“王老吉”商标之争和商业竞争，之所以事关重大，最根本的原因在于“王老吉”商标是广药集团旗下大健康产业的重中之重。随着大消费发展的趋势，以及人们对于健康的关注，它愈发表现出对于消费者的吸引力，转化成数字来说便是营收的持续增长。

大健康的发展规划中，投资者现场交流时，重组工作小组给出的重点便是一家被称为“广州王老吉大健康产业有限公司”的公司。这家公司将结合大众化和个性化，在产品设计方面，推出涵盖保健品、功能性食品和饮料，以及化妆品和美容用品等系列产品，通过产品经营、资本运营与虚拟创营的方式，实现跨越式发展。而所谓的资本运营，则是通过投资来实现。另一个被称为“虚拟创营”的运营方式，简单来说，便是以轻资产的方式来实现产品的生产。

对于未来的发展前景，在投资者交流会上，广药集团描绘的图景是上市平台的大南药板块，持续投入的生物医药将成为新的发展亮点；而以“王老吉”商标为核心的大健康产业，将成为新的利润增长点。同时，另外一块重点则是得益于资源整合带来的核心竞争力提升和协同效应，传统中药与化学药业务将保持营收的稳定增长与利润率的提升。

在投资者交流会现场，李楚源代表广药集团提出了更具体的目标——“在2013年（即预期重组完成后），广药集团成为广州市第二家年销售额超500亿元规模的公司。到2020年，广药集团将争取实现销售收入1500亿元，跻身世界500强。”

“让广药集团发展成为战略型新兴龙头公司。”李楚源说。

在这个视频的稍后部分，李楚源站在时任国务院总理温家宝身旁，他们的笑容都在镜头前显得特别灿烂温馨。时任中国证监会主席郭树清亦现身，表示将大力支持广药集团的整体上市工作。而时任中共中央政治局委员、广东省委书记汪洋则寄语广药集团，将“王老吉”打造成中国的“可口可乐”。

这些都是广药集团上市平台未来的样貌和组成部分，展现在了投资者的面前。

广药集团上市公司投资者交流会

广药集团上市公司投资者交流会

第四章
方案闯关

2012年6月19日，对于广药集团来说，是非常特别的一天。当然，如果要说得更具体一些，事实上这对于广州药业股份和白云山股份来说，是非常不一样的一天。

在这一天，涉及广药集团的重组，应同时在香港、上海和深圳三地停牌的两家上市公司，因为公告相同的事情，却只在香港停了牌，而深交所和上交所却没有。这样的状况如果再持续多一天，就可能出现“资本市场上有史以来第一个交易所信息披露不一致的案例”，而这个所谓的不一致，指的是相同的事情，却在不同时间披露。

这件事情成为广州药业股份在香港上市以来披露的一个bug记录，准确来说，是“被迫成为bug”。亦正因此，直到今天，重组完成后的公司受这个披露bug的影响，仍没有完全被消除。只要涉及披露相关的事宜，这个bug就可能会被再次提起。

事情缘于前面提到的广州药业股份和白云山股份的重组方案。在披露方案前，因对于白云山股份的关爱和审核的尽心尽力，深交所耗时比联交所和上交所多了差不多一个月。

不过这次是第二次董事会，即重组方案公告并复牌后，从时间上来看，大约是两个多月后。在听取了机构投资者在内的市场参与者的各方面意见后，广州药业股份和白云山股份分别召开董事会，审议重组方案。

按照上市公司流程，董事会审议形成决议后，须在董事会结束后的2个交易日内公告。不过，此时深交所还没有审定完毕，为了应对这一变化，重组工作小组准备申请三地同时停牌，待深交所审定完毕后申请复牌公告此事。

收到停牌申请后，联交所做出回应，同意广州药业股份在联交所停牌。戏剧性的事情发生了，上交所不同意停牌，认为可以立即公告董事会决议，并要求广州药业立即做出公告。

因此形成的局面是，三地交易所，广州药业在它的香港上市地停牌了一天，而在它的内地上市地上海继续交易。白云山股份亦同期在深交所未停牌。

两家公司，因同一个事项，在三地交易所出现了不一样的举动。广州药业显然会受到联交所的警告。

关注这一细节的显然不止交易所，还有投资者。纷至沓来的电话问询让广州药业的投资者热线快被打爆了，致电者问得最多的一个问题是：“广州药业出了什么事？”

三地交易所僵持着。

广州药业焦灼着。

有点无可奈何的广州药业能做的，便是想办法尽早结束这一局面。

在一轮又一轮的沟通说明后，三地交易所终于达成一致，于2012年6月19日公告广药集团的重组报告书等内容，这一“欢喜剧”才画上了圆满句号。

这是广州药业股份和白云山股份面临的状况，他们需要学习适应三地规则，在不同的市场文化中，完成一次史无前例、涉及三地的重大重组。

第一节　路演，还是路演

在第二次董事会召开前，即出现“三地不一样指令”的那出欢喜剧前，为了争取机构投资者对于两个多月前公告的重组方案有更好的了解，广药集团组织了上海、深圳、广州和香港的四地路演。

需要说明的是，广药集团的重组涉及广州药业股份和白云山股份两家上市公司，根据上市公司规则，需要两个上市公司的一系列股东大会投票通过，重组方案才具有实施的可能性。

比较起来，香港投资者和内地投资者在股东投票的流程上和方法上各有差

广药集团上市公司投资者交流会

异。香港市场投资者涉及香港本地投资者和在香港的国际投资者两大类。根据经验，香港本地投资者如果拟参与投票，大约需要至少在投票截止前三天向他的代理行或者券商告知投票诉求。而在香港的国际投资者，因时差等各方面的原因，大约需要提前五天告知。

对于广州药业来说，他们更担心的是H股的股东大会投票。原因显而易见——H股的投资者组成更加多元，相比内地投资者来说，更加复杂和不容易把握。另一方面，联交所的上市规则与投票流程与内地的亦不相同，相对于内地的投票流程，香港的更加陌生。更重要的是，香港市场的投资者和内地市场的投资者在重组的问题上，天然就因市场的不同，而带着理解的差异性，那么更加充分的沟通就更有必要了。即使是更加充分的沟通，也需要有理解当地市场的中介机构作为桥梁来提高这种沟通与理解的效率，这点显得很重要。

也正因此，广药集团在香港组织了几次投资者路演。这几次路演中，有美国投行帮着组织的，亦有上海的机构帮着组织的。两家机构组织的投资者交流会侧重点亦不相同。

美国投行组织的，更加侧重于全球性的机构和持股量较大的个人投资者，如果一定要给个界定，可能用说英语的投资者显得更有概括性，但并不能全面阐释。而上海的机构组织的投资者，可能更偏重于香港本地投资者，或者在香港开户的内地投资者。投资者交流会举办时，一些投资者从内地和香港赶过去，亦侧面印证了这一点。

接下来，对于重组工作小组来说，一个十分重要的任务便是盯着投票的情况。比如，一位H股机构投资者或者股东，在重组工作小组计划的时间段内是否投了票。如果没有投，那么他们将跟进去沟通。

在一份工作记录中，记录了股东名册、持股多少、由谁负责跟进、意向如何、是否投票相关内容。而这些工作记录，在投票截止日前每天的某个时间都会进行更新。接着，会有一个专门做分析研究的中介机构介入，协助重组工作小组做股东投票情况分析。这些分析细致到多少股权占比的某位投资者是否可能投了票，余下还有谁可能按什么意愿投票，如果要获得通过，哪些投资者可以做沟通，了解他们投票的意愿。

原因很简单，股东大会中如果有一个环节出现意外没有通过，那么，要么重组方案得推翻重来，要么得重新组织股东大会。这场用手里的股票决定一家公司的重大重组方案能否通过的投票，显得严谨而具有权威性，每一个投票，对于广药集团的重组来说，都十分关键而核心，这就意味着沟通工作需要细致再细致，能通知到的股东，能沟通的股东，都至少需要通知到，让他们了解这个重组是什么，向他们解释疑惑。

广州药业的H股和A股的类别股东大会投票十分重要。不过，在此之前，如果白云山A股的股东大会投票没有通过，那么接下来广州药业的股东大会投票将没有任何意义——

广药集团上市公司投资者说明会

这是一个“与”的选择，而非“或”的选择。股东大会没有一场可以不通过。

与广州药业股份的投资者交流会有所差异的是，白云山股份的投资者交流会中投资者们更关注的问题是，两家上市公司的合并，好处是什么，股票的价值怎么体现，合并后有什么样的影响。

有一些股东在现场的举止也让人哭笑不得。比如，“嗖”地从座位上站起来，用十分有穿透力的声音发问：“为什么要注销白云山股份呢，怎么能这么操作呢？”

当然，也有和这位股东表现形成明显差异的股东：“我们很支持白云山的重组，支持广药集团的重组，看好重组后平台的发展。”

有理解者、支持者、点赞者、质疑者，有看得懂公司未来前景的，有暂时还需要点拨的。不过，他们都是关注两家上市公司的投资者，他们是广州药业股份和白云山股份的老朋友和新朋友。

无论是网络投票，还是现场投票，抑或委托机构进行投票的广州药业A股股份和白云山股份投资者，他们可能记得，在2012年广州的夏天接到了重组工作小组的沟通电话，有些可能是匆匆几秒，有些可能是一两分钟，有些可能是接着几次的往复沟通，但他们围绕的，是广药集团重组案以及股东投票。

致电过投资者的时任白云山股份证券事务代表高燕珠记得，有的投资者在电话中表达了给予支持的意愿，有的则模棱两可地应承着，有的没有打通。

打进投资者热线的也有一些令人印象深刻的片段，投资者有乐观者，也有担忧者。比如："我是白云山股份股东挺好的，为什么要变成另外一只股票的股东？""我投资的是白云山股票，现在却变成了它和另一家公司重组后的股票，完全变了样，我怎么知道好不好，重组还有不确定性！"

这是投资者们的关注点。

事实上，换股吸收合并实施前，广州药业股份及白云山股份股价的变动可能导致投资者在合并或换股中发生投资变数。若市场波动导致广州药业股份或白云山股份股票价格与换股价格产生较大偏离，可能会致使一方或双方股东大会/类别股东会不批准换股吸收合并方案，由此可能引发股价大幅波动。

问题在于，二级市场（直接买股票的）的股票价格受多种风险因素影响，广州药业股份完成换股吸收合并后在上交所上市，二级市场价格仍然存在不确定性。

此外，换股吸收合并完成后，白云山股份将被注销，白云山股份股东权益和利润将相应转为广州药业股份的股东权益和利润。广州药业股份的主要业务和风险因素并不因资产重组发生变化，但如果存续公司盈利前景不如预期，潜在的风险是换股吸收合并有可能使参与换股的白云山股东面对投资变数。

这也是广州药业A+H异议股东收购请求权和白云山股份现金选择权在重组方案中呈现的根本所在。

也有一些小股东之前把投入股市的钱提前做了安排，预期在哪一个时段内把股票卖掉，于是就分外关心地问什么时候可以交易，什么时候可以复牌。

还有投资者问："如果重组没有完成，钱会退回白云山股份吗？"

各种各样的压力扑面而来。

不过，令高燕珠印象深刻的反而是股东大会前针对机构投资者的路演。她还记得，一次在与一家券商的沟通中，这家券商抛出了一连串对重组方案的质疑。有趣的是，券商的质疑，事实上是源于他们对投资重组后的上市公司平台很感兴趣，而这些质疑，恰恰是为了增强他们对潜在投资判断的信心。

从高燕珠的体会来看，有人质疑或提问，他们是更欢迎和开心的，反倒是做路演时，如果有投资者表现出来不感兴趣，不闻不问，那才是更令他们感到担忧的地方。而事实证明，一些疑问多多的投资者增强了对重组后上市平台的信心，坚定持有或加仓。

第二节 获取通关密码

这一切都为了通关。拿到通关的密码则需要不断“打怪升级”。而“打怪升级”，则从一连串的举措实施开始。

从2012年6月18日起，广州药业股份召开重组第二次董事会。在董事会决议后不到两个月，即8月2日和3日，广州药业股份分别在联交所和上交所公告了《广州药业股份有限公司关于召开2012年第一次临时股东大会通告》《广州药业股份有限公司关于召开2012年第一次境外上市外资股股东之类别股东大会通告》。

这一切的准备工作，都是为了让投资者了解更多信息——会议召开时间地点、会议方式和会议议题以及出席对象，还有一些诸如出席会议股东的登记办法与会议联系方式等信息。

此外，这些上载的公告中还指明了有权出席会议股东的股权登记截止日、出席的方式，以及是否可委托代理人出席并参加表决等具体事项。

和其他公司股东投票时可能涉及的投票方式类似，重组工作小组筹备股东大会时，还为白云山股份和广州药业A股股份准备了网络投票的通道，并为此专门上载了上交所公布的《股东大会网络投票业务指南》。

为了让更多的投资者获取这些信息，之后，根据公司章程的相关规定，广州药业股份在联交所和上交所分别刊登了《广州药业股份有限公司关于召开2012 年第一次临时股东大会的第二次提示性通告》和《广州药业股份有限公司关于召开2012 年第一次境外上市外资股股东之类别股东大会的提示性通告》。

上述公告发布后，广州药业股份的反向路演便拉开帷幕。这也意味着，距离9

月19日的白云山股份股东大会、广州药业股份内资股类别股东大会和外资股类别股东大会越来越近。

当天9点30分，股东大会在广药集团总部召开。

股东大会由时任广药集团总经理李楚源主持。现场的会议记录显示，现场出席会议的投资者，即股东们或者股东代表，都在会议记录上签下了自己的名字，有的写着漂亮的行楷，有的签着让人不能轻易识别的字体。

投票现场照片显示，投资者排着队，依次在一个中型纸箱的圆形缺口中投下了自己的神圣一票。

不过，在投票结果公布前很难预知投票结果，原因在于在投票的当天，无从得知之前针对性进行路演的投票者是否还持有两家上市公司股份。

以H股类别股东大会为例，广州药业定下的类别股东大会投票时间为2012年9月19日，但具有出席股东大会条件的股东，则是2012年8月17日下午交易结束后登记在册的广州药业H股股东。而在8月18日至股东大会召开前，暂停办理H股股东的过户登记手续。

有权出席H股类别股东大会并有表决权的股东，可以委托他人代他出席股东大会和进行投票，不过委任超过一名代表的股东，代表他的人士只能以投票方式行使表决权。代理者需要持有经过公证人证明的授权委托书或其他授权文件，在H股股类别股东大会举行24小时前送达上市公司即为有效。

此外，即使出席了之前的路演，受托人现场会如何投票也还有不确定性。广州药业A股股东的融资融券券商，可以通过上交所指定的融资融券业务会员投票系统，按照所征集的融资融券投资者投票意见，现场或网络参与股东大会投票，并可根据投资者对同一议案的不同意见进行分拆投票。根据股东大会提示性公告，A股类别股东大会不另行提供网络投票方式。

广州药业股份换股吸收合并白云山股份、发行股份购买广药集团资产等9项议案，以特别决议案的方式审议。不过，值得一提的是，对于重组利于公司长远发展事宜，香港市场的分析机构倒是显得乐观一些，这为投票的顺利通过营造了相对较好的市场氛围。

股东大会的股东和授权代表对各项议案进行了审议，并做出了表决。表决结果显示，超过98%的有效表决股份通过了《关于广州药业股份有限公司符合重大资产重组条件的议案》，超过97%的有效表决股份通过了《关于与广州医药集团有限公司签订并实施〈商标托管协议书〉和〈商标托管协议书之补充协议〉的议案》，以及超过97%的有效表决股份通过了《关于批准审计报告、评估报告及盈利预测报告的议案》，超过94%的有效表决股份通过了《关于提请股东大会授权董事会全权办理本次换股吸收合并、发行股份购买资产相关事宜的议案》。

股东大会、内资股类别股东大会和外资股类别股东大会的共同议案，股东们则以特别决议方式对议案进行表决。其中，《关于同时实施广州药业股份有限公司以新增A股股份换股方式吸收合并广州白云山制药股份有限公司、向广州医药集团有限公司发行A股股份购买资产的议案》的有效表决股权中，赞成票分别超过94%、97%和93%。

股东大会、内资股类别股东大会和外资股类别股东大会中，没有股东对重组议案提出新的提案。律所出具的法律意见显示，股东大会普通决议的议案，都以超过出席股东大会的股东和授权代表所持有表决权的二分之一比例通过了投票。此外，超过出席股东大会、内资股类别股东大会和外资股类别股东大会的股东和授权代表，所持有表决权三分之二比例的股东通过了特别决议议案。投票符合《公司法》《上市公司股东大会规则》和《公司章程》的规定，表决结果合法有效。

与此同时，白云山股份的投票也顺利通过。这也就意味着，广药集团的重组案通过了阶段性“大考”，正全速驶向胜利的彼岸。

第三节 联交所豁免披露

2012年夏天仍在广州药业股份秘书室工作的人，正在逐步适应一些新的变化。比如，因分别要在联交所与上交所公告，在做广药集团重组方案时，需要针对两个交易所历史形成的披露上的差异，做两个可能完全不一样的版本。

香港联交所

然而，事实上，这些差异从根本上来说，是两个市场的上市制度、风格、文化以及投资者的偏好与关注等等的差异。如果要做一个对比，还需要从联交所的发展历程说起。

相比于联交所，内地交易所从成立到发展至今的年纪还有些轻，证券市场的发展亦如此。

据联交所记载，香港的证券交易始于19世纪中叶，直到1891年，香港才出现了首家证券交易所，英文名称为“Stockbrokers' Association of Hong Kong”，即“香港股票经纪会”，又被称为“香港股票经纪协会”。

从这个协会成立起，香港便正式进入了证券交易时代。1914年，协会更名为“Hong Kong Stock Exchange”，即“香港经纪商会”，又被市场称为“香港证券交易所”。

7年后，香港成立了被称为“香港股份商会”的第二家交易所。两家交易所在1947年合并，用名为香港证券交易所。从这个时候起，股市进入重建时代。

随着香港经济的快速发展，远东交易所、金银证券交易所和九龙证券交易所又陆续在香港成立。1980年，香港联合交易所成立，与香港市场加强监管和四家交易所合并的呼声压力密不可分。

6年后，即1986年3月27日，四所时代画上历史的句号，新的交易从当年4月2日开始运作，并引入电脑辅助交易系统进行证券买卖。直到2000年3月，香港联合交易所与期交所完成合并前，联交所共有570家会员公司。

1989年，香港中央结算有限公司注册成立，它的中央结算和交收系统在3年后投入使用，成为所有结算系统参与者的交收对手。

10年后，时任香港财政司司长在发表财政预算案演讲词时公布，香港证券及期货市场将进行全面改革，以提高香港的竞争力和迎接市场全球化所带来的挑战。

从改革方案来看，香港联合交易所有限公司（联交所）与香港期货交易所有限公司（期交所）实行股份化，接着，它们与香港中央结算有限公司（香港结算）合并，由单一控股公司香港交易所拥有。

联交所和期交所于1999年9月27日各自举行股东大会，并在股东大会上通过了相关协议。当年10月11日，协议获得香港法院的批准。几个月后，两所与结算的合并生效。合并后的香港交易所于2000年6月27日以介绍方式在联交所上市。

由于历史原因，联交所和内地交易所形成了不同的上市制度与文化。与内地市场相比，香港市场更加国际化和市场化，监管以披露为主，在上市审批、发行结构、价格和时间安排上，完全以市场原则监管，相对更加灵活和自由。

2018年初，联交所对上市制度进行了重大改革，允许同股不同权的公司登陆联交所。在回答投资者关于为什么不仔细审核前来联交所上市的公司的资质疑问时，联交所行政总裁李小加说："老实说，我们没有这样的DNA，我们不认为我们比市场更聪明，不可能越俎代庖为投资者做出决策。我们只能着眼于制定更明确更清晰的披露标准，让投资者能在充分知情的情况下做出自己的投资决定。因此，我想提醒投资者，在买卖股票之前一定要仔细研究上市公司的基本面，为自己的投资负责。"

这是地位相对特殊的联交所所在的中国香港，它是中国内地和国际资金的交汇点，亦是连接中国和全球的桥梁。随着中国资本市场的稳步开放，联交所会继续担当金融市场先导的角色，致力重塑全球市场格局。

直到1990年，中国内地才在深圳和上海分别成立了交易所，尽管两个交易所几十年来取得了长足进展与飞速发展，但和联交所相比，仍然存在着极大的差异。由此可以看出，联交所和内地的上交所与深交所有着不同的文化，在中国的资本市场上亦承担着不同的压力，扮演着不同的角色。

基于此，两地市场在信息披露与监管上有着很大的差别，也就不足为奇了。它不仅仅体现在一份重组方案所要求的内容和格式上，还体现在对信息披露的维度上。

广药集团重组议案，就遇到了一些看起来很小，但又不得不解决的困难。比如关于百特医疗的披露。

广药集团过去投资百特医疗，持有12.5%的股份，重组时，广药集团计划把持有的百特医疗的股份转让给重组后的上市公司平台，从联交所的披露惯例和规则来看，百特医疗这家公司的"前世今生"、商业模式、怎么赚钱、经营状况、客户群以及财务数据等，属于需要详尽披露的信息。

带着联交所的披露规则，重组工作小组人员前往百特医疗，和百特医疗中国团队商量信息披露一事。百特医疗表达的意愿是，该公司并非上市公司，并不想过多地披露"商业机密"。

这就形成了一个披露还是不披露的矛盾点，看起来都合情合理。

况且，广药集团对于百特医疗来说只是一个股东，且是财务投资者角色，并无过多的话语权。

从百特医疗的发展来看，广药集团亦并非创始股东。百特医疗成立于1993年，注册资本1000万美元，由美国百特世界贸易公司、广州市医药建设开发公司和广州经济技术开发区工业发展总公司合资成立，三家公司分别以75%、12.5%和12.5%的比例出资。产品为腹膜透析治疗用的洗肾液。

6年后，广州市医药建设开发公司将其所持百特医疗全部股份，以投入的125万美元等值价格转让给广药集团，由此，广药集团成为百特医疗的股东。与此同时，百特世界贸易公司将其所持百特医疗全部股份，以750万美元等值价格转让给了关联公司百特（中国）投资有限公司。

2002年5月20日，广药集团、广州经济技术开发区工业发展总公司和百特（中国）投资有限公司签订《〈广州百特医疗用品有限公司合营合同〉补充合同》，广州经济技术开发区工业发展总公司把它持有的百特医疗12.5%的股权，转让给了百特（中国）投资有限公司。

由此，百特医疗的合营各方变更为广药集团和百特（中国）投资有限公司，合营公司注册资本变更为1100万美元，其中广药集团持有12.5%的股权，百特（中国）投资有限公司持有87.5%的股权。这一股权结构一直持续到广药集团重组前。

尽管百特（中国）投资有限公司的实际控制人百特国际有限公司（Baxter International Inc.）是一家在纽交所上市的美国公众公司，但广药集团和百特（中国）投资有限公司共同持有的这家百特医疗并非上市公司，即非公众公司，亦正因此，它没有向公众披露信息的义务。

事实上，接手百特医疗的股权后，广药集团持续从这家公司的经营中获得分红。

以2008—2010年为例，百特医疗这三年的分配制度现金股利分别为5000万元。按照持股比例，2009—2011年间，广药集团从百特医疗确认的三年投资收益分别为625万元，从这个角度讲，广药集团当年投入百特医疗的投资已经收回，而余下的，就是这笔投资产生的更长远的收益。

时任广药集团财务总监程宁带领重组工作小组相关人员，与时任百特医疗副总经理宁智雄一起，顶着台风天气前往上海与百特医疗中国的团队交流后，对于百特医疗的想法和意见充分理解，于是，他们能做的便是从披露规则中寻求帮助。

经过广药集团在香港律师团队的努力，以及根据香港披露规则的豁免规则，广药集团向联交所提出了豁免披露申请，后经联交所的审慎评估，百特医疗的披露更集中在百特医疗的投资环节和这家公司的发展历程，以及广药集团对于百特医疗转让给重组后的上市平台的价格评估等。

考虑到评估对象百特医疗为广药集团非控股企业，也就是说，广药集团不控制百特医疗的生产经营和利润分配，百特医疗未来经营与利润分配受控股股东影响较大，结合评估目的经济行为，基于稳健性考虑，广药集团持有的百特医疗12.5%的股权，进行了市场化评估公允评价。

对于广药集团重组案来说，更核心的问题是把它所持有的百特医疗的股权顺利地以公允价格转让给上市平台。为了在披露和转让之间找到更好的平衡方式，百特医疗的控股股东——百特（中国）投资有限公司已出具承诺函，承诺放弃对百特医疗的优先购买权，也就是说，重组后上市平台已获得买入广药集团持有的百特医疗股权的承诺。至此，百特医疗在联交所的信息披露问题，以豁免披露的方式而得以妥善解决。

百特医疗的信息披露义务得以豁免，与联交所成熟的上市制度密不可分。不过，广药集团的重组遇到的需要沟通和交流的层面还有很多，这也充分展现了它“重大无先例”的特质。

第五章
沟通，还是沟通！

坐在广州沙面北街45号的小会议室里，黄雪贞、高燕珠、陈静，以及广药重组工作小组的其他成员，都还能想起几年前在这里曾经共同工作的许多重要时刻。

那些日子里，陈静很长一段时间在办公室旁边的酒店居住，吃遍了周围的餐厅和食堂。临着珠江的夜游船包围着沙面岛，载着游人在珠江上穿梭，华灯初上时，灯火璀璨。

广州乃至中国内地久负盛名的白天鹅宾馆里，络绎不绝的人群在这里品尝粤式茶点，英国前首相撒切尔夫人曾在这里入住。这个三面环江的五星级酒店里融汇着欧式、粤式和中国传统的风情，显得低调、神秘，却又开放。如果拿它和纽约的华尔道夫酒店相比，虽然各不相同，却又都成为外地人到一座城市游览的优先选择。

在这片美食和盛景中，无论黄雪贞、高燕珠，抑或参与广药集团重组工作的券商项目负责人陈静也好，他们都是第一次参与学习如何做一个重大资产重组项目这件大事，它细碎到每一步都可能是一个新的学习的开始。

广药集团的重组是如何被定义成一个重大的资产重组的呢？

从《上市公司重大资产重组管理办法》第十一条来解读，那么它的解释是这样：广州药业换股吸收合并白云山和广州药业向广药集团发行股份购买资产的两项交易中，涉及吸收合并和购买标的资产的资产总额，加起来占广州药业股份2011年经审计的合并财务报表期末资产总额的比例超过50%。

同时，两项交易中涉及吸收合并和购买标的资产，在2011年度所产生的经营收入中，总计占广州药业同期经审计的合并财务报表营业收入的比例超过50%。

这两个超过50%构成了重大资产重组的条件。从流程上讲，这样的重组须报经中国证监会的核准。

一个必须引起注意的问题是，根据《关于规范上市公司重大资产重组若干问题的规定》（证监会公告〔2008〕14号），其中和广药集团重大资产重组相关交易的约定，如果广州药业股份和白云山两家上市公司在首次审议重大资产重组相关事宜的董事会决议公告后6个月，没有发出召开股东大会的通知，那么广州药业股份和白云山股份两家上市公司，将重新召开董事会审议相关事宜，并以新的董事会决议公告日披露的价格作为换股价格、现金选择权、异议股东收购请求权价格和发行股份价格。

审核与操作中，虽然可能一切顺利，但每一步亦都可能成为未在约定时间内发出召开股东大会通知的因素。比如，重大资产重组涉及的范围很广，持续的时间较长，需要投入进行审计和评估，关注相应的评估结果。可能在重组过程中，根据监管要求进行更新，而延迟重组工作时间进度，这是来自评估的因素。

此外，因为是重大重组，需要中国国务院国资委以及相关政府部门或审批机关的批准或核准，审批进度本身对于重组工作进度来说，也是一个影响因素。

如果要把此次重组工作需要履行的批准程序做个梳理，那么则是有且不限于广州药业股东大会、A股类别股东会、H股类别股东会，以及白云山股东大会批准本次重大资产重组方案，国有资产监督管理部门对本次交易涉及的拟购买资产的评估结果予以核准、备案和批准，证监会核准，商务部核准重组中涉及的经营者集中审查，以及其他相关政府部门和监管部门的批准等。在此之前，重组已获得香港证监会关于同意豁免广药集团及其一致行动人要约收购义务的批复。

纵观广药集团的重组，每一步，都在时间进度大门关闭的deadline前，惊险抑或惊喜地拿到了开启它的钥匙。

第一节　证监会批复！

2012年11月，深秋初冬，时任广州药业秘书处负责人的黄雪贞和券商广药集团重组项目负责人陈静，以及重组工作小组的其他一些工作人员，坐在北京西城区金融街33号某层办公室的一间会议室。透过会议室打开的门，黄雪贞略微不安地张望着不远处另外一间关着门的办公室。

这里是中国证券监督管理委员会所在地。那个关着门的办公室里，聚集着一群人在审核广药集团的重组方案。

黄雪贞一边张望和等待着那个关着的办公室门从里面打开，一边回想着前一天工作到深夜拟定的方案是否还有任何瑕疵。

尽管那天晚上，当黄雪贞和工作伙伴一起回到广药集团租住在北京金融街的公寓时，券商更高层人员和陈静的话让她心里的担忧缓解了一些，但她还是有些顾虑。这是她和广药集团重组工作小组此行到北京最重要的事情。

等待中，那个关闭的办公室的门曾经被打开过两次，出来过两拨人。这两拨人推门而出时的表情形成明显差异，第一拨人笑容满面，而另一拨人则脸色不太好。这两拨人也是来证监会“上会”（审议方案）的。

两家公司工作人员“上会”后出来的表现，让黄雪贞的心情变得有些忐忑：广药集团这个重大无先例的方案，证监会怎么看?

黄雪贞抬手看了一下表，时间已接近12点。差不多此时，时任广药集团总经理李楚源第一个从那个关着的门里走出来。候在会议室的黄雪贞和重组工作小组的其他人员便急忙迎向李楚源。李楚源没有说话，面带笑容。

接着，李楚源和时任广药集团财务总监程宁一起走到黄雪贞他们等候的那间办公室。

“怎么样？”黄雪贞问。

“挺好的。”有人回答。接着，大家兴奋地拍起了掌。会议室里弥漫着一种愉快的氛围。对于近一年的工作，黄雪贞感受到了一种阶段性的圆满。在那一刻，欢乐的气氛在他们的每一个细胞里流动。

不久后，广州药业收到了中国证监会核准的批复。

黄雪贞当然还记得，在数次向交易所特别是联交所解释何时复牌时的那种不知如何回复的窘境，终于迎来快要结束的日子了，广药集团重组涉及的两家上市公司及三地交易所，可以开启复牌交易倒计时了。这也标志着，广药集团的重组距正式执行与实施愈来愈近。

离开前，在北京的广药集团重组工作小组人员一起在中国证监会门口合影留念。

不过，重组工作小组的一些成员依然记得，他们之前提交资料汇报重组工作时初“闯”中国证监会的光景。有一次，等各项准备工作就绪时，时间已来到周五上午11点多，黄雪贞和一位女同事打车前往中国证监会。令她们备感焦虑的是，那个时间点怎么也打不到车。中国2012年的大城市和当下还不同，没有滴滴或者Uber，以及神州专车等等。

在北京一个秋日的上午，黄雪贞和秘书处同事黄瑞媚，以及券商工作人员陈静和许磊，拎着两个大袋子，焦急地在路边执拗地挥手拦车，还是一无所获——可是，他们必须赶着在当天把资料递交上去，否则过了周五就是周末，要等到周一上班了才能再来，这意味着他们还需要在北京多待两天。

如有神助，正当他们开始急得有些冒汗，离开印刷商时恰好碰到了一个认识的人，后来在这位认识的人的帮助下，他们终于顺利到达中国证监会。可惜已过了工作时间，只好拎着袋子离开。直到下午，才又提前排队进场。

他们做了个粗略的计算，一套资料八本，每一本比大型汉语字典厚，十套资料加下来，怎么也会超过40斤。

他们交完资料后等着审核人员的反馈意见。听取反馈意见时，大家心里忐忑了一下，十分担心这些好不容易扛来的资料需要再扛回去返工。

好在审核的工作人员只是例行地问了一些与资料递交有关的问题，大家终于擦了擦额头上的汗，拿着回执如释重负地离开了。

这种打车无果的事情，对于人生地不熟的重组工作小组人员来说，是抹不去的记忆，几乎伴随着他们在北京沟通的节奏和步伐。最令他们担心的，还是伴随着整个广药集团重组的隐忧——“王老吉”商标的纷争。

这也是重组工作小组核心负责人程宁一开始就有些不安的地方。从重组事宜伊始，程宁研究了“王老吉”商标许可协议，协议中约定被许可人对商标拥有优先购买权，而当时商标案尚在审理之中，为了确保重组工作的顺利推进，她向时任董事长杨荣明和总经理李楚源提出暂不将“王老吉”商标装入上市公司的建议。

他们向律师以及财务顾问等参与重组的中介机构咨询，中介机构给出的建议各不相同，一些觉得有风险，问题不大，一些觉得说不定会有人拿这个说事，一时也没有统一的意见。

基于统筹考虑，重组工作小组认为没必要去冒这个风险，影响重组这个重大的决定。尤其是“王老吉”商标的知名度如此大，哪怕有百分之一的风险，都应该避免。

不过，从重组的初衷来看是实现广药集团的整体上市，“王老吉”作为重要资产，装入上市公司是一种选择。经过多番商讨，重组工作小组决定跟随趋势的发展，伺机再把“王老吉”装入上市公司，并就此对市场做出承诺——一旦时机成熟，便把“王老吉”放入上市公司，并给出在“王老吉”商标纷争终结后两年内装入上市公司的时间表。

商业竞争时时发生，无处不在。如今回看，在广药集团重组的每个重大时间节点里，或多或少都会感受到干扰影响，有时是“商标”纷争的波涛再起，有时是“红罐”归属的包装之争，一个接着一个的官司，一波一波地掀起风浪。

这些消息的任何一项，对于一项无先例的重大重组来说，可能是一枚火力凶猛的“炸弹”，市场环境瞬息万变，草木皆兵，任何一个小的事件，都可能发酵成巨大的舆情波澜，引发市场的强烈关注。更何况，“王老吉”作为公众品牌，被公众和媒体关注和紧盯，这些由“知名”二字带来的硬币的另一面，也就意味着可能导致不可控场面。

这一点，从2011年至2018年的7年间，大大小小数十起诉讼和反诉讼官司中，便可见这是一个多么不一般的变数和对重组隐含的巨大的风险。这亦成为重组工作小组在每次与中国证监会的沟通中，不得不一再做出说明的主题。值得庆幸的是，这一计划得到了中国证监会的理解。

对于毫无经验的重组工作小组人员来说，其实第一次与中国证监会建立联系，可能是记忆更深刻的——一个如此严谨的机构，该如何和他们打交道?

如果不是重大无先例的重组，一般是不太会提前进入中国证监会视野的，而是等到股东大会通过后，才到中国证监会审核的步骤。可广药集团的重组则需要更早些。

在广州药业股份和白云山股份申请停牌后没多久，中国证监会便向交易所咨询广药集团的重组是什么情况。接着，广药集团的重组工作小组便与中国证监会取得联系，提出申请，向中国证监会就重组事宜做出沟通与汇报。

接着，在地方国资委的牵头下，广药集团的管理层又再次前往中国证监会，对此进行了专项说明。那一次，重组工作小组人员十分紧张，原因是重组方案涉及三地交易所、两家上市公司等等，属于重组案中比较复杂的一类，担心方案得不到中国证监会的认可。

看过方案后，中国证监会提出了一些反馈意见，比如：内部知情人的报备；提醒重组后是否还存在同业竞争等问题；除了控股同类公司外，是否还有参股公司；如果涉及参股公司，需要一并注入上市公司；等等。

从重组预案开始，广药集团重组工作小组与中国证监会展开了迅捷而有效的沟通，让信息更充分地在双方之间传递，使得广药集团重组工作的推进更加顺畅。

让陈静印象深刻的是，春节放假前最后一天，他们还在和中国证监会就重组方案中的一些细节进行敲定，直到中国证监会通知说可以后，当天下午他才买了票踏上回家过年的路途。

此外，重组工作小组在向交易所呈报重组预案、方案和报告书时，也同时上报广东证监局，并请求证监局予以帮助与指导，比如，其中提到的关于监管理念和上市规则的差异，广州药业在香港上市地面临的复牌压力，以及涉及的发行股票购买广药集团资产中的土地和房产评估和非主业资产剥离事项等等。

重组工作小组把沟通工作做在了前面，让方案更好地被理解和认同。

从2011年12月开始，重组工作小组赴中国证监会提前沟通重组方案，第一次通过约见函的形式与中国证监会建立了联系，预审核开始，到2012年2月春节前夕的中国证监会预核准，及至7个月后申报重组申请材料。2012年11月13日，重组工作小组收到了中国证监会提交的反馈回复材料。当年11月30日，中国证监会并购重组委员会审议通过了重组方案。三个星期后，广州药业股份和白云山股份收到了来自中国证监会的正式核准文件。

这份批复时间为2012年12月18日的核准文件，抄送给了广东证监局、上交所、深交所，以及中国证券登记结算公司上海和深圳分公司，也同时抄送给了广州药业股份和白云山股份的重组中介机构。这份薄薄两页纸的文件预示着广药集团拿到了重组最核心监管机构的准入证明。

这份文件共提到了七项内容，前两项为核准广州药业向广药集团发行股份购买资产和以新增股份吸收合并白云山股份，而余下的五项则对广药集团下一步的重组工作提出明确要求，即报送申请文件、履行信息披露义务，办理发行股份购买资产和吸收合并的相关手续，批复一年内有效等。

核准文件最后提到，在实施过程中，如果发生法律、法规要求披露的重大事项或遇重大问题，要及时向中国证监会报告。由此可以看出，中国证监会对于广药集团重组的高度关注，当然，还有他们对于资本市场发生的任何风吹草动的密切关注。

股东应该还依稀记得，在参加广药集团组织的关于重组的股东大会现场，重组工作小组播放的一个视频中，时任中国证监会主席郭树清在广药集团考察的身影出现。这也说明，即便对于中国资本市场来说，这也是一个影响重大、规格高，而可能牵涉的方方面面有多么复杂的重组案。

值得庆幸的是，广药集团的重组闯关又阶段性迈进了一步。这一步，走过了多少人的时间和努力，以及他们穿梭于人群中的身影和悲欢忧喜！

第二节　商务部审查

“什么，还要做商务部反垄断调查？”这是时任白云山证券事务代表高燕珠听到此事的第一反应。接下来的反应是，如何做？

广药集团的重组，除了是重大无先例重组，还可能触发《中华人民共和国反垄断法》的规则。

2012年9月17日，两家上市公司收到了商务部反垄断局发出的《审查决定通知》，也就是说，在两家上市公司分别召开股东大会或类别股东大会前夕，它们终于拿到了商务部的审查结果：通过。

商务部在这份文件中提到：经审查，对广州药业换股吸收合并白云山，并向广药集团发行股份购买资产案不予禁止，从即日起，可以实施集中。

这符合商务部在《全国药品流通企业发展规划纲要（2011—2015）》中提出的规划，即鼓励药品流通企业物流功能社会化，实施医药物流服务延伸示范工程，引导有实力的企业向医疗机构和生产企业延伸现代医药物流服务。同时，在“十二五”期间，形成1—3家年销售额过千亿元的全国性大型医药商业集团、20家年销售额过百亿元的区域性药品流通企业，药品批发百强企业年销售额占药品批发总额85%以上。广州药业股份子公司广州医药当时正在向此迈进。

需要说明的是，如果在股东大会召开前，没有拿到这份审查通过、不予禁止的决定书，那么广药集团召开股东大会没有任何意义。原因是，如果商务部认定这是一起垄断、集中经营的合并案，那么，广药集团的重组根本就走不到股东大会这一步，它是广药集团能实施重组的先决条件。

中介机构和重组工作小组都没有做过反垄断审查，他们甚至不知道第一步从哪里开始。

他们首先想到的，就是到商务部网站上找找指引或者说明。顺着这个指引或说明，高燕珠下载了相应的文件来学习，不过，她仍然不清楚，也不确定，是不是顺着这些文件来填或者准备就够了。她觉得需要先确认再准备，不然可能做无用功。

在商务部网站上，高燕珠试着找到了联系电话。她有点紧张，不知道电话谁会接，转到谁处理。但是容不得她紧张，她克服了内心的不安，拨通了电话。

这是之后负责商务部反垄断审查工作的高燕珠与商务部的“第一次亲密接触”。通过一通电话，广药集团的重组和商务部终于建立了联系，高燕珠在这通电话里获得了更多的关键信息。

确认了依据哪些文件和指引准备后，重组工作小组开始行动。商务部反垄断审查有较为详细的规定，比如某些药品、产品的市场占有率如何，全行业发展状况怎样。

这对于准备商务部垄断审查资料的重组工作小组人员来说如同天书，他们甚至还搞不清楚相应目录的药品产品分类，也没有市场数据。

中介机构于是去向研究机构求助，从科研机构到专门的数据机构，乃至国家部委的统计数据，全面撒网地找市场数据。

重组工作小组像个枢纽，统筹向广药集团内部、两家上市公司的相关部门，一个接一个地打电话，再反馈沟通。

这是一场前所未有的摸索，谁也不知道这条路是不是能走通，唯一的办法就是：试！这个通道不行，换另一个通道；这个路径不行，换另一个路径；这个部门不行，换另一个部门。在几个月里，高燕珠打了职业生涯从没有集中打过的那么多通电话，找了职业生涯中从没有集中找过的那么多人。

可是事情还是没有那么简单。当工作小组把拿回来的资料和数据转换成商务部文件格式时，觉得对不上版有差距。一时没了主意，高燕珠就去向程宁请教。

作为时任广药集团财务总监，程宁的经验和见识发挥了作用。当高燕珠向程宁请教时，她总觉得程宁话能说到点子上，令她茅塞顿开。比如，程宁会把一件事情大的方向、流程是怎样梳理得很清楚，高燕珠和她的同事从中找到数据和资料在文件中所处的位置。

不懂的问题一个一个地涌现，高燕珠和她的工作伙伴一个一个去解决，不懂的拉着程宁问。

重组工作小组之前想过让中介机构协助对产品进行分类。不过，让中介机构介入有着漫长历史，子公司众多，业务条线多，显得很庞杂的广药集团，则是一件更难的事情。他们光摸清这些结构都需要很长时间。更何况，两家上市公司产品线很长，产品众多，让外来者介入如此细碎的缝隙中，估计还没有开始便已经迷失，沉醉不知归途，更别想让他们短时内把它细分成册。

可以想象的是，这不是个容易干的活儿。

有时协调会召开，可之前协调会说好的资料却还没有踪影。总是不能等的，还得靠自己一步一步地往下跟，不厌其烦地找。

重组工作有时间节点。反垄断审查更有时间节点。除了准备文件需要时间，还要留出商务部审查与反馈的时间。股东大会迫在眉睫，着急上火没用，按时间节点做好准备才会有用。这些一个接一个的时间节点，常常让重组工作小组成员睡不好觉，现在回过头来看，这是一份值得珍惜的宝贵经验。

广州药业股份以生产中成药为主，也有化学药。申报时如何把它们分为中成药或化学药，如何梳理化学药，大家一时还摸得不是很清楚。

比如，一款止咳的中成药，以什么样的维度去计算它的市场占有率，影响了它是否可能触发垄断。中药的细分领域，分类细分到什么程度，亦是有影响的。比较来说，如果感冒止咳列一起，它可能触发垄断，但感冒和止咳分开，状况又不一样，类似这样细致的分类需要一个一个地梳理出来。

重组工作小组和中介方以及律所，一起完成这起商务部反垄断的资料准备后，商务部的反垄断调查业务一时间成为律所的特色业务广泛推开。

外界没有做过反垄断调查的同业、非同业，也来向广药学习经验。

第一次去商务部的经历令高燕珠印象深刻。那次程宁和高燕珠一起前往。

高燕珠查到商务部电话后，保持大约两个星期打一次的频率，请教沟通商务部反垄断文件的准备。

准备工作到了一定阶段后，高燕珠预约去见面，请对方给予指导。到了北京后，两位女士对怎么去商务部没有概念，出租车带着她们绕了一大圈，还没有到指定地点，两位女士于是下车找地铁，问了地铁工作人员后，才摸到商务部的办公地址。

程宁记得，在商务部传达室，对方问清她们要找谁，确认后给她们放行。在程宁的印象中，商务部很懂市场，沟通中很快便了解到了广药集团的诉求，并给她们提出了意见和建议，并告知她们可以试着申请走简易程序。

这相当于给了她和高燕珠一颗轻度定心丸。回到广州后，她们开始落实简易程序相关手续。

高燕珠记得，有一次为了省装订费，她和中介律所前一天在办公室把资料打印出来自己装订，没想到装订到了深夜。

“现在回过头来看，每一步都不容易，凭着一股子劲，我们还是做成了。”高燕珠说。

在外界看来，广药集团的反垄断审查可能相对容易，毕竟两家公司本身是同一个控股股东，但如果把这些工作拆开来看，恐怕真的也不是外界看起来的那么简单，光想想每个药品子项下市场占有率的加减乘除已不容易。

第三节 国资委同意

2012年9月中旬，程宁接到同事的电话，告知她在去往广东省国资委的路上遇到封路，现在正下车一路狂奔去取文件。

这份要取的文件，正是整体上市方案获得批准、拟购买股权资产通过备案的文件。

广药集团重组说明会留影

这份文件来得非常及时，亦可以说非常紧迫。第二天，广州药业股份和白云山股份将分别召开股东大会，或者类别股东大会，审议广药集团的重组事宜。如果在此前没有拿到国资委体系的相关批文或备案，那么股东大会的审议将变得毫无意义。国资体系的批文不可或缺。

大约十天前，国务院国资委已对广东省国资委呈递的《关于广州药业换股吸收合并白云山有关问题的批复》做出批复。批复中提到，原则同意方案，并提出在重组完成后10个工作日内，书面报备重组资料。

程宁记得，拿到广东省国资委批文的前一天，广州市国资委已经回复并同意，留给广东省国资委的批复时间只有一天，面对紧迫的时间，程宁有些着急了，她决定求助时任广药集团董事长杨荣明。

不过，当天一早，杨荣明就到广州市委礼堂开会去了，拿到广州市国资委的批文后，程宁便赶到市委礼堂去找杨荣明求援。问题是，没有入场卡，程宁进不了市委礼堂，她之前给杨荣明打过电话，但他的手机没有信号。

运气比较好的是，程宁赶到市委礼堂时，恰逢杨荣明他们休会间隙，她远远地看到一位认识的领导从开会的礼堂走出来，她便告知这位领导说有急事，这才找到了杨荣明。

程宁把情况向杨荣明做了汇报，杨荣明打电话给广东省国资委领导请求帮助，征询是否能赶在时间节点截止前，把省国资委的批文完成。

由于之前已有所预料，工作做得比较充分，广药集团的诉求得到了广东省国资委的支持。从停牌开始，包括程宁在内的重组工作小组人员已把广药集团的重组方案多次向广州市国资委和广东省国资委汇报，把最新的信息陆续和分管的省市国资委它们做了更新，并就此征询他们的意见，已起到了充分沟通的作用。

大约在广东省国资委给出批复文件的一个多月前，广州市国资委已经核准了广药集团转让百特医疗12.5%股权和保联拓展100%股权等的资产评估报告。无论国务院国资委，还是在紧迫的时间节点里给出加急批复的广东省国资委，都体现出了对于广药集团重组的关切。

这和广药集团隶属于广州市国资委，而广药集团又是广州药业股份和白云山股份的控股股东密不可分。

截至重组前，广州市国资委全资控股广药集团，广药集团持有白云山股份超过三分之一的股权。

事实上，2000年11月，广药集团托管了白云山股份原控股股东白云山集团，之后对后者进行了重组，原因在于白云山股份的经营出现了问题被“ST”处理。半年后，经批准，广州市国有资产管理部门把它持有的白云山的全部国家股划拨给广药集团，至此，广药集团成为白云山股份的第一大股东。

2004年5月，经北京市第一中级人民法院裁定，白云山集团把它持有的白云山国有法人股9900万股中的5700万股，以抵偿欠款的方式，抵偿给了广药集团。至此，广药集团持有白云山的股份增加，持有白云山股份的股权占到总股本超过44%的比例。

之后，白云山股份开启了股权分置改革。根据2005年第一次临时股东大会决议和修改后的公司章程，白云山股份以原有流通股股本为基数，按每10股转增6.05股的比例，通过资本公积的方式，向股权登记日登记在册的全体流通股股东转增股份。

到2006年4月股权分置改革实施完成后，白云山股份总股本增加，广药集团持有白云山股份的比例变为广药集团重组前的35.37%。

至于广药集团此次重组的另一家上市公司广州药业股份，则是后者设立伊始便是独家发起者。

2006年4月，广州药业A股市场相关股东会议表决通过了股权分置改革方案，A股流通股股东每10股获得3股股票。股权分置改革实施完成。

截至重组前，广药集团持有广州药业A股股份的占比为48.2%，公众股东的A股持有比例为24.68%，而H股市场的总股比为27.12%。

也就是说，广药集团与两家上市公司有特别的渊源，一家是发起设立，另一家是托管后重组并控股的公司。而广药集团又是广州市国资委授权经营的公司，经营范围列明为国有资产的经营和投资，以及生产和销售与医药相关的药品、产品器械、保健食品与饮料等等。此外，广药集团的经营范围中还包括了医药产业相关的进出口业务，以及房地产开发。

这与广药集团实现跨越式大发展的战略更息息相关。

“十二五”期间，广药集团提出了工商销售收入至2015年超600亿元的总体目标，其属下有8家企业被列入“退二”搬迁企业名单。在广州市政府推动下，广药集团已启动医药工业园建设，园区拟进驻14家工业企业、2家商业企业，建设资金计划在30亿元以上。

问题在于，广药集团控股的广州药业股份和白云山股份两家上市公司，因同业竞争和关联交易问题，基本丧失了资本市场融资功能。如果不能利用资本市场，在自有资金非常有限的情况下，企业搬迁和园区建设资金就只能靠借款来解决。

此外，由于相关资源分散在广药集团、广州药业股份和白云山股份等不同主体，因

广州药业股份有限公司换股新增股份在上海证券交易所上市

此，在园区的规划布局、技术改造和资金安排等方面，难以实现一体化运作，可能产生重复建设。

更重要的是，重组前，中国医药行业正处于快速发展的历史性机遇期。一方面，中国医药企业规模偏小，长期积弱，难以与外资企业巨头抗衡，培养规模过千亿元的大型医药集团来面对国际化挑战已成为发展的主要方向。另一方面，在新医改大背景下，大企业将在药品招标、流通配送等方面体现出更大的竞争优势。在这种情况下，谋求整体上市，获得更多资金发展壮大，是国内大型医药集团的共同选择。

广药集团重组前一年，即2010年，上海医药完成整体上市，成为中国第一大医药公司，而华润医药、中生集团等其他同行也在积极谋求整体上市。

换句话说，把握历史机遇，应对市场挑战，整体上市是广药集团的必然选择，这当然也是广州市国资委的寄望，广州市政府还在2011年颁布了《关于利用资本市场促进我市国有企业做强做大的意见》，广药集团的重组亦正迎合了政策发展趋势，受到广州市国资委的关切。

2012年11月15日，即股东大会召开两个月后，广药集团的整体上市方案获得市长常务会议的审议通过，这也体现出了广州市、广东省政府对于广药集团重组的支持。

对于广州市、广东省政府来说，广药集团的重组是地方国资探路改革发展的重要创举。作为经营实业的广药集团，经重组整体上市后，在资本的助力下，如果实现了既定目标，甚至超越了既定目标，那么对于地方国资委来说，将积累丰富的资本运作经验，并为之后地方国资的经营、投资、保值和增值做出标志性样本。

当前广药集团的经营数据，至少证明了广药集团的重组远远超过了当时设定的经营目标，尽管重组完成后的前一两年经历过一些相对艰难的情况，但在之后则进入飞速发展期，迎头赶上了医药行业大发展的时间窗口，实现了做强做大的预期。

除了广药集团做了充分的准备工作，投入了超预期的精力去重组外，回头来看，广药集团在中国证监会、商务部，抑或国资监管机构的批文、核准或者备案中能闯关成功，亦与重组时正值国务院、国务院国资委、中国证监会为促进国有企业资源整合和产业升级、提升国有企业的核心竞争力和可持续发展能力，推进国有企业做强做大，鼓励国有企业通过多种途径实施集团层面的整体上市的大趋势不无关联，用市场上常用的夸张点的表述，则是“迎着风口起飞”。

广药集团的重组在一个对的时点，做出了对的决定。而更重要的是，他们尽全力推进，力保在转瞬即逝的历史窗口推进广药集团的重组。

广州医药集团有限公

团有限公

第六章

时间节点迫在眉睫

从2011年11月7日停牌开始，广州药业股份和白云山股份就一直被一种无形的压力挤压着：“尽快复牌”。

这种压力源于投资者，他们是机构投资者，也是散户小股东；还源于交易所。

联交所不断地向广州药业股份发函，询问重组进展、时间表，预期何时复牌等。在回复联交所的函件中，广州药业股份提到更多的是重组事件涉及三个交易所，可能构成非常重大交易及关联交易，正和中介论证方案及政府部门咨询。至于时间表，广州药业股份引用了上交所的披露规则——“根据上海证券交易所《上市公司重大资产重组信息披露工作备忘录——第一号 信息披露业务办理流程》第五条规定，重组预案通过所需审议或审批，并于董事会审议通过，履行信披义务后股票复牌”。

这是一个三地上市的重组案。问题来了，同一起重组案，分别遵循三地交易所的规则，还是按照同一起重组案的进度，协同三地交易所的规则？无法回避的是，规则差异已然存在，更现实地面对问题的办法是如何更多在差异的规则范围内，得到规则内的谅解，否则将是一个无解的谜题，或者死循环。

在回函中，广州药业股份对此做了进一步解释，即重组预案须经过的审议程序涵盖国资委、监管机构核定以及股东大会等等，涉及层面比较广，交易讯息比较复杂。

广州药业还专门强调，这“并非一般常见交易，方案论证和监管部门审核时间较长”。

从根本上来说，广州药业是想向联交所和香港市场解释当前为什么仍然在停牌的状况——其间广州药业A股须停牌，为了保证对两地市场投资者的公平，亦申请H股同步停牌。

正是基于重组工作小组对三地交易所的规则的理解，并在实践中进一步更深刻的理解，因此不得不再次陈述——上交所、深交所不允许公司在公告经审议通过的重组预案之前发出警告性的公告然后暂时复牌，在重大资产重组的相关信息完整披露后方可复牌。

作为上市公司，广州药业认识到面对的现实状况以及他们在规则差异中面对的左右为难或者困惑是什么，并从中找到解决办法。不同的交易所需要了解发生了什么，寻求多方谅解，为上市公司做好服务。

比如，在一份回函中，广州药业股份重申作为上市公司，遵守香港上市规则第6.05及6.06条的要求——这家公司明白自己在做什么。

这只是一个再细小不过的环节，不过，如果这个环节过不去，如何进入下一个环节？这是一个环环相扣的事件。假如广州药业股份和白云山股份没有找到合适的现金选择权资金提供方，或者异议股东收购请求权提供方，那么，重组案仍然推不下去——从保护投资者利益角度出发，在这点上，联交所的规则展现出了它的刚性。

第一节　行使股东权利吗?

自广州药业股份在香港联交所停牌以来，广州药业股份秘书室的黄雪贞便和香港证监会、联交所，以及香港的中介机构保持密切沟通。当然，这也是上市公司投资者关系部门的工作职责，但这一次，他们还有更重要的任务，那就是与香港市场沟通和交流广药集团重组事宜。

在预案披露前，重组工作小组需要对重组预案中涉及的方方面面工作进行可行性分析，其中有一项，便是针对投资者和小散户股东权益保护的关于白云山股份的现金选择权，以及广州药业股份的H股与A股异议股东收购请求权。

无论是现金选择权，还是异议股东收购请求权，对于广药集团的两家上市公司来说，都是第一次遇到，他们并没有经验。可是，更没有经验的是与内地市场文化和披露规则有较大差异的香港市场。

经过和香港中介机构的沟通与讨论，并一起研究香港证监会发布的《公司收购、合并及股份购回守则（2012年3月修订）》中关于强制要约收购的相关规定，重组工作小组总结出了一些条款，即为避免涉及要约收购，根据境内及香港证券法规，现金选择权和异议股东收购请求权的提供方必须与广药集团之间不构成一致行动人关系。

问题在于，两项权利对于提供方的要求较高，首先要具备足够的履约能力，其次要为纯财务投资。

作为时任广药集团财务总监，这项工作天然便是程宁职责范围内的工作。那段时间，她有点焦虑。原因除了女儿要参加高考，便是这两项权益提供方的敲定。

不过，他们遇到了一个难题：提供方找谁?

从香港返回广州的广九直通车里，时任广药集团董事长杨荣明、副董事长李楚源，以及程宁等，正一路讨论在香港路演的情况。程宁显得有点沉默。

讨论中，杨荣明和李楚源问起了程宁的想法和意见。说着说着，程宁终于说起了困扰她好一阵的事情——关于现金选择权和异议股东收购请求权的提供方，遇到了一点困难。

重组工作小组对方案做了测算，在广州药业异议股东不行使异议股东收购请求权，白云山股东不行使现金选择权的情况下，重组完成后，非社会公众股份包括广药集团及其一致行动人持有上市平台约58 442.80万股A股股份，公司董事、监事、高级管理人员及其一致行动人合计持有0.62万股A股股份，合计占总股本的比例约45.24%；除此之外，新广州药业A股社会公众持股比例约37.73%，H股社会公众持股比例约17.03%。

另一种极端情况是，在所有有权股东均行使现金选择权或异议股东收购请求权的情况下，重组完成后，因白云山股东现金选择权提供方将持有广州药业约22.23%的A股股权，成为非公众股东，广州药业公众持股比例将达到最低值。此时，广州药业A股社会公众股东持股比例约15.50%，H股社会公众股东持股比例约17.03%。

换句话说，广州药业股份的异议股东收购请求权提供方，以及白云山股份现金选择权提供方，将要为广药集团的重组承担较大的资金风险，特别是白云山股份的现金选择权提供方。

根据现金选择权和异议股东收购请求权方案，在所有有权股东均申报行权的极端情况下，广州药业A股异议股东收购请求权共须提供约8.07亿元的资金，广州药业H股异议股东收购请求权提供方共须提供约3.97亿港元的资金，白云山现金选择权提供方共须提供约34.75亿元的资金。

这听起来似乎不该是让人觉得烦恼的事情——作为实际控制人为地方国资委的公司，找一家公司备好现金作为持有机构，似乎是很容易的事情。

广药集团也曾想过这么简单的逻辑——市场上的传言终归觉得都是国资好办事，但又不得不说，如果只是这么想，是真的想得太简单了。即便同属国资委，这些意欲为之的公司也不得不权衡很多问题，比如，钱从哪里来，账上是不是有这笔资金，财务上能不能调动；接着，这些钱能不能干点扩大业务规模，投资到回报更高的地方的事情；然后，这么短时间，怎么完成决策程序、怎么拿出来这么多钱……如果细想，细节实在太多，即使存在有条件且愿意这么做的上市公司，要调动一笔钱用作投资亦有很多流程和手续要处理。

资本市场来不得一丝不严谨。广药集团还得确保现金选择权提供方和异议股东收购请求权提供方，在提供相应的资金后，不会对广药集团对上市平台的控制权带来影响。

也就是说，现金选择权提供方和异议股东收购请求权提供方还需要确保他们在提供资金，把相应的股权收入囊中后，不继续向市场增持股份，不能触发要约收购条件。比如，极端情况下，白云山股份现金选择权提供方在履行承诺后，持股比例离触发要约收购，也就差几个百分点。

从广药集团的角度考虑，他们需要让资金提供方做出承诺，即重大资产重组事项完成后，提供方及其一致行动人持有的新上市平台股权不超过30%，这样才能确保广药集团第一大股东的位置。

重组前，广州药业股份及白云山股份的控股股东为广药集团，实际控制人为广州市国资委。也就是说，寻找资金提供方要达成的条件是，重组后，无论广州药业异议股东收购请求权及白云山股东现金选择权的行权比例如何，广药集团都将保持对存续公司的控股地位。重组后，上市平台控股股东仍为广药集团，实际控制人仍为广州市国资委，不能导致控制权发生变化。

一方面是资金有风险，谁也不能判断上市平台股价的走向，以及这笔投资的效率，抑或说收益率是否最大化；另一方面，资金提供方还需要做出承诺，他们不会对上市平台的实际控制人地位产生任何影响。谁愿意提供这样的资金，或者说，谁愿意成为这样的资金提供方呢？

和广药集团两家上市公司有过合作的银行，他们是否可能？程宁想过这条路。她开始奔走于合作银行之间，试图找到解决办法。她去过和两家上市公司、广药集团合作过的主要银行，接待她的人都十分热情客气，可是她还是需要一次又一次不厌其烦地和他们解释什么是现金选择权和异议股东收购请求权，很多人第一次听到这样的概念，有一种“狼来了”的恍惚感。更多人不明白，一个重组，为什么要提供这个？

如果循着这个讲下去，就有一种山长水远无穷尽的无助感：整个重组的原因、背景、方案、风险，投票，之后会怎样，越讲，越没人敢擅自迈出这一步——即便广药集团的实际控制人是广州市国资委，可是谁也没有承诺过，国资委作为实际控制人的公司不会亏损，即它们的股价不会下跌，或者说，向它们提供资金一定能赚钱——谁也不敢做出这样的承诺，即便有兴趣，也还要对两家上市公司做尽调等等。

更何况，那是六七年前的资本市场，无论发展状态、公司管理层的理念以及市场认知，都和当前有很大差别。

即便只是极端状况下才会涉及几十亿元的资金——可是，当它变成一纸承诺函时，就是风险的极值，不懂的人，或者说对此不太了解的部门，需要向上汇报，在银行可能还要涉及贷款风险把控的相关委员会或者部门开会举手投票通过。

相对于其他同属市国资委的上市公司或者机构来说，银行对于广药集团在做的事情，以及为什么提供现金选择权和异议股东收购请求权更加了解，可是在2012年前后的中国资本市场，更多的人对此是不了解的。而在此之前，广药集团重组的两家上市公司白云山股份和广州药业股份，因同业竞争的原因，已丧失再融资功能，在散户小股东或者投资者眼中，它们的股票算不上价值投资优先选择的股票，甚至可能是相反的。在这些事实面前，对于银行来说也需要慎重决定，相应的资金可能需要得到省一级银行或者更高级别的权限的审批，可广药集团的股东大会却迫在眉睫。

广州市国资委非常重视广药集团的重组，这也意味着他们非常重视重组工作小组遇到的困难，主动帮着联系介绍下属实际控制人同为市国资委的上市公司，请它们接洽商量研究可行性。

每家上市公司都有每家上市公司的现实状况。它们背后是投资者。无论是机构还是小散户个人，上市，意味着它们是公众公司。公众公司，意味着它们的一举一动都需要经得起公众眼光的打量。而公众眼光打量的，不仅仅是一家市国资委控制的上市公司，它背后是完善的公司治理，是上市制度，是监管体系，是中国资本市场，是中国经济的市场化进程和公司文化的展现与商业文明的发展状况。

碰一次壁，程宁对现金选择权与异议股东收购请求权的解释和呈现更进一步，当然，内心里也更加明白——这事儿不容易。但她相信一定有办法。

在市国资委的帮助下，程宁终于找到了越秀集团。越秀集团是广州市国资委属下的公司，1985年在香港成立，作为广州市政府在港澳地区经济贸易工作的“窗口”，历经30年的发展，逐步确立了以房地产、交通基建、金融等三大现代服务业为核心产业的“3+X”产业体系。截至2017年底，总资产接近4800亿元人民币，年营业收入超400亿元，利润总额稳定在100亿以上。

越秀集团旗下有越秀地产（00123.HK）、越秀交通基建（01052.HK）、越秀房地产投资信托基金（00405.HK）和另几家香港上市公司（基金），以及越秀金控（000987.SZ）这一A股上市公司。其中，越秀地产是摩根士丹利资本国际中国指数成分股，越秀交通是恒生香港中资企业指数成分股，越秀房托是标普全球房托基金指数和彭博亚洲房托基金指数股，越秀金控是国内首个地方金控上市平台。

从2009年起，越秀集团实施“三年调整优化发展”（2009—2011），明确战略定位，确立核心产业，主动退出酒店、国际工程和劳务、水泥、超市和电池等业务，不断净化主业。

2012年开始，越秀集团启动“转型升级发展”，推动三大核心产业的规模发展、布局优化和效益提升，特别是高度重视金融产业的培育和发展，先后投入约300亿元，“并购、新设、资本扩充”三管齐下，推动金融板块迅速成为越秀集团资产规模最大的产业板块之一和广东省最具实力的金控集团之一。

作为一家很早就有属下公司在香港资本市场上市的市属国资委公司，越秀集团是个非常合适的选择。同在香港上市，越秀集团对广药集团的重组，以及涉及的现金选择权和异议股东收购请求权有相当的了解，这些基础让双方的商谈更加顺畅，并初步敲定了合作意向。

第二节 破解“一致行动人”

在此之前，广药集团还找了更多的备选项。

在广州市国资委的协调下，遵循市场惯例，广药集团还找到了广州珠江实业集团有限公司、广州港集团有限公司等，它们分别成为白云山股东现金选择权、广州药业A股和H股异议股东收购请求权提供方的可选项。

广药集团把提供方和广药集团不是一致行动人关系的情况，通过香港律师，向香港证监会申请裁决。

尽管有预期，但裁决结果仍然令人沮丧——香港证监会以“提供方隶属于广州市国资委，董事受广州市国资委委任及提供方可获得的收益仅为资金占用费，不具一般商业条款的基础”为理由，认定提供方不具独立性。

这样的结果让程宁和重组工作小组觉得很失落，但工作不得不继续向前推进。事实上，从申请联交所停牌以来，重组工作小组已经安排在香港的中介机构与香港证监会和联交所保持密切沟通，咨询哪些是规则范围内可以豁免的，百特医疗的详细披露依据规则豁免了，“一致行动人”这一条却不行。

带着矛盾又不得不解决问题的心理，程宁单独走访过投资公司、证券公司，也走访过大型商业银行，几经辗转，还是没有收获。

经历了一次次碰壁后，现金选择权和异议股东收购请求权提供方确定的截止时间，算上广九直通车返回广州的当天，还有三天，程宁终于按捺不住，不得不向李楚源和杨荣明寻求帮助。

程宁把进展向李楚源做了说明——分析香港证监会的裁决后，重组工作小组与中介机构得出的结论是，能被香港证监会接受的可行的提供方筛选方案为：确定一家省级以上国有企业作为广州药业异议股东收购请求权提供方，或者确定一家非国有企业作为白云山现金选择权提供方。

难点是在广药集团不提供保证的情况下，寻找到非广州市国资委控股的具备履约能力的提供方。

李楚源反应非常敏锐，他意识到这是个必须尽快解决的问题，如果程宁能解决，不会在返回广州的火车上向他们提起。

李楚源在脑子里快速搜索和运算，谁可能合适，他想到广州立白集团。

在给立白集团的老板打电话前，李楚源心里是没底的，但他还是想试试看。坐在飞驰的列车里，李楚源给立白集团的老板打了个电话，约着一起见面聊聊。

广州立白企业集团有限公司是一家知名的广州民营公司，国内日化龙头。1994年，陈凯旋、陈凯臣两兄弟创办广州市立白洗涤用品有限公司。1998年成立广州立白企业集团有限公司。立白主营日化产品，营销网络星罗棋布，遍布全国。

2002年，广州番禺立白日化有限公司全面落成，之后陆续建成吉林四平立白日化、广西桂林立白日化、湖南超威日化有限公司以及河南新乡立白日化、江西安福超威日化和安徽马鞍山立白日化等等。2005年11月，并购重组天津蓝天集团股份有限公司。一年后，全资收购并成立上海新高姿化妆品有限公司。

2007年4月，立白成为2008年北京奥运会洗涤用品供应商和北京残奥会洗涤用品独家供应商。2015年，立白中心正式落成，立白集团开启创千亿征程。

近些年来，立白持续快速发展，全年销售收入200亿元。随着销售不断增长，立白的生产规模迅速扩大。此外，这家公司广泛开展国际合作，与世界500强的德国巴斯夫公司、美国陶氏化学公司、美国杜邦公司等国际知名日化企业建立战略合作伙伴关系，同时与中国日化研究院、中山大学等科研院校进行校企合作，促进产品结构调整和企业转型升级。

当天晚上，杨荣明、李楚源便和程宁、立白集团创始人陈凯旋相约见面。程宁把现金选择权和异议股东收购请求权提供方的前因后果以及当前进展做了介绍，重点把做这件事情可能存在的风险进行了说明。

听完程宁的阐述后，陈凯旋没有当即表示答应。不过，程宁感觉立白集团的老板明白她讲的是什么，这个白云山股份现金选择权提供方要做什么，是什么角色，有哪些权责和义务，她隐隐感觉立白集团的老板会答应这件事。

问起李楚源为什么会想起找陈凯旋来解决问题时，李楚源的回答再简单不过了——一家在市场上摸爬滚打了这么多年的公司，什么风雨和竞争没有见过，他们对这些新鲜的知识和概念吸收非常快速，有自己的判断。在流程和手续上，民营公司的决断十分快速。从程宁说到的要求和规则来看，立白各方面都相符，总是可以试一试的。

见面后，陈凯旋安排立白集团时任董秘快速跟进，给出的意见是这件事情可以做。次日，程宁便把情况向立白集团时任董秘再表述了一番，之后该董秘给程宁回复说，立白集团同意做提供方。

问起立白集团为什么会做时，时任董秘向程宁表达的大意是说，立白集团的名字出现在白云山股份的现金选择权提供方名单上，让更多的人，包括股东和投资者可以了解立白集团，有利于扩大公司的影响力。作为资金提供方，需要为此准备可能超过30亿元的资金，这也表明了立白集团的资金实力，更重要的是风险可控，行使现金选择权的股东或投资者可能远低于设想的极端情况。

2012年9月14日，立白集团出具《关于提供现金选择权的承诺函》，同意担任白云山股份本次吸收合并的现金选择权提供方。该承诺函提到，对按照白云山公告的现金选择权方案所规定的条件，以及程序申报全部或部分行使现金选择权的白云山股份股东，立白集团无条件受让其申报行使现金选择权的股份，向白云山行使现金选择权的股东支付现金对价。

立白集团同意在现金选择权方案实施时，按实际申报结果自行安排资金，并向白云山行使现金选择权的股东支付现金对价。

立白集团还承诺，在白云山股东行使完毕现金选择权，以及重组事项完成后，立白集团和一致行动人持有的广州药业股份低于30%。当然，立白集团确认它们并非广州药业、广药集团或广州药业异议股东收购请求权提供方的一致行动人及关联人士，同意不会因担任现金选择权提供方而向白云山股份及或广州药业股份收取任何报酬，也不会向行使现金选择权的白云山股东收取任何报酬，并根据法律、法规以及中国证监会、深交所、中国证券登记结算的规章制度、规范性文件要求，履行现金选择权提供方的相关义务。

与此同时，长城证券成为广州药业A股的异议股东收购请求权提供方，并签订了相关承诺和协议。

从承担的资金风险上来看，在极端情况下，立白集团要准备买入超过22%的白云山股份的资金，但极端情况是否会发生，这恐怕是立白集团仔细分析过的。

根据重组规则约定，在申报期截止日持有以下股份的被吸并方股东，无权就其所持的股份行使现金选择权：白云山董事、监事及高级管理人员所持有的限售股份；被设定了质押、其他第三方权利或被司法冻结的白云山股份；其合法持有人已向白云山承诺放弃行使现金选择权的股份；其他依法不得行使白云山现金选择权的股份。

在申报期截止日至行权资金和股份交收时点期间，若申报行使现金选择权的被吸并方股东，存在所持股份被司法冻结或强制扣划或质押，导致交收时无足额的股份，则仅对剩余股份部分做行权处理，司法冻结或强制扣划或质押的部分申报无效，即强制转化成吸并方股份。

而对于异议股东收购请求权的提供方长城证券来说，实际可能承担的风险就更加可控。

根据方案和规则，广州药业股份和白云山股份将协商一致，请长城证券作为广州药业A股股东异议股东收购请求权提供方，收购广州药业异议股东要求售出的广州药业股份。在此情况下，这些广州药业异议股东，不得再向广州药业或任何同意吸收合并的广州药业的股东主张异议股东收购请求权。

有权行使收购请求权的广州药业异议股东须同时满足以下条件：以A股股东为例，在审议换股吸收合并的两个决议（《关于广州药业股份有限公司以换股方式吸收合并广州白云山制药股份有限公司方案的议案》和《关于与广州白云山制药股份有限公司签订并实施〈换股吸收合并协议〉的议案》）的广州药业股东大会和广州药业A股类别股东会上，正式表决时都投出了有效反对票。

对H股股东而言，则是在审议换股吸收合并的两个决议（同上）的广州药业股东大会和广州药业H股类别股东会上，正式表决时都投出了有效反对票。

广州药业审议吸收合并的股东大会的股权登记日起，持续保留股票至广州药业异议股东收购请求权实施日，以及在收购请求权申报期内成功履行相关申报程序。

作为股东来说，他们必须细致地关注才能很好地行使这些权益。当然，换个角度来看，对于自己的权益的确需要更细的关注。

立白集团与长城证券的敲定，让重组工作小组的同事们缓了一口气。之前几天大家一直都没收到好消息，从希望中失望，再从希望中失望，连中介方券商都显得有些沮丧了，原因在于券商之前也推荐过几家备选，亦是民营公司，可是这些民营公司都觉得可以获得的实质收益不多，还要用大笔钱做出承诺就拒绝了。

时至今日，程宁依然记得拜访了一家省级国资委旗下的投资平台的情景，从表现来看，这个平台市场化运作程度更高，可是即便是这样的投资平台，都表示不愿意做这件事。接待他们的一位副总理解了程宁的阐述，问题在于事情的沟通一旦流转到下一级部门，就会有不同的人提出关注的不同的问题和点，显示出很难做的犹疑。他们的问题和犹豫，程宁很理解，但对于无法解决问题，依然压力山大。

李楚源灵机一动，对于立白集团的诉求和可行性分析，一举化解了诸多的沮丧和失望。程宁听到李楚源提出立白集团后，立马觉得香港监管和规则顾虑可以化解，什么都不用解释。当然，流程和时间对于广药集团的紧迫性，民营公司的办事效率也能满足，余下的她就只担忧陈凯旋的决定。

"剩下三天时间，不解决就'黄了'。程宁做了很多努力，找来找去，要么不合适，要么不愿意。既然到这个层面了，副总解决不了，肯定到我，总经理就负责总的，解决不了到我这里，我就得想办法去解决。"李楚源说。

李楚源当时想，基本的出发点是谁来做提供方是好事，风险并不大。陈凯旋和他认识，相互了解，请他来承担有信心。幸运的是，李楚源的判断比较准确，当立白集团的名字出现在两家上市公司的公告之中时，股东和投资者都看到了立白集团成为提供方，立白集团的品牌效应被彰显。

"我们开玩笑说，立白赚了很多广告费。重点还是陈凯旋有眼光，有胆略。"李楚源说。

之后，广州药业股份发布了《关于变更H股异议股东收购请求权提供方的公告》。即广州药业股份H股异议股东收购请求权提供方为越秀证券控股有限公司（下称"越证控股"），长城证券继续作为A股异议股东收购请求权提供方。白云山股份的现金选择权提供方则为广州立白。

需要说明的是，越证控股是一家在香港注册成立的公司，主营业务为金融，是越秀集团下属公司。这家公司承诺它不是广药的关联公司或一致行动人，亦非长城证券或广州立白的一致行动人。

至此，作为有一家A+H股和另一家A股的两家三地上市的医药集团，在重大无先例的重组中，化解了第一单具有"现金选择权"和"异议股东收购请求权"提供方的难题。

廣州醫

廣州醫藥工業研究院

第七章
整体上市

这是2018年底，2019年即将开启。在这个时间点，回顾广药集团的重组，对照近十年来中国资本市场、中国经济的发展变化和改革开放的纵深推进，以及全球经济格局的变化，对于身处其中的重组工作小组的每位成员、曾经在这个超过40年历史的公司工作的每个人来说，意义都那么重大，情感和切身体会都那么复杂，如果用“各有滋味”来形容，也许并不为过。

历史的车轮滚滚向前，身处这40年来快速发展变化中的每个人，都在这滚滚洪流中，经历白驹过隙的年轮瞬间。他们中有一些人，时逢行业的巨大变化、机遇的历史窗口，经历着被称为“重要节点”的闪光片段。这些重要节点可能生发于一个公司，一个行业，一个市场，抑或一个时代，区别是他们被定义的不同坐标。

从广州医药研究总院到广药总院有限公司，从事业单位到股份制公司，亦如此。如果你在一家始建于1972年的研究机构工作过，恐怕无论是从身处其中的个体，还是管理层，抑或更高的层面来看，每个人可能都秉持着各自对于改制的立场，无论对错。可是，在趋势面前，如何把持好心态，如何平衡趋势对个体命运的改变带来的变化，则更重要，因为它给个体带来的体会可能是不合适、失重，也可能是跃跃欲试、欢欣鼓舞。

广药集团在2011年底前后开始重组，如果把时间拉回过去，可能更加能感知到这个医药集团的重组有多么艰难，涉及的关联层面有多深远，而又是需要何种魄力与决心的一件事情。光是硬着头皮，拍板做出这样的决定，都并非易事。

广药集团的重组，把广药总院装入还是不装入上市公司，抑或什么时候装入重组后的上市平台，是个问题。

广州医药研究总院前身——广州医药工业研究院

第一节　广药总院改制

上市平台的未来：广药总院怎么办？

广药金申基金公司总经理陈静和广药集团副总经理程宁，以及广药集团重组工作小组当年的成员，对于把广药总院作为资产注入重组后上市平台的事宜，记忆很深刻，尽管此事从开启算起，距离现在已接近七年。

它是广药集团重组工作中较重大，亦是耗时最长的难题之一。它甚至是中介机构、广药集团管理层之间，以及各自内部分歧最大，而后又一致推进的“非凡”事项。

根据广药集团发展战略，重组后的上市公司将依托广药总院，建立研究总院运作机制，整合优势研发资源，构筑包括天然药物与中药、化学药、生物医药、制剂在内的四大研发平台。

问题在于，根据《上市公司重大资产重组管理办法》第十条、第四十一条的规定，上市公司在召开首次董事会审议重组预案时，标的资产应当资产完整、权属清晰、相关权属证明完备、过户转移不存在法律障碍。

根据这些要求，为不影响重组进程，在召开第一次董事会审议重组预案前，广药总院的改制方案须取得批准或备案。

问题是，这是一次史无前例的重大重组，如果现在不把广药总院装入，何时装入？难道还要择机再启动重组？光是想一想这点，都让人觉得望而生畏。如果装入，这么多的难题，该如何一步一步去解决和攻克？

面对这样的局面，是否把广药总院注入，实现整体上市，是两难的处境。

然而，无论如何，这注定是一个颇经波折而又困难重重的事项。

第一个要闯的大关是重组工作小组之间巨大的意见分歧。时任券商关于此项目的项目分管高管在和重组工作小组讨论时，前所未有地说了语气特别重的话，大意是说，难道要因为广药总院资产的注入与否，增加广药集团整个项目成功或失败的变数？

这位分管高管的意见很明确，他反对在方案中加入广药总院资产注入。原因一方面是，在重组预案中，之前并未考虑广药总院，重组预案已经经历了一轮又一轮的市场和监管的沟通与预审核，在这个时间点加入广药总院事项，是否能得到各方的理解是个大问题；另一方面是，广药总院的改制可能面对巨大的难题。

现实状况是，时间是个问题。广药总院公司制改建还有不少的问题需要解决。重组尽调时发现，广药总院还存在人员如何安置和处理等问题，这些都需要大量的时间和巨大的精力去沟通与解决，有很多细致的工作要做。

至于改制的难题，得从广药总院的发展历程说起。

广州医药研究总院的前身为广州医药工业研究院，又名广东省医药工业研究所。1972年10月，经广东省编领导小组批准，广东省医药工业研究所正式成立，属事业单位编制，是一家以研究中草药为主、其他药物为辅的综合性研究所。

5年后，这家机构更名为广州市医药工业研究所，归属当时的广州市科技局和广州市医药总公司管理。1980年2月，经广州市计委批准，把广州第九制药厂作为广州市医药工业研究所的实验工厂，20世纪90年代末停产，1999年转制后撤销。

广药总院在发展历程中，经历过几次“身份”的变化。

1978年8月，广药总院前身实行党总支领导下的分工负责制，行政领导职务为所长、副所长。从1985年5月开始，研究所实行所长负责制。14年后，根据广州市人民政府关于广州市科研单位科研体制改革的有关决定，原属事业单位编制的广州市医药工业研究所开始了科研体制改革，以整建制进入广州医药集团有限公司。

这是广药总院“身份”的第一次变化。

之后，经三年改革过渡年，广药总院的事业费逐步取消，直至为零。2002年1月起正式步入企业化运作。

这是广药总院“身份”的第二次变化，从事业单位变成了全民所有制企业。2009年11月，广州市医药工业研究所更名为广州医药工业研究院。

也就是说，重组启动前，这个研究机构经历了从计划经济时代向市场经济时代发展变化过程中的种种变化，其体制也从计划时代步入市场经济时代。这也就意味着，从建院就在广药总院工作的人们，经历了这家机构发展变化中的次次“阵颤”，他们中一些人的生活和命运也因此而发生变化。

可是，不是所有人都期待这种变化，更不是所有人都能适应这种变化。这种变化从情感上来讲，对建立之初就在这里工作的人们来说很复杂。毕竟，在广药总院发展的杂糅时期，他们都做出了力所能及的努力，如果让他们挥手和过去告别，心里更多的是不舍。尽管这种告别可能是形式上的，但那些过去可能贯穿了他们毕生最重要的履历，告别又何尝容易。况且，还有现实意义上的利益与人生价值的实现。

更深的原因还在于，对于广药总院来说，这将可能是一次彻底的改变。它意味着这个机构的员工需要与改制后的公司重新签订劳动合同。尽管这看起来什么都没有变，但事实上，又确实发生了很大变化。之前这家机构的员工隶属于广州市国资委的企业，改制后，虽然它还是广州市国资委管辖范围内的公司，但它隶属一家上市公司。这种观念上的变化，对于较为年长的人来说确实很难接受。

经过多次讨论分析和沟通与调研，重组工作小组想出了解决办法：在保证不影响重组进程的前提下，重组方案最终确定暂时不将广药总院纳入拟购买资产范围。

可是，主业资产的整体上市和同业竞争的问题还须彻底解决。注入广药总院，又是广药集团和它的上市平台为求得长远发展而不得不走的一步。如果最终意识到这是个必然之后，再难的事情，重组工作小组也必须想办法解决。

重组工作小组想出的解决办法是：广药集团做出承诺，在广药总院完成公司制改建、股权可转让之日起两年内，按照届时有效的法律法规之规定，择机将广药总院（有限公司）100%股权依法转让给上市平台。

接着，广药集团拟定了一份《关于注入“广州医药研究总院股权”的承诺函》。同时拟定的，还有一份《关于避免同业竞争的承诺函》。后者以广药集团的名义承诺，重组完成后，广药集团和控股子公司将避免从事与上市平台构成实质性同业竞争的业务和经营，且避免在上市平台和它的下属公司以外的公司增加投资，从事与上市平台构成实质性同业竞争的业务和经营。

广药集团还表达了自身不从事，并尽力促使下属公司不从事与上市平台相同或相近的业务，以避免与上市平台的业务经营构成直接或间接的竞争的可能性。此外，广药集团和其下属公司在市场份额、商业机构，以及资源配置等方面，可能对上市平台带来不公平的影响时，广药集团自愿放弃，并尽力促使下属公司放弃与上市平台的业务竞争。

这两份承诺函，成为给予市场和监管机构关于广药集团重组方案的文件之一。它一方面透露出了广药总院的改制势在必行，另一方面也表明了广药集团致力于解决与上市平台的同业竞争问题和资产完整性注入问题的根本态度。

尽管关于广药总院的问题成了重组工作小组与监管和市场沟通中一次又一次去解释和说明的问题，但幸运的是，最终结果显示他们得到了市场参与者和监管机构的理解与认同。

然而，广药总院还是会注入上市平台。正如预期的那样，它的推进困难重重，直到重组停牌开始后的第五年，此事才算告一段落。

一次又一次的投票

2018年初，广药集团董事长李楚源和广药集团其他的高管，以及广药研究总院总经理倪庆纯等，一起到广州生物岛了解生物岛研发总部项目的进展。

生物岛研发总部，是全国首个大型医药集团公司的研发总部，项目建成后，将成为广州市乃至华南地区最高水平的生物医药科技创新的地标和国际名片。

从广药集团对它的定位来看，它不仅将促进广药集团乃至广州市、广东省生物医药产业的技术创新和可持续发展，还将对广州乃至华南地区生物医药的发展带来极大的促进和提升作用。

这是注入广药集团重组上市平台后的广药总院股份有限公司的研发所在地。

作为“全国医药工业百强榜”第一、全国医药企业前三的大型企业集团研发总部，广药集团生物岛研发总部项目的目标是建成拥有一流科研条件、一流人才团队、一流管理机制、一流服务能力、一流科研成果，与国际接轨的集创新中药、化学药仿创药、生物医药、大健康产品研发，以及临床前安全评价等于一体的大型集团企业研发总部、国际生物孵化器和“双创基地”，为广州市及广东省生物医药产业实现跨越式发展和重点突破，提供强有力的平台支撑、技术支撑、产品支撑和人才支撑。

这是当前的广药总院，它对于上市平台广药白云山来说，意义重大。不过，鲜有人知道，在这张亮丽的名片背后，在它的改制中所经历的那些点点滴滴，那一次次的艰难推进。

2015年7月，广药集团重组后的新上市平台广药白云山表示，后者与前者签署了股权交易合同，广州医药研究总院有限公司100%的股权注入广药白云山。也就是说，那份关于注入广药总院的资产承诺函得到了兑现。

从那一刻开始，广药白云山启动科技整合，广州医药研究总院作为广药白云山科研中心，承担研发整合平台的作用，成为广药白云山“十三五”期间科技创新发展的核心引擎。

广药白云山为它的子公司广药研究总院制定的发展战略是依托汉方公司、现代化国家工程中心和研究总院天然药物研发中心，组建天然药物与中药研发平台；以白云山化学药创新中心和研究总院创新药物研发中心为基础，组建化学药研发平台；依托拜迪公司，组建生物医药研发平台；依托广州缓控释制剂研究开发中心和研究总院研发力量，组建制剂研发平台等科研大平台，将广药白云山打造成创新驱动型公司。

大约一个月前，广药集团在广州产权交易所挂牌转让它所持有的广药总院100%的股权，挂牌价格为1.6亿元。这是广药集团透露出的准备将广药总院注入广药白云山的市场信号。

事实上，广药总院并非一家以赚钱为目的的公司，至少在账面上如此——2014年实现营业收入2025.86万元，净利润106.2万元。截止到注入广药白云山前的2015年1至4月，它的营业收入不到500万元，净利润不到7万元。以2014年6月30日为评估基准日，资产总计账面值刚逾6500万元，评估值约为2.4亿元；净资产账面值甚至为-3450万元，评估值为1.6亿元。

不过，如果从新药研发价值和市场价值来看，它是广药白云山的未来。这也是广药集团重组后，坚定推进它改制的根本原因所在——给广药总院更加市场化的发展、完善治理松绑，在资源的倾斜中推动它的飞跃式发展。

不过，在此之前，那场惊心动魄的改制，仍然让人记忆犹新。

正如今天看到的一样，从未来来看，把广药总院装入广药集团的重组非常重要，而从现实意义的另一个角度上讲，是更利于方案的整体通过的，至少它是重组方案的加分项——即便在当时是一份承诺函。

真正落实广药总院的改制，却是一场漫长的克艰之旅，即便是投票通过这一点，也让人觉得哭笑不得。

按照规则，广药总院的改制需要征求职工意愿，并获得他们的投票通过。正如前文提到，广药总院始建于1972年，截至改制前，已经有40年的历史。一些从始建或初期便陆续在广药总院开始他们职业生涯的资深员工，在中国经济腾飞的几十年间，已经历了一次次编制的改变，即从事业单位变为全民所有制企业，接下来的这次改制后，将成为股份制公司的员工。尽管同属大的国资委属下公司，但上市公司与未上市的全民所有制公司还是有显著的差异。

在广药总院组织职工代表对改制方案投票时，作为重组工作小组的核心成员，程宁都会去到现场，了解改制中的困难及职工诉求。既然大势已不可逆，有更好的关怀，至少是值得尊敬的。

老员工们已经听说了一些无法核实的小道消息——改制后，员工的待遇会发生变化，这让他们觉得惶惑。尽管重组工作小组承诺，除了改制成公司，待遇等不会发生任何改变，但在投票时，老员工们的不安还是体现了出来：他们对改制的方案投下了反对票。

重组工作小组一次次和广药总院的职工代表们、管理层做沟通，和他们明确这对于广药集团和上市平台的价值与长远发展的重要性。可是，那些过几年就要退休的人，真正关心得更多的还是自己的眼前利益，至于长远，至于未来，他们无法预期。

年轻人已逐渐认识到广药总院改制的必然性，在沟通中，改制的方案得到了他们中绝大多数的理解与认同。重组工作小组带着对这些“新生力量”的寄望，推动并开启了新的一次职工代表大会。

不过，败局还是来了：职代会的投票仍然没有通过。

看起来，广药总院的改制事宜正在成为僵局。但僵局需要打破。

职代会，从字面意思上来看，代表着职工的意见。但现在的问题是，在这次的改制方案中，职代会是否代表了大多数职工的意见，这成了重组工作小组的突破口——程宁决定推动一次面对全体职工的投票，如果再次失败，广药总院的改制将可能就此搁浅。

尽管是一个冒险的举动，可这也是唯一的办法。人们的想法和观念总是在发展变化的，一次全体职工大会的投票不行，重组工作小组计划仍接着做沟通工作，直到得到大多数职工的认同。程宁和时任广药集团工会主席黄志恩亲自参加广药总院的职工大会，并做会前总动员。

年轻人的意愿产生了作用——在全体职工大会上，以符合投票通过条件的票数，对于广药总院的改制方案投赞成票，通过！

当然，在投票前，为了争取年轻人的认同，重组工作小组和广药总院的时任管理团队工作做得非常细致，把职工的年龄结构、学历结构等都进行了分析，对于通过率有过一些测算分析，但并没有通过的把握，抱着试一试的心态。

直到投票获得通过那一刻，包括中介在内的重组工作小组的心理压力才放下。

之后，在人员安排方面，根据《发行股份购买资产协议》《向特定对象发行股份暨购买资产协议》，重组中拟购买资产涉及的人员根据“人随资产走”的原则做了安排。即拟购买资产中，股权资产所对应的公司现有员工，跟随标的股权同时进入广州药业股份，在资产交割日和现有雇主的劳动关系，以及相互之间权利义务不因重组发生改变（根据相关适用法律进行的相应调整除外）。

此外，拟购买资产中，非股权资产相关的核心团队人员（员工），在交易交割日，由广州药业股份接收，并由广州药业承担这些员工的安置责任，包括但不限于由广州药业股份，或其指定的下属公司（下属公司包括广州药业股份在交易交割日已有的下属公司，也包括因重组进入广州药业股份的下属公司），与员工重新签署劳动合同，根据法律法规的相关规定办理社会保险的衔接工作。

2015年底，广药总院具备了注入广药白云山的条件。从广药集团重组开始，广药总院的发展就像被全速发动的引擎驱动，不过，大约在广药重组开始不久，出现了一段小插曲：一位叫弗里德·穆拉德的科学家加入了广药总院，担任院长。

弗里德·穆拉德是美国医学和药理学博士，曾任美国华盛顿大学特聘教授。他获奖无数，其中最著名的为诺贝尔生理医学奖，当然，还包括1996年的美国拉斯克医学奖、2005年的美国临床药理学会的杰出研究奖和2008年美国著名的安得森肿瘤中心的杰出研

广药集团董事长李楚源向穆拉德博士颁发聘书

究成果奖。弗里德·穆拉德1996年被遴选为美国国家科学院院士，2007年被礼聘为中国科学院外籍院士。

他与另外两名美国科学家一起发现的第一种生理功能调节气体分子——氧化氮，揭开了人类认识机体平滑肌（含血管平滑肌）舒张的新篇章。这个理论的诞生，极大促进了临床医学和新药物的研究开发——“伟哥”的出现。

也正因此，弗里德·穆拉德在医学界享有很高知名度，被称为“伟哥”之父。与此同时，他还进行多项应用开发研究，拥有多项国际药物开发的专利。他是最早在国际上赞赏中国国宝中药的知名人士和学术权威，对中药的现代化开发展开了大量研究，他的目标是研发出能走向世界各国的现代化中药。

作为男性使用的药品，之后广药集团推出的金戈成了中国市场增长最快的同类药品，它与广药集团的重组、广药总院注入广药白云山的资本运作密不可分。

值得一提的是，广药白云山于2017年底取得化学药1.1类新药头孢嗪脒钠和注射用头孢嗪脒钠的临床试验批件，这是中国近二十年来唯一成功获批的头孢类1.1类新药临床批件，由此可以看出，广药总院对广药白云山的正向作用和利润贡献正日益显现。

第二节 “王老吉”商标

2012年5月初某天的14点15分左右，广州药业股份秘书处接到了公司控股股东广药集团董事会秘书兼办公室主任的通知，大意是说，广药集团已收到中国国际经济贸易仲裁委员会关于“王老吉”商标仲裁事项的裁决书。

考虑到仲裁结果影响重大，广州药业股份秘书处时任董秘庞健辉在收到通知的当天约14时20分，把相关情况向上交所进行了通报，并开始着手准备公告。

当天15时，广州药业股份按程序把仲裁结果公告稿和相关资料呈交易所审阅。之后，广州药业股份刊登了公告。

同日，广州药业股份收到了上交所发来的《关于对广州药业股份有限公司有关王老吉商标仲裁事项的问询函》和《关于对广州药业股份有限公司有关“王老吉”商标仲裁事项的监管工作函》。

市场上畅销的王老吉及“王老吉”商标

随后，广州药业股份就有关问题向广药集团发出了征询函。接着，广州药业股份向上交所递交了两个函件的回复函。

大约两个月后，广州药业股份收到了中国证监会发出的“监督检查通知书”，其大意是关注该公告事宜，需要对相关事件做出调查，并提请广药集团做出配合。

且不论之后如何做出回复，其结果当然也是正面积极的。可是换位思考，收到问询函与通知书时，当事者会是什么心情？

这便是广药集团的重组中，从重组停牌开始到基本完成，涉及的资产中持续时间最长、风险最大，而又最引起关注的“王老吉”商标和相关纠纷，它的影响力和不确定状况由此可见一斑。

这是一场旷日持久的商业纷争，涉及鸿道（集团）有限公司（下称“鸿道”）和广药集团两方。其中的纷争一直持续到2018年9月，仍未算完全终结。

“王老吉”归来

正如关注广州药业股份的公告一样，中国证监会一直关注着市场的风吹草动，并适时就相应事件做出跟进和调查。

但亦正是这些来自市场参与者和监管机构的关注，尤其是轰轰烈烈的“王老吉”商标事宜，作为涉事一方，广药集团的重组不得不被空前地置于聚光灯下，他们的任何一个举措，都需要考虑到这个变数，以及它可能对重组造成的影响。

换个角度来看，如果这场纷争背后关注度空前，那么身处其中的每一个人，都可能被纷争有意或无意中伤。事实上，这个风险常常无法忽视。

这是一起源于8年前，亦即2010年的仲裁案。当年9月30日，广药集团就“王老吉”商标许可协议事宜，做出向中国国际经济贸易仲裁委员会（下称“贸仲委”）申请仲裁的决定。当时，为了这起仲裁案，广药集团专门成立了工作小组。

2011年4月25日，广药集团向中国贸仲委递交仲裁申请书，申请广药集团与鸿道之间《“王老吉”商标许可补充协议》和《关于“王老吉”商标使用许可合同的补充协议》无效，以及被申请人停止使用“王老吉”商标。

7个月后，广药集团收到贸仲委通知的快递，定于2011年12月29日上午在国际商会大厦5楼开庭审理。之后，广药集团递交补充资料，同时申请公开审理。但开庭当日，庭审并未公开。

广州王老吉药业股份有限公司

时间来到2012年2月底，广药集团收到了更新的信息，即半个月后的3月14日上午，仲裁庭将组织调解。

值得注意的是，调解会当日，鸿道集团没有到庭，调解未进行。之后，时间来到了5月初，即工作小组收到广药集团董秘的通知关于贸仲的裁决结果：《“王老吉”商标许可补充协议》和《关于“王老吉”商标使用许可合同的补充协议》无效，鸿道停止使用“王老吉”商标。

也就是说，广药集团打赢了仲裁。

回顾广药集团重组与“王老吉”商标纷争的仲裁，到贸仲委2012年5月初做出裁决，以及对应的广药集团的重组进程，这段时间，广药集团整体上市方案获得广东省国资委预审核，重组预案获中国证监会预核准，广州药业股份和白云山股份分别召开董事会审议重组预案，两家上市公司公告董事会决议和重组预案，股票复牌，重组工作小组分别到上海、深圳和广州等地，向机构投资者做路演。

如果到此时说“王老吉”商标的纷争就结束了，那么显然过于乐观了，甚至有点简单——两起事件，在时间上出现了诸多的巧合。

广药集团的重组工作，之后便进入监管机构和实际控制人等的审批流程，以及股东

红罐王老吉长城上市活动

大会投票通过的关键环节。然而，另一边，关于“王老吉”商标的纷争又进入了一个新的阶段。

2012年6月1日，广药集团收到北京市第一中级人民法院发来的应诉通知书，即法院受理了申请人鸿道申请撤销贸仲委于2012年5月9日做出的仲裁裁决申请。

同月15日和19日，广州药业股份和白云山股份分别召开董事会审议重组方案，两家上市公司公告了董事会决议与重组报告书。

大约一个月后，广药集团收到了北京市第一中级人民法院的民事裁定书，法院驳回鸿道提出的撤销贸仲委做出的仲裁裁决申请，即鸿道败诉。

时间来到2018年7月，广药白云山上载了一份《关于“王老吉”商标法律纠纷诉讼结果的公告》，大意是说，广东高院判定加多宝系在中国内地的6家公司，就侵犯广药集团“王老吉”注册商标权利，赔偿对广药集团造成的14.4亿元经济损失。

事实上，广药集团的重组与关于“王老吉”商标的纷争差不多。此外，同兴药业有限公司（下称“同兴药业”）与广药集团亦发生了关于王老吉药业有限公司（下称“王老吉药业”）的诉讼案。后者与广药白云山的关系，亦是十分复杂。

最新的进展是，根据广州市中级人民法院作出的“协助执行通知书”，同兴药业持有的广州王老吉药业约48%的股权已完成工商变更登记手续，这意味着王老吉药业重新成为广药白云山的控股子公司。

对于同兴药业与广药白云山关于合资公司王老吉药业之间的商事争议，广药白云山合规与法律事务部副部长赵建雷认为，双方之间产生争议的根源，可能在于同兴药业股东及实际控制人的变化。双方之间仲裁案件的争议焦点，集中在双方签订的《广州王老吉药业股份有限公司股东合同》中争议解决条款的约定以及《王老吉药业公司章程》中的相应条款，在司法层面上的公正裁决。之前同兴药业发起的拉锯的系列官司，对王老吉药业的正常经营造成了很大阻碍。

身处纠纷案经营一线的王老吉药业党委副书记禤洪，回忆起双方纠纷的1352天中所目睹的——经营动荡、董事会瘫痪、营业执照到期变更、市场竞争，以及人员流失和销售跌入谷底，用“终于过去了”来表达他的感慨。作为一名资深员工，他用“完全无法预期结果会怎样，就像在黑暗中摸索”来描述他的感受。

这是发生于2014年的一起案件。当年11月21日，广药白云山向深圳国际仲裁院提交仲裁请求，请求裁决同兴药业依据《广州王老吉药业股份有限公司股东合同》的约定，履行转让义务，把它在王老吉药业持有的约48%的股份，以经评估的价格转让给广药白云山。

2017年12月25日，广药白云山收到深圳国际仲裁院的裁决书，即裁定同兴药业须依法履行转让义务。不过，同兴药业2018年初在深圳中院上诉申请撤裁。同年6月，深圳中院驳回了同兴药业的申请，维持深圳国际仲裁院关于股权纠纷的裁定。

也就是说，同兴药业在此案件中失败。至此，同兴药业失去“王老吉药业”的股权已是大势所趋，尽管它曾经是王老吉药业的重要股东。

广药集团和同兴药业的合作，可以追溯到广药集团重组前，甚至更早。

2005年2月，王老吉药业与同兴药业合资，转制为中外合资企业。在更早前，王老吉药业的前身为王老吉联合制药厂，1992年12月改制为广州羊城药业股份有限公司。2004年3月恢复为王老吉的字号，正式更名为广州王老吉药业股份有限公司。

而在2005年初王老吉药业转制为中外合资企业前，即2004年11月8日，广州药业股份与广药集团签订《商标许可协议补充协议》。根据协议，广州药业股份同意终止王老吉药业产品当时使用的5个商标的独家使用权，广药集团同意许可广州药业股份另外36个商标的独家使用权。

在2005年那次同兴药业向王老吉药业增资完成后，王老吉药业不再是广州药业股份的子公司，而是广州药业股份的联营公司。根据补充协议，增资完成，王老吉药业变更为外商投资的股份有限公司后，广州药业股份有权获得广药集团从王老吉药业收取的年度许可费用的47%。

之后便是往往复复的纷争。一直到2018年，关于“王老吉”商标和王老吉药业，有了更加确切明晰的进展。

光是从这一系列的合作渊源和官司中，就已可以一窥关于“王老吉”商标和王老吉药业的商业纷争程度有多复杂。它对应的问题是，作为广药集团重组中的重要资产，“王老吉”商标和相关事宜该如何处理。

需要说明的是，2010年11月10日，广药集团联合国家中医药管理局、国家食品药品监督管理局、中国中药协会、中国社会科学院知识产权中心等，共同举办“中国知识产权（驰名商标）高峰论坛暨广药集团王老吉‘大健康’产业发展规划新闻发布会”。在那次发布会上，北京名牌资产评估有限公司对外宣称，“王老吉”品牌价值评估为1080亿元。

以王老吉如此值钱的品牌价值来判断，要赶上广药集团的重组时间进度，把它装入上市平台，看起来不太现实。

经重组工作小组讨论与论证，达成的共识是因存在法律纠纷，王老吉系列商标暂不注入，注入前，托管给广州药业股份运营，并支付托管费用。广药集团做出承诺，在王老吉系列商标具备可转让条件之日起两年内，择机注入上市平台。

从最新的进展来看，广药集团关于“王老吉”商标注入的承诺，可能已经不远。

新星：玩红罐的“王老吉”大健康

作为一个初次接触甚至接触不深的人，去了解“王老吉”可能会有些晕。原因在于在广药集团，光有“王老吉”三个字的公司，可能与好几家公司有着联系，比如，广药白云山、王老吉药业，还有一家被称为王老吉大健康产业有限公司的公司。当然，如果要再顺着往下理一理，可能还能梳理出来一系列它们旗下的子公司。

不过，如果整理一下关于“王老吉”的品牌脉络，就更容易了解它。广药集团是“王老吉”系列商标的持有者，它本来想把这一系列的商标注入广药白云山，可是这个系列的商标存在纷争，于是广药集团便把“王老吉”商标交给了广药白云山托管。

王老吉药业是广药白云山的子公司，它的产品分为食品和药品两大类。盒装王老吉凉茶的单品是属于这家公司的。更厉害的是，这个单品的销售额是盒装凉茶全国销量领先的产品，同时也是广州医药行业销售额较大的产品。药品方面，它是中国中成药生产

红罐王老吉新装在长城上市

企业50强之一。

另外一家王老吉大健康产业有限公司，成立于广药集团重组期间，即 2012年2月28日，成立之初，主营业务是生产和销售预包装食品、乳制品等。随着公司的发展与变化，它的主营业务被描述为红罐、红瓶王老吉凉茶和王老吉无糖型、固体型、现调型凉茶等新形态凉茶产品。

需要说明的是，王老吉大健康一出生便遭遇了诉讼。如果说它惊人的增长和这旷日持久的诉讼有些许关联，那么这的确有点苦中作乐的味道。

一份2012年8月14日在联交所网站披露、次日在上交所披露的公告提及，王老吉大健康收到了北京市第一中级人民法院的通知，已受理原告广东加多宝饮料食品有限公司（下称“广东加多宝”）起诉王老吉大健康擅自使用知名商品特有名称、包装和装潢纠纷一案。同年，广东加多宝还起诉王老吉大健康擅自使用“怕上火，喝王老吉”的广告用语。

当年的年报对此事件进行了分析——截至报告日，关于特有名称和包装等一案，已由最高人民法院指定广东省高级人民法院管辖。管理层在对案件情况进行评估，并结合外部律师意见后，认为王老吉大健康在两起案件中败诉。并由此导致直接经济损失的可能性不大。

种种迹象表明，2012年的夏天，关于“王老吉”的纷争由系列商标、王老吉药业股权，进一步扩展到了王老吉大健康。

不过，广药集团的上市平台之所以成立王老吉大健康，并不是为了一场商标的纷争，而是有更远大的图谋，它看重的是中国的大健康、大消费和大零售产业。

王老吉大健康从成立开始，就先后与统一、银鹭等全国知名食品生产、原料和包装材料供应商建立战略合作关系，提升产能。它最让市场觉得不可思议的地方在于，快速建立销售队伍和客户群，在全国范围内快速开展红罐王老吉和红色瓶装王老吉凉茶的铺货上市，让竞争对手备感压力。

利用“王老吉”商标品牌的先发优势与市场机会，在广药集团的支持下，广药集团向王老吉大健康倾斜资源，挖掘“王老吉”等品牌的资源力是重要的战略之一。在此战略指引下，王老吉大健康加大了新产品研发力度，同时提升产能，严格控制成本费用，加强品牌宣传力度，也加大了广告投放力度和广度，扩展营销网络，深耕终端市场，铺开了一张大网，全面推进大健康产业的发展。

当然，这和广药集团从集团层面的关注密不可分。

广药集团董事长李楚源去西南地区出差，忙完预先安排好的工作，已经晚上11点多。此时，他召集西南地区负责销售、渠道的人员以及主要的管理层人员到他住的酒店去开会，很细致地了解渠道铺货中出现的问题，还不时给出可能的建议，甚至问起竞品是怎样的策略。

他们能聊到这么细节的市场打法，原因在于李楚源做过销售负责人，他在几十年的从业履历中，一路创造了广药集团旗下子公司的销售纪录。

一位曾经和李楚源一起去过西南地区出差的管理层人员提及，当李楚源想起还有哪些问题没有弄清楚，或者有什么细节没有交代、沟通清楚时，如果能见面，即便是在飞机起飞前，他甚至会叫上当地的销售和渠道负责人一起见面聊聊。那次他和李楚源一起出差时，飞机晚点了，王老吉大健康的销售负责人和管理层人员便赶过去，和他一起开了个会，落实了一些新的渠道铺货的方式和策略。

对于“王老吉”商标如此受关注，根本原因是这个商标、品牌，以及背后的底蕴、文化内涵和市场需求，潜藏巨大可为之处与商业潜力。从市场表现来看，2018年前半年，王老吉大健康的营收超过52亿元，毛利率表现不错，这些都是市场对“王老吉”系列商标、品牌和产品认同的体现。在传统制造业中，王老吉大健康的毛利率已属不易。

不过拉锯官司仍未最终结束。

最新进展是，2017年8月16日，最高人民法院对广东加多宝诉王老吉大健康擅自使用知名商品特有包装装潢纠纷案，以及广药集团诉广东加多宝擅自使用知名商品特有包装、装潢纠纷案公开宣判，结果是驳回广东加多宝的上诉，维持原判。

驳回加多宝的上诉和维持原判，源于之前2014年12月19日的一纸判决。这份判决中，广东省高级人民法院判决驳回原告广东加多宝诉王老吉大健康擅自使用知名商品特有名称、包装、装潢的诉求。而更早前，广东加多宝对王老吉大健康的起诉，正是在之前提到的王老吉大健康刚刚成立不久。

然而，一出生就风华正茂的王老吉大健康，并不愿意显得太过于低调，他们把加多宝系也告上了法庭。

王老吉大健康起诉武汉加多宝饮料有限公司、加多宝（中国）饮料有限公司的缘由在于，后两者在长沙就“全国销量领先的红罐凉茶改名加多宝”“全国销量领先的红罐凉茶——加多宝”“中国每卖 10 罐凉茶，7 罐加多宝”等广告语，构成虚假宣传。

对于这起纠纷，一审和二审做出的认定是，武汉加多宝饮料有限公司、加多宝（中国）饮料有限公司涉案广告语构成虚假宣传，判令停止侵权。之后二者不服二审判决，向最高院申请再审。

2016年12月23日，最高院做出裁定，以此案存在部分法律适用问题为由，裁定提审此案。2017年底，最高人民法院开庭审理，截至2018年广药白云山发布半年报，这起案件仍处于再审审理阶段。不过，广药白云山管理层再次对案件情况进行了评估，结合外部律师意见，认为王老吉大健康败诉并由此导致直接经济损失的可能性不大。

广药集团的重组从2011年底开始，在2013年阶段性地告一段落。现在是2018年底。如果重组时，“王老吉”系列商标成为注入的标的资产，那么后果看起来不可想象——这一场关于“王老吉”系列商标和品牌的纷争持续了长达7年之久，仍然处于短兵相接的状态。

从这些年可以看到的变化是，7年来，王老吉大健康从初出茅庐到快速成长，如今已在这个市场具有重要影响力，并试图扩张它的产品版图，突破渠道界限。

这家公司的最新战略是，按照时尚、科技、文化的“品”字形战略，以“品类多元”为核心，推动大健康板块突破发展；实施差异化销售战略，加快市场渠道下沉，提升销量和品牌影响力；实施多元化品类战略，加大大健康新品和王老吉现泡凉茶的推广力度；实施国际化拓展战略，加大产品出口和海外市场布局。

这是王老吉大健康的野心。

最新的数据是，王老吉大健康已拥有一支一万人的队伍，在全国东、南、西、北、

王老吉凉茶博物馆

中等五大区域建立了生产基地，展开营销等布局，比如，其投资建设自主经营的大型生产基地。

脑洞大开的王老吉大健康还在做一些很酷的事情——大力推进凉茶产业发展，建造全球规模最大、内涵最丰富的凉茶博物馆，倡导举办凉茶文化节，携手瑞士SGS全球率先启动凉茶国际标准研究。

如果你有机会去美国旅行，如果在纽约博物馆群里看到了王老吉凉茶，不用太奇怪——从2018年11月中旬开始，“王老吉凉茶博物馆”就在那里出现。接下来，这样的品牌计划还将扩展，也就是说，你在全球可能看到56个相似的凉茶博物馆。

越来越时尚的王老吉，已频繁出现在冬季、夏季达沃斯论坛，《财富》全球论坛，世界航线发展大会上。

截至2018年上半年，王老吉销售网络覆盖全球，有超千万个终端网点，遍布全球五大洲60个国家和地区，占据凉茶行业七成的市场份额。

如此看来，王老吉正稳步行进在“中国可口可乐”的征程上。

第三节　资产定价

广药集团手里抓着各种各样的“糖”。小时候听过的板蓝根、小柴胡颗粒，原来都属于广药集团。它手里还有一些听名字就觉得有趣的商标，比如潘高寿、王老吉、采芝林。从这样的角度来看，广药集团就像握着一片大自然的精华。更令人惊奇的是，这个医药集团还有药妆。

它就像药品类的百科全书。

在广药集团手里，有一个叫星群系列的商标。这一系列的商标中有一种被称为“夏桑菊”的产品，在大众的印象中，它更像是一种饮料。2006年5月，星群系列里的夏桑菊被认定为非物质文化遗产凉茶秘方。

夏桑菊产品图

陈李济的创业旧址，位于北京路194号，标志性拱顶是陈李济的识别符号之一

还有一种被称为“二天油秘方”的产品。2009年3月，它被认定为广东省岭南中药文化遗产。这个产品的名称听起来实在有点让人摸不着头脑，但这个星群系列，即广州星群（药业）股份有限公司（注册商标“星群”），却是商务部认定的“中华老字号”。

广药集团手里，还有一个叫“中一”的系列商标。这一系列的商标，听起来像是很有故事，它包括了被称为胃乃安胶囊、消渴丸和障眼明片这样的产品。此外，它还生产安宫年黄秘方、保滋堂保婴丹秘方这样听起来带着神秘感的产品。2010年9月，它们被认定为广东省岭南中药文化遗产。

这个系列商标里，有2009年12月获中国发明专利优秀奖的一种治疗糖尿病的药物组合与其制备方法。广州中一药业有限公司（注册商标“中一”）这个系列的商标，被商务部认定为“中华老字号”。

更能从名字上体现中国传统医药文化的，是被称为“全球最长寿制药厂”的陈李济药厂。2011年11月，“陈李济”被国家工商总局商标局认定为中国驰名商标。

这个系列的商标深得中国传统文化的精髓，有心脑血管类、风湿骨痛类、妇科类、滋补保健类、呼吸类和消化类6个产品系列。

我们耳熟能详的产品有壮腰健肾丸、乌鸡白凤丸、补脾益肠丸、喉疾灵胶囊、咳喘顺丸等。在这个系列商标中，还有用于治疗国际公认重大疑难疾病类风湿关节炎的“国家级重点产品”昆仙胶囊。

至于商标名中带有小时候课本里学到的名医“华佗”二字的系列商标，更是将广药集团承袭的博大的传统中医药中华文化展现无遗。华佗再造丸的奇星系列商标以心血管药物为主，儿科学药为辅，有丸剂、片剂、胶囊、颗粒剂、散剂、合剂6大剂型超80个品种。

华佗再造丸是中华人民共和国成立以来，首个国家科委中成药科技攻关成果，是治疗脑血管疾病、防治中风瘫痪的名药，以药品或传统药物的身份，出口俄罗斯、越南等29个国家和地区。华佗再造丸作为唯一一个治疗中风病的中成药，被纳入基层医疗单位必备的国家基本药物目录，同时也被列入国家医保甲类目录。它还获得了国家科技进步奖、世界传统药长城国际金奖。

至于敬修堂和潘高寿系列，听起来就像是很有历史的商标品牌。

除了从感冒、咳嗽到强身健体，还有金戈（“伟哥”仿制药）这样的产品。像读一本书一样，去了解这个医药集团，会发现越深入，越能感知到它是怎么一步一步地把花花草草变成了药物，怎么把一堆不知名的化学元素，让它们相互作用，组合成了具有功效的药品。

这是商标品牌丰富的广药集团的宝贵财富。可是，当重组工作小组要把它们作为资源注入重组后的上市平台时，却有点不知如何是好：它们怎么作价？如果它们是无价的，如何让它们的价值得以发挥？如果它们要市场化成为一种资源时，这种资源如何评估？

像那些沿袭下来的、具有历史意义和特殊文化价值的全球名家的画一样作价吗？那样的画的作价，是用来收藏的，而非商用的；可是从传统中医药的角度讲，那些神奇的商标的确具有与名家画作相似的属性。

总之，这是个问题。

对于广药集团来说，把手里的“糖”化为商业价值，才能让它最大程度地展现自己的价值，总好过将它束之高阁。

换句话说，对于广药集团来说，把它持有的商标注入重组后的上市平台，可以实现注入的资产的完整性，这亦是重组的根本理念。

先想想怎么对这些听名字就觉得很长辈范儿，又很有文化的商标做价值评估。

重组工作小组首先把广药集团手里的388项商标做分类。

第一步是把涉及“王老吉”系列的商标——含与王老吉系列商标组合使用的其他商标，以及广药集团授权王老吉药业使用的商标，先放一放，做出承诺，等纷争结束后，两年内注入。

接着，再把确定可以注入的商标分成了两类：一类具有商标专用权，是广州药业股份和下属子公司生产经营主要使用的商标。另一类，便是余下的334项商标专用权。这部分商标，境外注册的有57项，属于待估商标，另外277项是境内注册。

可能你会问，为什么有这么多商标？注册商标其实很有学问，有时注册商标可能是起联合性或防御性作用的。

分好类后，这些商标该如何评估，是有技术含量的。

上文提到的一些商标，使用或注册的年限或历史超过几十年，甚至达到上百年，一些商标附带了授权许可协议（授权许可给广州药业股份用至2017年），具有很强的独特性。最早的陈李济具有几百年的历史。

考虑到商标的特定情况、市场环境和信息条件的限制，这类商标在市场上很难找到与所分析的商标权类似的参照物与交易情况。也就是说，这类产品通过市场法评估不太适用。

运用市场法时，无形资产的价值是通过参考可比无形资产在最近收购或交易活动中的价格来获得的。无形资产具独特性，可比案例不容易获得。即便有，这些交易的具体条件往往也是非公开的。此外，如果一个企业经过努力，创出了一个驰名商标或著名商标，它是不会轻易对外转让其所有权权益的，这也是商标所有权的转让市场极不活跃的

陈李济蜡丸制作之后，按照药品数量进行填盒封装。早期陈李济出品的古方正药都用蜡丸封装，药效能够保持10年之久，在西双版纳等地一个蜡丸还曾换售一个银元，“洛阳纸贵、滇南丸贵”说法来源于此

原因所在。

还有一种收益法的评估方式。它是国际上一种比较成熟常见的评估方法。在广药集团手中，有一类商标专用权由广药集团所持有，但这些商标授权给了广州药业股份下属公司有偿使用。这类商标未来预期收益可以预测，并可以用货币衡量。此外，资产拥有者获得预期收益所承担的风险可以预测，也可用货币衡量。还有一个好处是，资产预期获利年限可以预测，满足收益法的评估条件，这部分商标比较适合用收益法进行评估。

对于一些使用频率不高，可能具有防御性的商标，还有一种评估方法，那就是成本法。成本法是指，先估测被评估资产的现行再取得成本，即重置成本。接着，估测被评估资产已存在的可能贬值因素，再把这些贬值因素从重置成本中扣除，得到被评估资产的价值。

在广药集团手里，在境外注册的57项商标，以及境内注册的277项联合性或防御性商标，它们的商标专用权目前都在有效期内，可以调查取得重置这些商标的现行途径和相应社会平均成本资料，通过按现行途径重置这些商标的成本可以可靠计量，是满足成本法评估的前提条件的。在无法采用收益法和市场法的条件下，这类商标寻找到的可行的评估方法是成本法评估。

解决了商标价值评估的问题，还要解决商标价值的对价问题，也就是说，广药集团对这些商标做了价值评估后，注入上市平台时，上市平台与广药集团对商标如何作价。

经过多方请教，征询各方意见，重组工作小组找到了一个指导思路——为保护交易双方的利益，在商标评估价值的基础上，量化上市公司及控股股东对商标价值形成的贡献比例，并以此确定购买对价。对于贡献率，现有市场案例一般采用量化上市公司与控股股东对商标价值形成的投入的方式来确定。

现实的状况是，广药集团要注入的商标，它的核心价值在于悠久的历史和深厚的文化积淀。如果仅仅以广药集团享有权益，广药集团和广州药业股份的投入的真实价值却得不到体现。也就是说，传统的量化分析方法不适用于确定量化贡献率。

如何确定拟购买商标的量化贡献率，是论证重组方案过程中需要重点关注，亦是需要重点沟通的问题之一。意见亦各有差异，其总体思路需要建立在兼顾上市公司和投资者利益的平衡上。

不过，一个可以参考的模板是，2004年11月，关于“王老吉”系列商标授予合营公司王老吉药业时确定的收益分配比例的模式。之后，重组工作小组以这种方式作为参考，即各自对拟购买商标的贡献率分别为53%和47%来做出安排，这一想法得到了认同。

之后，广药集团以《关于商标价值贡献份额确认书》确认对纳入评估范围的388项商标价值的贡献份额比例为53%。

至此，那些琳琅满目带着历史感与品牌效应的商标，在“以主业资产全部注入为原则的前提下，满足转让条件的全部注入，不满足转让条件的承诺注入”的鞭策下，找到了它们在广药集团和上市平台中的位置，愉快地做好了被装入上市平台的准备。

资产定价

广州药业股份作为最早一批在香港上市的中国内地大公司，身上带着一些更早一批探索香港市场的公司的印迹。广药集团旗下有一家被称为保联拓展的公司，1998年1月成立于香港，经营范围为广药集团出资的国有资产经营和投资，经营目的是扩大广药集团医药产品进出口、拓展国际市场，以及经营和医药产品、医药制药与包装机械产品、化工产品等有关的进出口业务。

这家公司最功不可没的便是引进外资，引进先进技术，开展补偿贸易、来料加工，提供医药技术经济信息，促进广州医药事业的发展。从这点来说，立即让人联想到的便是广州医药引进沃博联作为股东这个交易。这家公司的另外一个名字是广药香港公司。

这家于香港回归前近十年的公司，在拿到了广州市政府外经贸委和广州市清理整顿驻港澳机构领导小组的批文后，获准成立。自设立到重组前，广药集团一直持有保联拓展的100%股权。

对于广药集团来说，这算不上一笔很大的资产，但从整体上市的角度来看，把它注入，的确能起到让上市公司资产更完整的作用，且能以这家公司为广药集团境外拓展的窗口，推动广药集团国际化的发展。

不过，这家公司最初并没有放入重组方案中，在中介机构看来，它算不上一笔大的资产，注入与否影响不大。不过，对于广药集团来说，这却是“手心手背”的问题，都是子公司，在重组预案公布前，这家公司被置入了重组方案中。

作为一家广药集团全资投资的公司，它的注册资本是100万元，后来增资到500万元，如果对价出售给广州药业股份，如何作价，依然是个问题。

重组工作小组和评估公司讨论分析后，参照市场通行做法，保联拓展的资产以资产基础法和收益法来评估。评估得到的结果是，采用资产基础法评估增值率最大的是投资性房地产和固定资产。而产生这个结果的原因，是投资性房地产和固定资产买的时间较早，与评估前香港房地产市场的价格相比，当时的账面价值非常低。

这种评估法比成本法更科学。

根据会计准则，广药集团对保联拓展100%股权的长期股权投资，均采用成本法核算的话，账面价值为初始投资成本——不随被投资公司的经营业绩发生增减变动。

截至2011年12月底，广药集团持有的保联拓展股权的权益价值（被投资企业经审计的净资产乘以广药集团持股比例）超过3400万元，而广药集团持有它的长期股权投资账面价值才不到400万元，一对比，相差实在太大，如果采用成本法，不够科学合理。

在做股权投资项目的评估时，还存在一些现实情况：在当时的市场状况下，公司产权交易市场尚不完善，缺乏产权交易市场数据。这也成了难以采用市场法评估保联拓展的原因。

而资产基础法之所以更加合情合理，原因在于在假设保联拓展持续经营的前提下，它的各项资产和负债资料齐备，这满足了资产基础法评估的要求。

此外，保联拓展是持续经营的进出口企业，经营已经进入较为稳定的阶段，主要与广州药业股份下属子公司广州医药进出口有限公司发生交易，它特殊的经营模式使得收益持续稳定并能够合理预测，所以收益法也能对它展开评估。

采用资产基础法评估保联拓展的市场价值时，是对评估基准日保联拓展拥有的各项资产，采用适当的评估方法，分别评估它的市场价值，再进行加总，然后扣除评估基准日保联拓展实际承担的各项负债的市场价值的和，这样得出保联拓展股东全部权益的市场价值。

评估结果是广药集团持有的保联拓展股权，资产基础法评估值超过5700万元，收益法评估值超过6000万元。两种评估方法评估结果存在差异，是因为两种评估方法的技术路径不同。

保联拓展的主营业务，是为广州药业股份及下属子公司提供进出口贸易，独立经营性不强，结合评估目的经济行为和稳健性考虑，优先选取资产基础法评估值为最终评估结论。

之后，广药集团和广州药业股份建议按照资产基础法的评估结果，确认保联拓展的价值，并把它纳入了拟购资产的范围，等手续一旦完备，便装入上市平台。

其中比较有趣的一点是，在广药集团评估准备注入上市平台的资产时，房地产的增值是比较大的一块资产。不过，房地产的价值评估也是重组工作小组做得最辛苦的工作之一。

比如，无论白云山股份，还是广州药业股份，从它们初次上市算起来，到清查房屋和建筑物时都已几十年了。这几十年，中国经济发展模式逐步变化，从计划经济到市场经济，同样也是中国房地产业发展的几十年。二者的变化也同样体现在广州市国资公司广药集团中，有时甚至都无法很好地找到一个房屋建筑物和权属相关的证件，有些在变迁中，连痕迹都不好去寻得。

在注入房屋建筑物资产时，广药集团把现拥有的房屋建筑物分为了两类，与医药主业相关的为一类，而另一类则是不存在法律瑕疵，或者法律瑕疵预计可于中国证监会召开并购重组委审议重组方案前解决的。经过测算，有21宗房屋建筑物纳入拟购买资产范围。

当然，在这21宗房屋建筑物中，有城市中心区办公或商业物业，也有仓储或工业物业。

不过，影响广药集团转让给上市公司的一些房屋建筑资产中，有一些是有法律瑕疵的。比如，拟购买资产中，部分房屋建筑物土地使用权性质为划拨用地，这句话的意思是，要办理土地使用权出让手续后才能转让。

接着，一些房屋建筑物的证载权属人不是广药集团，这样就须先更名到广药集团名下，然后才可以作为广药集团的资产，注入上市平台中。

还有一些房屋建筑物是广药集团实际拥有，但出租给广州药业股份和广州药业股份的合营公司用作仓库或办公楼，虽然存在法律瑕疵，倒不影响正常使用，不会对广州药业股份的生产经营产生重大不利影响。

值得注意的是，权属问题、证件问题在办理时间上，可能不一定能配合上重组的时间表，但这些资产又属于可以通过本次重组一并完成的。为了解决这个问题，重组工作小组讨论后找到了折中的解决办法——广药集团按照广州市相关规定，办理划拨用地变更为出让用地以及证载权属人更名的相关手续。为保证房屋建筑物法律瑕疵不会对重大资产重组进程，以及存续公司的正常生产经营构成重大不利影响，广药集团专门出具了书面的承诺，即广药集团实际拥有拟注入房屋建筑物的所有权，且打算注入的房屋建筑物不存在任何现实以及潜在的产权争议，无抵押或减损，准备注入的房屋建筑物和土地使用权均无抵押情况。

对于需要更名到广药集团名下的房屋建筑物，广药集团承诺在相应的时间前办理完毕房地产权证过户，更名到广药集团名下的手续，或取得有权的房屋主管部门出具的确认函，以确认这些房屋建筑物在重组的实施阶段可直接过户到上市平台名下，无任何法律障碍。

那些须办理土地出让手续的房屋建筑物，广药集团承诺在相应时间段前办理完土地由划拨用地转为出让用地的手续，取得相似的确认函。

当然，为了对承诺承担责任，广药集团还专门写明如果在约定的时间内，准备注入的房屋建筑物法律瑕疵仍未解决，或因这个原因受到政府部门处罚，从而导致遭受相应经济损失的，广药集团同意以现金方式足额补偿损失。

此外，拟注入房屋建筑物，如因法律瑕疵导致其不能注入上市公司的，在重组实施之日，广药集团将采用与瑕疵房屋建筑物的评估值等额的现金，补足用于上市平台发行股份购买资产对价的相应股份数。

广药集团遇到的新问题还有，两家上市公司的下属公司中，一家如果是创新科技企业，享受政策范围内的税收减免，那么它们吸收合并后是否仍然属于税收减免企业。

带着这个问题，重组工作小组的人挨个去问各个区域的税务部门，得到的答案虽然不同，但大意是——不知道该怎么处理。

如果他们不知道，那重组工作小组的人应该去问谁呢？重组工作小组恐怕也回答不了。

广州药业股份的下属公司中，白云山中一药业、白云山敬修堂、广州奇星药业、白云山星群（药业）、白云山陈李济药厂、白云山潘高寿药业和广州汉方现代中药研究开发7家控股子公司，分别获得了由省科学技术厅、省财政厅、省国家税务局、省地方税务局联合颁发的高新技术企业证书。

另外，它的下属公司中还有一家名为广西盈康药业的公司，获得了广西壮族自治区科学技术厅、财政厅、国家税务局、地方税务局联合颁发的高新技术企业证书。

包括白云山中一药业在内的6家公司，它们获得高新技术企业证书的时间为2008年，有效期3年，也就是说，从2008年12月到2010年12月。

接着，这6家公司在2011年继续通过了高新技术企业认定的复审，在当年的8月23日取得新的证书。

广州汉方现代中药研究开发有限公司获得高新技术企业证书的时间为2010年9月26日，有效期3年。而广西盈康药业相应认定的发证时间为2009年11月，有效期3 年。

这一连串证书的有效期是为了说明一个问题：根据国家对高新技术企业的相关税收优惠政策，认定合格的高新技术企业，可享受企业所得税优惠政策。

而下属子公司白云山天心制药、白云山明兴制药在2008年也获得高新技术企业认定，有效期3年。白云山天心制药和白云山明兴制药在2011年也通过了高新技术企业认定的复审，有效期延长3年，即2011—2013年。

陈李济首创的蜡丸封装工艺——剪蒂

此外，下属子公司白云山制药和白云山光华制药在2009年获得高新技术企业认定，有效期也是3年。

这些公司吸收合并后是否仍然享受上述优惠，以及诸如保联拓展这样的子公司，香港税法的企业所得税率和内地不同，注入上市公司后，税率是否有变化，这些都需要再确认，亦是重组工作小组需要释惑的。

不过，在税收环节，最考验的还是关于约1亿元的延迟缴纳所得税事项。

在达成既定目标的前提下，能不能尽可能降低税务成本，是衡量重组方案是不是一个好方案的标准之一。

设计方案时，广药集团和中介机构对重组可能涉及的企业所得税、土地增值税、契税、印花税、营业税及增值税进行了详细分析。此外，他们还就是否可以将拟购买资产分立，以适用于《关于企业重组业务企业所得税处理若干问题的通知》（财税〔2009〕59号）（以下简称“59号文”）中的特殊税务重组，实现延迟缴纳企业所得税的目的展开了重点论证。

为了说明这个问题，需要看看在分立方式下广药集团整体上市的流程。

首先，广药集团须将拟注入资产以存续（继续存在）分立的方式，设立新的公司，由广州市国资委持有新公司100%股权。接着，在重组方案获得证监会核准，以及新分立公司合法存续12个月后，广药集团再实施资产重组方案，广州药业换股吸收合并白云山，并同时向广州市国资委非公开发行股份，购买其持有的新公司100%股权。

以分立的公司资产评估值测算，重组方案实施后，广州市国资委直接持有广州药业部分股权，并通过广药集团间接持有广州药业最主要股权。

这么做有几个问题。首先，须获得省税务部门的认可存在时间的不确定性。其次，须经广州市国资委核准，以及得到广州市政府的批准。

这还没完。分立方式下，须履行完善的分割程序以及债权人公告程序。还要在两个月内完成分立，以避免影响重组方案的实施。

这几个问题，个个看起来都不太容易，但总是可以去试，去推进的。

但回到根本的一点是，延迟缴纳企业所得税，只是递延，不是不交。分立方式下，广药集团在重组阶段可递延缴纳拟注入资产增值部分的企业所得税数量有限。

它却极大地增加了风险。这些风险体现在极大地增加重组方案的不确定性。此外，因拟注入资产主要为支持性产业，关联度不高，分立事实上只是为了延迟交，与税务部门沟通的成本想来不会太小。

更不用说，分立的方式须履行政府审批、资产分割，以及债权人公告等程序，听起来就觉得很复杂。可以想象的是，将极大增加方案的复杂程度和实施难度。

重组工作小组最后得出的结论是，分立方式的成本与效益看起来并不匹配，广药集团的重组不以分立方式延迟缴纳企业所得税。

重组工作小组能想到这些，已体现出了专业性，虽然没有采用分立的方式递延缴税，但至少给看到他们这么想过的人或者公司提供了参考思路。万一他们遇到了，基于现实情况，会做出怎样的选择？

有选择，总是好的。

广州药业股份有限公司重大资
广药白云山 爱心满人间
广州药业股份有限公司重大资产重组说明会
2013年5月22日 中国·上海

限公司重大资产重组说明
广药白云山 爱心满人间
A股代码：600332
H股代码：00874
药业股份有限公司重大资产重组说明会
2013年5月22日 中国·上海

第八章
再见，白云山股份！

在人的一生中，总有那么些让人铭记的特殊日子。

2013年3月14日这天，对于白云山股份来说是特别的一天。从这一天起，白云山股份停牌，直到终止上市，直到注销。从这一天起，它和深交所挥手作别，作别20年来的陪伴，作别那曾经风云变幻的资本市场。

同一时期，广州药业股份A股和H股分别实施了异议股东收购请求权。大约20天后，白云山股份实施了现金选择权。

2013年4月26日，是白云山股份的换股股权登记日。外界可能很难获知，从2012年底开始，广药集团的重组方案陆续获得中国证监会、国务院国资委、深交所、联交所，以及白云山股份股东大会、广州药业股份股东大会与类别股大会通过后，直到2013年4月底，换股吸收进程才进展到白云山股份换股股权登记，这一期间重组工作小组做了多少准备工作。直至白云山股份换成广州药业股份，再从深交所账户的股份一跃成为上交所账户的股份，步步都是无先例，步步都是广药集团的一小步、资本市场的一大步。

第一节 跨市场转登记

“我的股份”从深交所来到了上交所

白云山股份停止交易后，将转成广州药业A股股份。完成转换后，原来持有在深交所上市的白云山股份的股东，将变为持有在上交所上市的广州药业股份的股东，这个转换的过程需要在深交所和上交所之间做转登记。

将深交所的股份转换成上交所股份，对上交所来说是首例。为此，程宁和重组工作小组相关人员分别前往上交所和深交所，沟通操作方法。

“两家交易所系统应如何对接？当时觉得这个太刺激了，看着程序一步一步地处理匹配，再做股份转换，再把异动的挑出来，把它们装入一个数据库中，按照市场化的方式留存，直到股东信息完整后，再把它们给到权属者。”回忆起当初处理转登记时惊心动魄的经历，重组工作小组券商项目负责人陈静记忆犹新，“当时担心的是匹配会不会出错。后来相信了技术的魅力。”

转登记的过程，简单来说，就是将深交所白云山股份的股东名册，转到上交所广州药业A股股东名册上。具体的操作手法大致可以这么理解，就是从中国证券登记结算公司深圳分公司（下文简称“中登深圳分公司”），把白云山股份股东的名册拷贝到中国证券登记结算公司上海分公司（下文简称“中登上海分公司”），同时把登记在中登深圳分公司的白云山股份股东注销。

需要说明的是，深交所和上交所的技术系统是不一样的。理论上讲，第一步是要进入深交所的系统拿到原来白云山股份股东名册。

作为重组工作小组的成员，时任白云山股份证券事务代表高燕珠和一起前往深交所去做股东名册转登记的时任广州药业股份秘书室负责人黄雪贞有点不知所措，原因在于在深交所登录中登深圳分公司的系统后，软件激活不了，登录一次，退出一次。连续来这么几次后，高燕珠和黄雪贞紧张得出了一身汗。

她们不得不向深交所技术支持部门求助。

技术支持部门第一次做跨市场转登记的事情，一时之间，也没有找到哪里出现了故障。这让高燕珠和黄雪贞更加感到担忧和不安。来深交所办事情是提前沟通好的，如果当天没有办完，可能还需要重新预约时间。

可是转登记的事情比较急切。上午没有解决问题，两人便下午再过来，深交所技术支持部门同时安排相应同事跟进。

高燕珠记得，登录深交所相应的系统后，界面会显示账户类别。算上她和黄雪贞，以及深交所技术支持人员共三个人，一上午紧急排查，寻找问题在哪里，但还是未果。“相当于需要把相应数据转换成为1G的资料。”高燕珠说。

由于空间密闭，加上心态紧张，高燕珠感到一阵一阵的头疼。

需要说明的是，白云山股份股东名册并不是所有账户都正常，原因在于白云山股份1993年就已上市，有的股东甚至可能都忘了曾经买过白云山股份的股票。不过，对于白云山上市公司来说，只要权属属于股东，他们都需要对股份做相应响应，确保之后的有效转换。

也就是说，那么多的账户需要对照检查它们的状态、信息是否相符、股东联系方式。如果存在异动账户，需要查找异动的原因、异动能否化解等等。

这大大超出了高燕珠的预期——她原以为就是进入深交所的系统，把数据拷贝出来。下午继续坐在深交所外面等待时，她和同事就像霜打的茄子，有点沮丧。过不了多久，她们就会去问一下进展如何，这样心里至少可以宽慰一些。下午四五点钟时，高燕珠和同事预感可能当天解决不了，已经准备当晚在深圳住下来。

幸运的是，下班前，她们终于拿到了在截至有效期前持有白云山股份的股东名册。虽然过程有些波折，但总算解决了问题。

如前所说，理论上，跨市场转登记的第一步是把那些不行使现金选择权的股东持有的白云山股份数据进行调取，以备之后转到上交所上市的广州药业A股股东账户中。

至此，可以解释一下什么是跨市场转登记。简单来说，是指白云山股份终止上市后，广州药业股份根据退市持有人名册和投资者沪深A股账户，通过对应两者关系，制作沪市初始登记数据，再向中登上海分公司申请投资者持有广州药业A股股份的初始登记。

问题在于，上交所和深交所的系统不是一一对应的。如果两个系统可以直接对接，那么从深交所把持有白云山股份转成广州药业A股股东的相应数据导出，再导入到上交所系统里，就可以相应完成。

也就是说，导入上交所的原白云山股份持有者的信息，要与从白云山股份导出来，尚未导入上交所的信息进行核对，以确保两地交易所不同系统对接时，从深交所导出和导入上交所的白云山股份持有者的信息准确无误。

这个核对工作存在难度。上交所和深交所之间因系统格式等的差异，导出和导入的股东账户共有的相同信息不多。重组工作小组需要根据这些仅有的共有的相同信息，对两个交易所导出和导入的股东账户进行匹配。

比如，从深交所导出的股东账户某一项信息，上交所的股东账户中也有这一选项，那么重组工作小组根据这一共有的相同信息，把上交所与深交所的白云山股份的股东信息匹配，确认他们为同一个股东，再把他们相应的股份通过约定的换股比例和方式完成换股。

确认这一步后，重组工作小组再把准确无误的股东账户和持股数等关键核心信息给到上交所。这一步完成后，上交所再做相应的处理。次日，股东登录账户后，就可以看到自己原来持有的白云山股份，已经显示为换股后的相应的广州药业A股股份。重组工作小组通过一系列程序和软件的操作，实现了股东账户的匹配与转登记。

当然，由于异动和年代久远，有些数据是无法通过程序和技术手段匹配的。重组工作小组也研究出了指引，请股东按照指引做进一步处理。

“当时的想法就是遇到问题就解决问题。为了使每个股东的情况都得到关注，重组工作小组依据出现的不同情况，开发了几个系统来应对。”陈静说。

过程中比较典型的是，换股流程终结后仍然没有完成换股的股东，如果继续选择换股，且是在券商开的户，那么可以把账户资料提交给券商，券商核实后，再通过中登公司系统提交申请，后者审核通过后，股东次日便可以从账户中看到更新后的情况。机构客户，也有相应的通道和应急预案。

不久后，异动的机构客户和个人股东的问题都得到了很好的解决，给跨市场转登记营造了一个全新的良好的开端。

需要说明的是，深交所和上交所导出和导入信息，及至之后做匹配，没有先例。即使从深交所调取数据的第一步，须经包括法务合规性在内等的多方综合考虑与认定，这本身是个难题。

接着，把这些数据装入系统不同的上交所，还要解决技术匹配的难题，并确保不能出错——这个程序是陈静安排根据上交所给的逻辑通过编程来实现的，是接下来的难题。

白云山股份从深交所退市，直到转换为广州药业A股，再转登记到上交所，整个流程是全新的，重组工作小组和上交所、深交所多次讨论、研究，才找到把流程做通、实践执行下去的方法，一步一步完成这始无前例的开创性工作。

在这个流程中，多方进行了分工。

如果账户出现异动，比如，持有白云山股份被限制交易的投资者，或者持有无限售流通股的特殊机构投资者，他们的跨市场转登记的沪深A股账户信息须由白云山股份上市公司收集。

股票托管在各证券公司的，除了特殊账户以外的白云山股份无限售流通股股东，也称为一般投资者，他们的沪深A股账户对应信息、白云山股份融资融券信用账户沪深证券账户对应信息，广州药业股份委托中登上海分公司通过证券公司进行收集。

事实上，跨市场转登记，即白云山股东账户，从中登深圳分公司转登记到中登上海分公司，是广药集团重组方案实施过程中的最大难题之一。

取得重组批文后，2013年1月，重组工作小组便多次去上海，和中登上海分公司沟通跨市场转登记方案。因没有市场先例，讨论跨市场转登记方案时，中登上海分公司之前提出，按照初始登记的做法，由广州药业股份收集匹配原白云山股份投资者沪深证券账户信息后，向他们申报。

问题在于，白云山股份退市时有以万为单位的证券账户，如果上市公司采用手工方式收集、核对、确认信息，可以预期的是耗时很多，进展会很慢，它可能使得重组批文时间有效期失效。更重要的是，可能影响到投资者的交易权，与监管部门保护中小投资者利益的宗旨不符。

为尽快实施重组方案，保护投资者利益，重组工作小组和中登上海分公司商量，是否可以借鉴其他案例，比如，深交所上市公司吸收合并上交所上市公司中中登深圳分公司采用的跨市场转登记方案。尽管听起来路数是差不多的，但因两个交易所系统的差别，在实施时如何去克服技术和监管方面的障碍需要反复论证。

重组工作小组终于找到了解决办法：一般账户和融资融券信用账户相对应的信息，由广州药业股份委托中登上海分公司收集确认，即通过2006年跨市场市值配售股份时开发的系统在券商方有数据，并可以得到确认。其他特殊投资者账户对应的信息，由白云山股份向投资者收集匹配。

2013年5月23日，广州药业股份换股吸收合并白云山新增A股股份上市时，原来白云山数万个股东账户所持有的超过4.45亿股股份，仅有几千个股东账户持有的少量股未完成初始登记。完成初始登记的股份比例，远高于中登上海分公司之前预期的目标。之后，随着工作的进一步推进，初始登记工作得到了进一步完善。

事后，重组工作小组总结时提到，与中登上海分公司、深圳分公司，以及两地交易所的密切沟通，制定详细的跨市场转登记方案，是重组工作小组能顺利有效、无先例且创新地完成跨市场转登记的根本保障。

融资融券股份转登时，权责在哪？

2011年底，广药集团重组前后，上交所和深交所发布了关于融资融券交易实施细则的通知，这也就意味着，在重组过程中，作为广药集团重组主角的两家上市公司广州药业股份和白云山股份可能有融资融券账户参与它们的股票交易。

为了解释这个问题，在此先简要说明一下什么是融资融券。你可以简单地把它理解为借钱借证券。融资为借钱，融券为借证券。上交所给出的关于融资融券交易的确切解释，是指投资者向具有交易所会员资格的证券公司提供担保物，借入资金买入交易所上市证券，或借入交易所上市证券并卖出的行为。

要完成融资融券交易，须先开立信用账户。如果把这个举措对应到广药集团的重组，那么就可能涉及白云山股份的融资融券账户的转登记。

这对于重组工作小组来说，是个全新的命题。

当时生效的上交所的融资融券交易实施细则第三十九条规定："会员向客户收取的保证金以及客户融资买入的全部证券和融券卖出所得全部资金，整体作为客户对会员融资融券所生债务的担保物。"以及第五十七条规定："即客户信用交易担保证券账户记录的证券，由会员以自己的名义，为客户的利益，行使对发行人的权利。会员行使对发行人的权利，应当事先征求客户的意见，并按照其意见办理。客户未表示意见的，会员不得主动行使对发行人的权利。前款所称对发行人的权利，是指请求召开证券持有人会议、参加证券持有人会议、提案、表决、配售股份的认购、请求分配投资收益等因持有证券而产生的权利。"

也就是说，按照规则，那些融资融券账户中持有的白云山股份，对于开展融资融券业务的机构是担保物；此外，如果白云山股份转登记涉及机构与投资者两方，最简单的解决方式就是把股份卖出换成现金，可是投资者并不一定愿意卖，但转登记又势在必行。

之后，经与券商，以及上交所、中登上海分公司沟通，重组工作小组找出了解决办法，就是以中登上海分公司单独账户的名义，把它们登记到中登上海分公司名下，权属不变，待转登记完成后，权属再按之前的方式恢复。值得注意的是，如果缺少这个环节，那么此事就是一个无解的结。

把融资融券账户的转登记做一个梳理，即广药集团的重组属于资本市场上涉及融资融券信用账户跨市场转登记的先例。

和普通账户证券权属确定不同，融资融券信用账户的复杂性在于证券涉及投资者与券商之间的债权债务关系。白云山股份为融资融券标的，在跨市场转登记过程中，融券卖出白云山股票较好处理，可通过买入相应比例的广州药业股票还券，但融资买入白云山股票却因债权债务关系尚未了结，还存在问题。

第一个问题就是，无法直接匹配到投资者或证券公司对应的沪市证券账户中。接下来，融资买入的白云山股票作为抵押担保物，如果投资者提出白云山股票转入到普通证券账户，须满足《深圳证券交易所融资融券交易实施细则》中关于“提取后维持担保比例不得低于300%”的规定。

这条规定意味着，投资者须追加更多的担保物，或降低融资融券业务规模。这两者对于投资者来说，都是不乐意为之之事。原因在于为提高资金利用效率，融资融券使用者一般都把杠杆放得比较大，不愿意提高担保比例，他们更愿意维持当前比例。

这就需要做出更多的投资者告知，请他们做出考虑和选择。

在停牌和实施换股方案前5个交易日，白云山股份公告了换股方案，并连续刊登提示性公告，以提醒投资者充分考虑风险，合理做出投资决策。

2013年3月7日，白云山股份在刊登的换股公告中，根据和各方沟通，听取各方意见后，关于融资融券信用账户的跨市场转登记方案表述为：“请投资者及时了结相关的融资融券交易后，在白云山股份退市前，申请将白云山股份从证券公司客户信用担保证券账户划转到其普通证券账户中。投资者未提出申请，将导致退市后证券公司客户信用担保证券账户中仍有白云山股份，影响该投资者跨市场转登记进程。投资者日后须凭信用证券账户的明细数据，自行通过证券公司主张权利。”

公告后，受广州药业股份和白云山股份未对称停牌影响，白云山股东前期获利盘回吐、融资账户交割的影响，白云山股份交易量快速放大，股价一度跌停。与此同时，投资者、交易所、登记公司、证券公司等各个渠道开始反馈市场信息，这些信息集中在融资融券信用账户的跨市场转登记，特别是拟长期持有白云山股票的个人大户反馈的诉求比较明确。

他们更关心的问题是，在转登记流程结束后，没有卖出白云山股份转为一般证券的账户，那么融资融券信用账户最后该如何处理。另一个需要关注的现实是，部分券商和投资者担心未来无法转登记，直接采用卖券还钱的方式交割会造成市场波动。

投资者们希望上市公司能够考虑到实际情况，以补充公告说明未来是否有方案可以操作，以稳定市场信心。

重组工作小组第一时间将各方面信息向中登上海分公司进行了汇报，同时也征求券商融资融券业务部门以及营业部同事意见，沟通讨论可行的转登记方案。

重组工作小组综合各方意见，最后确定的方案是公告中提到的意见——《中国证券登记结算有限责任公司融资融券登记结算业务实施细则》规定不做修改。接着，融资融券账户跨市场转登记方案增补为由广州药业股份委托中登上海分公司，通过券商匹配深市融资融券账户对应的沪市账户，即可选择匹配沪市融资融券信用账户或普通账户。完成匹配后，中登上海分公司将融资融券账户信息跨市场转登记方案通过非正式渠道知会券商。白云山股份在正式实施换股方案前公告相关信息。

这也是此次重组带给市场可供参考的经验——中登上海分公司创新性的融资融券信用账户跨市场转登记方案，细化了融资融券业务规则的具体内容，为之后相关业务提供了可借鉴的操作指引。

在无先例的跨市场登记完成后，重组工作小组的成员们因紧张投入战斗所产生的腹背受敌的压力，稍稍得到了缓解。

第二节 白云山融入广州药业

完成换股后，白云山股份的过去，融入到了广州药业股份。

在总结重组方案的实施经验时，重组工作小组提到，广州药业股份换股吸收合并白云山股份以及广州药业股份向广药集团发行股份购买资产的两个过程中，作为国内首例上交所上市公司跨市场吸收合并深交所上市公司案例，得以顺利实施的很重要的一点原因在于与港、深、沪三地交易所，以及深圳和上海两地的登记公司的充分沟通。

比如，确定方案、实施时间安排是重中之重。与之相匹配的是，信息披露节点、主要内容准备要充分。

在方案实施过程中，上市公司持续刊登提示性公告，展开投资者问答，回复投资者关切的问题，提醒他们了解相关进展，提示重组风险。这种保护投资者利益的举措，是广药集团重组实施获得市场认同非常重要的一环。

2013年3月7日，广州药业股份刊登了两份公告，一份是《广州药业股份有限公司关于换股吸收合并广州白云山制药股份有限公司A股异议股东收购请求权实施公告》，另一份是《广州药业股份有限公司公告登记及行使H股之收购请求权》。

半月内，每隔一周，它又分别继续刊登了两份公告的提示性公告。在第二次刊登两份公告的提示性公告时，专门提到这是“最后一次”提示性公告，强调事件的重要性和进展，提醒投资者引起关注。

正是之前和市场的充分沟通，广州药业A股和H股启动了异议股东收购请求权的行权申报后，一个令人意外、又在人意料之中的情况是，在申报期间，广州药业A股和H股均无异议股东申报行权。

这也就意味着，异议股东收购请求权提供方的实际收益远大于承担的风险——向市场展示了它们的资金实力和承担能力。

另外一家重组的主角上市公司白云山股份，几乎同时也在深交所刊登了换股吸收合并现金选择权的提示性公告。2013年3月20日，白云山股份向截至2013年3月13日收市时登记在册的白云山股份股东派发现金选择权，当然，是向除广药集团和其关联方，以及持有限售股份的董事、监事及高级管理人员之外的股东派发现金选择权。

白云山股东现金选择权的申报时间大约一周，在那一周内的申报开始日和截止日，白云山股份分别刊登了现金选择权实施的提示性公告。

上海证券交易所

结果显示，在白云山股东现金选择权申报期间内，共有超过8.4万份现金选择权进行了有效申报。2013年4月10日，白云山股东现金选择权有效申报股份完成了相关股份过户和资金交收事宜。到此，白云山股份现金选择权提供方立白集团按承诺履行了承诺义务。

最让人感慨的，莫过于白云山股份的终止上市。履行完相关权责后，重组工作小组提出了白云山股份终止上市的申请，之后，深交所批准它从2013年4月26日（周五）起终止上市。

接下来，作为吸收合并方中的吸并方和换股实施方，广州药业股份对持有白云山股份的投资者启动换股工作。换股时，需要展开证券转换，亦即将白云山股份持有者持有的股份，按照换股吸收合并方确定的换股比例，转换成相应数量的广州药业A股股份。

白云山股份终止上市后，按照换股股权登记日，也就是白云山股份终止上市的那一天，深交所收市后，中登深圳分公司登记在册的白云山全体股东名册，以白云山股份持有者的每1股股份转换为0.95股广州药业A股股份。

接着进入实施的便是发行股份，购买广药集团的资产。

2013年6月30日，广药集团与广州药业股份签署了资产交割确认书，确认拟购买资产相关的权利和义务转移至后者。同日，会计师事务所出具了验资报告，对广药集团以拟购买资产认购广州药业股份非公开发行A股股份的情况进行了验证。之后，广州药业股份完成了非公开发行A股股份在中登上海分公司的登记手续。

在这次重大重组事项上，白云山股份的终止上市是一项无先例的做法。之所以说它是一项无先例的做法，是因为在重组前，市场上涉及跨市场转登记的案例仅一例。这一例还是深交所上市公司换股吸收合并上交所上市公司，与广药集团重组的情况不同。

深交所上市公司吸收合并上交所上市公司的做法，推动了上交所上市规则的变化——2012年，上交所修订上市规则时，在终止上市情形时增加了“上市公司被吸收合并”这一条。这条可参见《上海证券交易所股票上市规则（2012年修订）》14.3.1条第（十一）款。

与此相对的，深交所上市规则中没有相关规定。

之前的重组案例中，深交所上市公司如果成为被吸并方，吸并方也同是深交所上市公司，不涉及跨市场转登记的问题。也就是说，换股完成后，被吸并方可以上市规则中股权分布变化不符合上市条件为由，向深交所申请终止上市。

广药集团的重组则不同。因涉及跨市场转登记，从操作流程上，白云山股份必须先退市，才能进行到换股环节。如果不按这个流程来，就会出现白云山股份投资者在他们的深圳证券账户和上海证券账户中，分别查询到相应转换的广州药业A股股份的尴尬情形。

重组工作小组把这个情况向深交所的法律部做了汇报沟通和解释，经后者论证后，同意白云山股份以深交所上市规则规定的终止上市情形中“本所规定的其他情形”为由，申请股票终止上市。

这也意味着，这则无先例的突破可能成为深交所修订上市规则的推动力量之一，即新增“上市公司被吸收合并”作为终止上市的情形之一。

高举习近平新时代中国特色社会主义思想伟大旗帜
全面贯彻落实党的十九大精神

高举习近平新时代中国特色社会主义思想伟大旗帜
全面贯彻落实党的十九大精神

第九章
你好，新白云山！

2013年8月29日，融合了白云山股份和广州药业股份，以及广药集团注入资产的上市平台，它的证券简称更名为“白云山”。

至此，白云山股份完成了一个循环和再生。大约一个月前，上市平台新增了注册资本，变更了营业范围，并完成了工商变更。“广州白云山医药集团股份有限公司”成了它新的全称，又被简称为“广药白云山”。

这个被给予了更多寄望的广药白云山，进入了一个继往开来的新的发展阶段。那些对于市场的承诺，那些对于未来发展的宏图伟略，那些对于历史和文化的传承，那些对于医药产业的推动和革新，正汇聚成一种力量，蓄势待发。

不过，第一步，白云山还需要“强身健体”，让自己强大。完成两家上市公司的合并和集团的资产注入后，它需要进行从下至上的整合，理清脉络，为下一步的跨越式发展做好准备。

广药集团集体班子活动

第一节 股价风起云涌

投资者用市场化的方式表达了他们对广药集团重组的态度。

2013年3月14日停牌那天，白云山股份的股价从启动重组停牌后复牌，已陆续上涨至23.27元，涨幅超过90%。

2013年5月23日，广州药业股份完成换股新增上市那天，广州药业A股股价由重组启动时的13.14元，上涨至36.21元，涨幅超过170%。

白云山股份和广州药业股份两只股票的股价，在整个A股市场中表现抢眼。同一期间，广州药业H股的涨幅超过380%，在港股市场排在前面。

把时间拉回到2011年11月4日，重组启动前的最后一个交易日，广州药业A股和H股，以及白云山股份的总市值大约为145亿元。截至广州药业完成换股新增股份上市的2013年5月23日，总市值已增长两三倍，最高时曾达到过472亿元，领跑医药板块。

此外，重组的不同阶段都有令人印象深刻的事件出现。

换股吸收合并阶段，广州药业新增4.45亿A股和白云山换股后，股价形成的超40%的账面浮盈，给新广州药业股价带来了巨大压力。同样是2013年5月23日当日，亦即换股吸收合并股份上市首日，新上市平台早盘以36元下跌3.77%低开，算上当日外围因素影响大盘下跌超1%的现实，广州药业（更名为广药白云山前）在当天最终以36.21元收盘，下跌超过3%。当时，市场分析认为，“汹涌”的获利盘至少没有对广州药业股价形成重大“冲击”，平稳地通过了重组上市的考验。

这也说明了市场对于新广州药业未来的预期比较好。

截至当月底，即5月31日，广州药业A股收盘为37.97元，超过换股吸收合并前一日即5月22日的收盘价37.41元，H股股价为30.95港元，总市值约合448亿元。

也就是说，广药集团的重组得到了市场的肯定和认同。

也正因此，2013年度中国上市公司市值管理百佳榜揭榜仪式上，广州药业凭借其在价值创造和价值实现方面的杰出表现，以及颇具市场影响力的重大无先例重组，获评为市值管理“百佳”和资本品牌价值“百强”。

不过，发展总是一步一步的，特别是需要进行伤筋动骨的变革。更何况，亦会经历不确定性和风险，正如广药集团在重组过程中提到的在重组后还存在整合的风险。

重组完成后，新广药白云山将拥有较为完整的研发、生产体系和营销体系，并因内部整合产生的协同效应，公司盈利能力及核心竞争力得以增强。但问题在于，新上市平台范围和产业种类虽大幅增加，但业务板块分布于不同的地理区域，内部组织架构的复杂性随之大大提高，这也意味着后续整合的难度比较大，诸如采购、生产、销售、研发、管理等方面的整合到位不可能一蹴而就，需要时间。这句话的潜台词是，短期内盈利水平可能难以达到考虑协同效应后的预期。

何况重组完成后的新广药白云山成为中国覆盖医药行业全产业链的综合性医药公司，较长期看来，在医药工业和医药商业的竞争优势明显。但相伴的不利因素是，它所处的医药行业属于完全市场竞争行业，药品种类和药品品种繁多，科研开发费用高、周期长，市场竞争充分。更进一步的是，医药行业市场存在药品生产低水平重复建设、产品技术含量不高、经营者素质参差不齐，以及药品流通渠道复杂等情况。如果一些公司通过大幅度让利、降价等措施求生存，势必会对新广药白云山的经营业绩产生不良影响。这是这家公司在当时所面对的市场现状。

接下来，广药白云山将通过在产品结构上的持续优化、分销网络的进一步扩大，以及技术水平的提升和综合竞争能力增强方面不断提升，如果没有跟进好，则可能在激烈的市场竞争中处于不利地位。

新广药白云山亦不得不面临产品价格受限制的风险。

药品价格受国家监管，比如，药品价格政策和药品价格管理规定不断更新并不罕见。换句话说，药品的定价有相应的约束。广药白云山生产和经销的药品大部分属于国家价格管理范围内的药品，价格政策的相应调整将对它的经营和盈利产生影响。1998年以来，国家发改委对药品价格进行了多次调整，涉及以中、西药为主的多种常用药。在相当长一段时间内，中国药品降价的趋势处于一种持续的状态中，这也说明行业的整体利润率可能呈下降态势，广药白云山的医药工业业务板块的盈利能力将可能发生变化。

问题在于，这枚“硬币”的另一面是原材料价格在当时处于波动中，而广药白云山主要产品的原材料涵盖化学原料药和中药药材，采购品种达千余种。其中，化学原料药采购单价受国内出厂价影响，中药药材采购单价则受国内农产品价格影响。原材料价格的波动增加了生产成本控制和管理的难度，加大了经营风险。

药品还有相应的生命周期。药品的研制开发周期长，而生命周期却呈缩短趋势。也就是说，药品生命周期受药理价值、副作用、人体产生抗药性的时间以及同类新药品开发上市周期等多方面因素影响，而新药上市后一旦超过保护期限，将面临大量仿制药的冲击。这样的状况，广药白云山同样面临。

与此相对的问题是，新药研发非常严格。新药开发一般分为四个阶段，即临床前研究、临床批文申报、临床研究和新药证书及生产批文的申报。每个阶段都必须执行严格的法律法规规定。比如，新药的临床前研究，就涉及了制备工艺、理化性质、纯度、检验方法、处方筛选、剂型、稳定性、质量标准、药理、毒理、药代动力学等研究。一般新药在完成Ⅲ期临床试验后，经国家药品监督管理局批准，才准许发给新药证书。只有持有药品生产企业许可证并符合GMP（“生产质量管理规范”）相关要求的公司，才可同时发给批准文号，而取得批准文号的公司方可生产新药。

也就是说，新药开发具有周期长、难度大、风险高的特点。如新药开发不成功，将对存续公司后续新产品的生产带来影响。

这些风险如果加诸一家涉及重大无先例的重组公司身上，可能会影响更大。把它放到广药白云山身上，压力变成了重组基本完成后的当年，业绩也低于了重组时给出的盈利预测。

2012年8月27日，广药集团在重组中对重组后新上市平台的盈利做出预测，并刊登在上交所和港交所官方网站。在盈利预测中，2013年净利润约为8.35亿元。编制盈利预测时，属重组后新上市平台大健康板块的“王老吉”因存在重大不确定性，没有考虑它未来的业绩情况。

当时间来到2014年初，广药白云山发布2013年全年业绩时，它的净利润约为9.8亿元，不过剔除“王老吉”大健康经营业绩等相关情况后，经调整后净利润约为7.7亿元，实际是低于重组时做出的盈利预测。

管理层对此给出的解释是，医改政策和行业竞争加剧使公司销售增长有所减缓，加上原材料和人工成本持续上涨，压缩了利润空间。此外，凉茶市场竞争激烈，使得合营公司王老吉药业的实际盈利水平没有达到预期。与此同时，市场竞争格局发生变化，使合营公司诺诚的经营业绩受到较大影响，实际盈利情况亦未达到预期。

第二节　李楚源的新挑战

如果用一句很朴实的话来说，那就是，重组完成当年的业绩，算是“非常一般”。

不过，市场有理由相信这家公司时任董事长李楚源力挽狂澜的能力。原因除了在整个重组的过程中，这个由时任总经理、副董事长一路到董事长的广药资深

广药集团董事长李楚源

员工对时势和市场的判断与抉择外，更重要的是，他在广药各个阶段的工作履历都可以用“闪闪发光”来描述。

1988年，李楚源从中山大学毕业。不久后，他加入了白云山，从技术员一步一步做到科长、部长、总经理助理、副总经理，10年后，他成了原广州白云山中药厂的总经理。

这个10年的“一小步”，对比大多数人的工作履历来说，可能是跨越式的“一大步”。

不过，李楚源接手的这个药厂，在当时却有点像个“食不果腹”的虚弱病人，正处于亏损并濒临破产状态，他不得不签下了军令状——扭亏为盈。

一个需要说明的背景是，李楚源任职广州白云山中药厂后的一年多，上市公司白云山股份的原控股股东白云山集团由广药集团先托管后重组，由此可以侧面看出白云山集团在此前后的经营状况。

李楚源当了厂长，大胆地推动改革，以车间计件工资制的方式彻底推翻了之前一直采用的“大锅饭”模式。

兴许是因为年轻，兴许是因为一直充满干劲和活力，兴许是对军令状的敬畏，兴许是沉甸甸的压力和油然而生的担当，在那个年代，李楚源展现了年轻人探索世界的好奇心。他带着业务员跑遍药店、医院、商业机构、药监部门，还和他们一起打地铺——听起来实在觉得像是电视剧中的老桥段，活生生地在李楚源的生活中演绎。

摸清楚销售和渠道后，倒推药品。回到药厂后，做技术攻关时，这个个头并不显眼的年轻人还当起了项目组长。

结果是药厂当年扭亏为盈，加上激励机制的兑现，药厂“起死回生”，活了。当这个年轻人拿到奖金时，在报纸上露出了灿烂的笑容。

之后，这个年轻人在白云山中药厂又干了许多在市场管理和销售策略中“非传统”的事，也因此，他的履历上被标注上了擅长“市场管理和销售”。

李楚源曾担任厂长的那家白云山中药厂在中国创了许多个业界第一，比较有名的是：第一个在全国自建销售网络；第一个在国内首创产品五包，即包产品运输中的损耗、包产品降价损失、包产品超过有效期的库存损失、包淘汰药品损失、包质量问题造成的退货损失。

即便把它们放在当下，这两个“第一”亦具有现实意义。前者可谓市场化渠道的开拓者，而后者可谓产品服务意识的启蒙者。

之后，白云山中药厂成为中国首批将指纹图谱技术应用到中药质检的公司之一，并建成了全国最大的板蓝根GAP基地。这个“首批”和“全国最大”，更是把技术应用与规模化生产的概念置入到了改革开放带来变革的先进管理理念中。

过去这些点点滴滴的累积，让“白云山”三个字成了医药行业中响当当的品牌。不过，李楚源似乎一发不可收，脑洞大开地想起了要自建中医药博物馆。

在全球具有悠久历史与文化的欧美城市与村镇中，把当地人们觉得对这些城市与村镇有着重要价值或历史意义的文化梳理并建成纪念馆、博物馆之举措，早已有之。不过，在中国，这个意识并没有被唤醒。

李楚源的商业嗅觉，让中医药博物馆这个形态变成了文化，变成了品牌中的故事沉淀，变成了传统中医药的文明。不知不觉中，他从营销、技术、人才和文化的商业价值递进关系里，把一家传统中医药集团的格局和视野推到了更高的山顶。

在广药集团重组整体上市首张年报盈利低于之前预测的虚弱开局里，过去的履历让李楚源似乎值得被期待。

在2014年初，管理层给出了他们解局之答案和想法。

2014年的中国医药市场，医改投入持续增加，人口老龄化趋势凸显，慢性病发病率持续增长，人们对健康的关注与需求不断增加，国家大力扶持健康服务业等。尽管人们并不希望生病，但从健康管理产业的发展来说，它的确是机会，对于医药集团来说亦如此。

与此同时，一些政策和环境也表现出了鼓励和支持药品生产、流通公司，通过收购、合并、托管、参股和控股等多种方式做强做大，实现规模化、集约化和国际化经营的趋势。医药行业集中度不断提高，为大型的集团壮大发展医药商业规模增添新机遇。

之后的一年，即2015年，新版 GMP 大限将至，医药行业面临重新洗牌的格局。从根本上来说，这给广药白云山通过并购实现医药工业跨越式发展带来可能。

当然，它同样面对着尖锐的挑战。比如，医药行业的“两降一升”仍将继续，在当时的招标制度下，药品价格继续呈螺旋式下降已不可逆。医药行业处于兼并重组关键期，各路资本抢占资源，这势必会带来较大的竞争压力。

广药白云山此时明确了发展战略，亦即大南药、大健康和大商业等，以期实现规模效益。

这些策略，之后直接推动广药集团用短短几年时间迈入千亿俱乐部。

第三节　需要更多的钱

事实上，站在重组后首年的新开端，2014年的广药白云山，其战略的推进和实施需要攻克更多的难关。正是在重组基本完成后的“整合”二字，且任重而道远，很大程度上关系着广药白云山的未来。

这些整合，体现在：集中归口统一采购；加快推进重组时承诺注入的诸如王老吉商标、广药总院的资产注入；应对各地基药招标政策，紧抓基本药物投资机会，大力推动基药在医疗机构的销量快速增长；充分利用各种机会和资源，全力开拓药房托管业务，构建大商业新局面；大力建设医药健康电子商务平台，拓宽营销新渠道；通过渠道深化，加强产品研发，强化品牌宣传力度，严控产品质量和成本，健全监控等措施，挖掘“王老吉”等品牌的资源力，推进大健康产业发展，做好集团内大健康板块资源的统筹与规划。

除了这些看起来重要的板块的攻守之道，广药白云山管理层还提出了关注创新的驱动力。比如，加大创新投入，抓好科技研发新工程；推动新药研发、技术创新和创新成果转化，促进产品结构从普药向高附加值创新药转变；挖掘 “老”药的新功能和新效用，积极推进科技重大专项和药物大品种技术改造；着手开展2015年版药典产品标准的研究和制定，全面实施药品标准战略，探索对外科研合作新模式。

值得注意的是，尽管广药白云山的盈利水平在重组完成初未达预期，但它的亿元支柱产品却成为亮点。所谓亿元支柱产品，即指其营收本身能过亿元的产品。

2013年度，广药白云山销售收入增长较大的产品有凉茶饮料、头孢克肟、消渴丸、华佗再造丸系列、注射用头孢硫脒等。其中销售收入超过人民币1亿元的品种13个，销售收入在人民币5000万元至1亿元的品种 13个。

这是广药白云山不遗余力继续推进的策略，比如，推进亿元支柱大品种的进程，培育销售增长率和市场占有率“双高”的产品群和潜力品种与项目，培育更多的超亿元普药大产品。

其根本的竞争力体现在推进“特殊定价”品种、独家品种、高毛利品种等受政策影响较少，或政策大力支持发展的“奶牛”产品的市场开发。

站在迎接2015年的窗口，新版 GMP 认证成为契机。2013年，广药白云山加快了属下公司新版GMP认证工作的开展，比如敬修堂药业、光华药业、百特侨光、潘高寿药业、中一药业、星群药业、明兴药业、白云山和黄公司、诺诚公司及陈李济药厂都通过了GMP认证，认证覆盖率超过 90%。奇星药业通过了澳洲TGA（“TGA”中文名为抗甲状腺球蛋白抗体）的GMP再认证，以及香港美威行的现场审查。

这给了广药白云山加强软硬件建设、改进生产工艺、提升技术水平、完善质量管理体系、抓好质量管理、确保质量安全的机会，也给了加快推进它属下制造公司和贸易公司并购、投资的机会。

如果把控好部分药品被降价的风险，中药材等原材料价格波动以及资产整合未达预期的风险和扩展医疗健康、药房托管、电子商务等新领域过程中出现的经营风险，那么，广药白云山的前景已然写在了它的扩张版图中。

当然，新广药白云山的优势需要被发挥出来。

新广药白云山承继了原广州药业股份和白云山股份的产品资源，在糖尿病、心脑血管、抗菌消炎、清热解毒、肠外营养、功能保健等重点领域形成齐全的品种系列。药物剂型方面，新广药白云山拥有化学药剂型21种、中成药剂型16种等近2000个品种规格，包括国家一类新药3个，二类新药9个，中药保护品种71个，独家生产品种31个。丰富的产品资源和齐全的品种系列将为新广药白云山进一步优化、健全产品体系奠定良好的基础。

接着是产业链体系。重组后，新广药白云山整合广药集团的主要医药资产，通过内外部的前向一体化和后向一体化，形成较为完善的研发、生产、流通和终端产业链。在原材料供应方面，新广药白云山整合广州药业股份和白云山股份的GAP药材基地，在全国范围内拥有20多个GAP药材基地，种植面积达12.7万亩，生产能力惊人，超过1.5万吨，有效保障了原材料供应并控制了生产成本。

而产品研发方面的利好，正是广药重组前十分看重的。新广药白云山整合白云山创新中心、汉方现代中药研发公司、拜迪生物医药研发公司、博士后科研工作站以及各企业研究中心等科研力量，可发挥协同效应。

在终端零售方面，新广药白云山在原广州药业股份和白云山股份营销队伍的基础上，可以构建更为广泛、顺畅的营销网络，建立起华南地区最大的医药零售网络和医药物流配送中心。

表现在品牌价值和品牌影响方面，“广药”和中国“南药”显得更加突出。重组完成后，新广药白云山拥有中国驰名商标4项、广东省著名商标20项、广州市著名商标27项。

重组时新注入的“陈李济”“潘高寿”“敬修堂”“中一”“奇星”“星群”等商标都是“中华老字号”，拥有多年的历史和文化沉淀，它们已在医疗行业和消费者中有自己的口碑。

这带给新广药白云山的好处是，它可在整合品牌资源的基础上推动大品牌战略，实现品牌营销策划模式，由零散的公司品牌向统一的集体战略品牌群转变，并在大南药基础上发展大健康，让品牌价值从传统医药产品向新的大健康产品辐射。

从技术体系上来说，重组完成后，新广药白云山拥有包括广州汉方现代中药研究开发中心、白云山创新中心和广州拜迪生物医药研究开发中心在内的三大科技平台，即涵盖中药、化学药和生物药的完整研发创新体系，拥有中药和中药保健品的研究、开发、自动控制和在线检测等中药工程技术、中药制剂、超临界CO_2萃取、逆流提取、大孔树脂吸附分离，以及中药指纹图谱质量控制等处于领先地位的核心技术。

至于重组前预期的协同效应，则表现在重组交易完成后建立集中统一的战略规划和管理体系，实现采购、销售、生产、研发等各项工作的一体化。重组有助于降低经营、管理和融资成本。

比如，在采购方面，可以统一谈判、招投标、合同签署和货款结算等流程，提高议价能力，降低采购成本，稳定采购质量。而在中药材基地建设、加强种植基地合作方面，可以建立以采芝林药业和相关GAP基地公司为主体的中药材采购平台、以进出口公司为主体的大宗原辅料采购平台，从源头上掌控重点品种和大宗药材，控制采购成本。

销售方面，可以华南地区强大的销售网络为基础，实现广州药业股份、白云山股份和保联拓展销售平台的有效整合，并据此建立电子商务平台，实现新兴销售渠道的快速增长。借助销售网络扩大产品销售，提高市场份额，确立新上市公司在主要销售区域内的定价能力和话语权。

生产和技术研发的协同，则体现在对原广州药业股份和白云山股份繁多的产品种类、

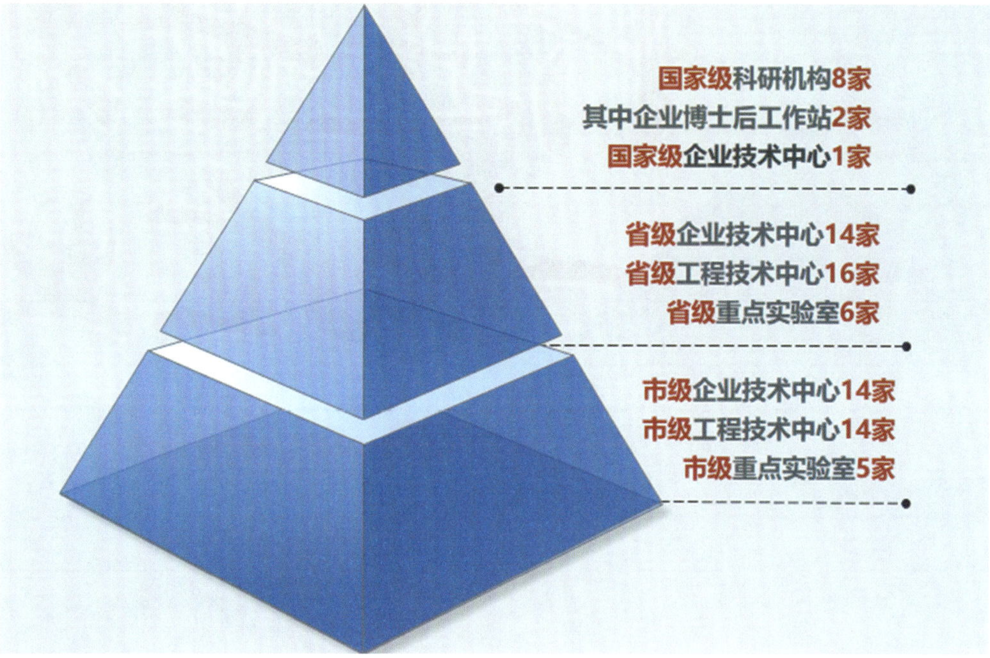

广药集团研发体系

规格进行统一梳理和合理规划，实现不同生产单元之间的专业化分工，实施合理计划、改进生产工艺、节能降耗等措施，降低生产成本，提高生产效率，稳定产品质量。

统一原广州药业股份和白云山科研力量，避免人才和研发经费、设施的重复投入，使广州药业在中成药、生物医药方面的先进技术和白云山在化学药、化学原料药方面的经验积累，能通过新上市公司的平台实现资源、信息和技术共享等。

通过重组，新上市公司可以优化资本结构，形成规模优势，提升融资能力，降低融资成本，推进属下控股子公司和合营公司的合资合作、对外投资与并购，为公司的战略发展和布局奠定基础。

种种机遇、挑战、协同和未来摆在重组后新一年的2014年初，那一刻，那一时间段，以及接下来更需要的是钱、是资本的支持。这是广药集团重组、实现整体上市的根本驱动力，也是广药白云山把握大发展机遇的发动机。

接下来，多年前搁置的融资功能将在广药白云山重启，它关系着大资本助力下的新广药白云山实业的现在和未来。

王老吉
创始于1828年
打造世界
一流企业

1828年
打造世界
一流企业
广州医药集团有限公

第十章
征战资本市场：非公开发行

盼望着，盼望着。

广药白云山的小股东和投资者们终于迎来了“王老吉”商标注入的最新进展。尽管这一消息如此中性，但在经历过一两年的等待后，他们中有一些人已等不下去了，得知这个消息后，变得有些焦躁不安。

2014年12月19日，广药白云山对外公布了一份《白云山关于控股股东修改承诺相关事项的公告》。大意是说，“王老吉”商标案中鉴于“红罐装潢纠纷案”判决结果，会对红罐“王老吉”凉茶的商标权益和市场销售产生重大影响，进而影响对“王老吉”商标的评估作价。为了降低不确定性，广药集团拟将“原承诺”中的履约期限修改为：待“红罐装潢纠纷案”判决生效之日起，两年内注入广药白云山。

一石激起千层浪。

第一波浪花，掀起于“王老吉”的商标案。从2014年11月11日至2014年12月12日，一个月内，广药白云山上载的大部分披露信息都是关于此事的最新进展。

如果这只是一个惯常的信息披露，可能不会激起新一波的浪花。特殊之处在于时间点——广药白云山正在筹备非公开发行股票事宜，以支撑重组后大发展的宏伟蓝图，这个消息距离披露非公开发行股份不过半个月的时间。

这里需要对非公开发行股票做个解释。它是指上市公司通过非公开的方式，向特定的对象或者机构发行股票的方式。非公开发行新增股份需要得到监管机构的核准。

既然是非公开发行，更关注此事进展的难道不是认购对象本身?

理论上讲是这样。不过，非公开发行，从长远来看对于广药白云山具有重要意义。但短期内，它要面对的问题是摊薄股东权益，以及短期利润增长受到限制。

对于长线投资的投资者来说，他们更看重一家公司的未来性，多半是可以理解并支持的，但对于炒短期股票的投资者，当然算不上好消息。

可是，无论长线投资者，还是短线投资者，他们都有权行使手中的权力，通过投票来表达是否支持授予广药白云山的董事会权力，开展非公开发行股票融资，投入到事关广药白云山未来发展的项目中去。

这个投票的关键之处在于非关联股东的通过。也就是说，作为广药白云山持股最多的股东，广药集团需要回避投票，一切都交给投资者来决定。

投资者会投赞成票，还是反对票，恐怕比较难以准确把控，特别是考虑到广药白云山还在香港上市的情况。

在香港上市，意味着它必须适应香港市场的文化。简单来说，它的股东组成更加复杂多样，活跃其中的是来自全球的投资者，甚至可能是扑朔迷离的。理论上讲，竞争对手是可能把国际投资者持有的广药白云山股份全买下来的。当然，这只是理论上讲，这种理论上的极端情况发生的概率微乎其微。

在香港市场，决定投资者是否投赞成票的因素非常随机，特别是对于非公开发行股份这样的事宜，基于摊薄既有股东权益这一条的不成文的评判标准，香港市场一般性地会对它做出否定的判断。

不太熟悉香港市场的上市公司和管理层可能不太会关注这个细节。毕竟，他们之前可能没有在香港市场做过非公开发行股份，或者他们对于非公开发行募资的用途和方案充满信心，对于投资者的认同和理解亦充满信心。

然而，香港市场更讲究信息的流动和对称，以及市场参与者对这些信息的判断，这是它残酷而现实的一面。

也正因此，广药白云山的管理层可能都没有想到，重组完成后的首次融资计划会如此惊心动魄，险象环生，以至于用“置之死地而后生”“起死回生”，或者“不抛弃、不放弃，念念不忘，必有回响”来形容，亦不为过。

第一节 “四大”蓝图投资规划

如果把重组看成是广药白云山新的起点，那么重组后的整合与新的发展战略的确定和推进，则是这个新生的、充满生命力的上市平台的新的开局。

在这个新开局的2014年下半年，广药白云山确定了四大发展战略，即大南药的整合升级、大健康加速发展，以及大商业全国布局和外延并购跨越发展。

把这四大发展战略细节表现在大南药的整合升级中，则是深化管理、采购、营销、研发和生产等整合，发挥资产协同效应，加大研发投入力度，以“白云山”品牌为引领的大南药产业，从营销导向型向研发驱动型升级。

在大健康板块，则是加大品牌建设和渠道推广力度，确立市场优势，提升盈利能力，优化产能布局，增强资产独立、完整和抗风险能力，整合大健康业务，丰富产品梯队，加快国际化战略布局。

与此同时，大商业板块则是通过加快商业并购、开展现代医药物流延伸服务，升级医药电商业务，建设全国性医药物流网络，推动以“广药”品牌为引领的大商业产业，从区域性龙头成长为全国性巨头。此外，通过利用资本运营平台，以外延式并购深化布局医疗服务、生物制药，以建设医药健康领域全产业链集群，为业务的转型升级实现跨式发展提供支持。

简单来说，它的雄图伟略是市场目标从区域性走向全国，医药文化从中国走向国际，建立完整的医疗产业链，向首批千亿市值的医药健康产业龙头迈进。

听起来，这是一个完全不同的广药白云山，站在一个新的起点，乘风驭浪，继往开来。当然，广药白云山还为它的各个板块规划了详细的投入计划和产出预期。

在大南药领域，这家公司计划为它建设研发平台。

从长期来看，医药公司的核心竞争力在于公司的研发能力。“大南药”研发平台计划整合广药白云山现有技术平台和优质研发资源，加大战略新兴医药领域的研发投入，提升核心竞争力。

南方医药经济研究所在广药白云山制订大南药研发平台规划的2014年做出的预测显示，未来十年，即到2024年，中国医药工业总产值将以年复合增长率22%的速度增长，预计到2015年，中国将跃升为全球第二大市场。到2020年，中国医药产业总产值突破4万亿元。他们的分析是，中国医药产业发展正面临重要战略机遇。但在当时，中国还仅仅是一个制药大国，医药工业自主创新能力较低，离制药强国尚有较大差距。

亦正因此，在《国家“十二五”科学和技术发展规划》《医药工业“十二五”规划》《“十二五”国家战略性新兴产业发展规划》等各项产业发展规划中，共同提出了促进医药产业升级的目标，把技术创新作为医药工业结构调整的关键环节，要求切实提高创新能力，大力推动新产品研发和产业化。

大南药的研发平台正是基于整合广药白云山内部研发资源，拓展战略新兴医药领域，通过引进先进的研发设备和优秀的技术领军专才，将“大南药”研发平台建设成研发实力国内领先、成果技术国际先进的医药行业研发创新平台。

为此，广药白云山准备投入大量资金用于大南药研发平台的建设。这些资金计划用于符合公司发展战略、具有良好发展前景和盈利能力的医药领域研发，研发方向涵盖中药领域和儿童用药研发领域。在中药领域，集中在名优中成药二次开发以及上市后再评价。另外一个方向是化学药领域的研究开发，比如抗肿瘤药物、心脑血管用药、新型抗生素、抗ED和抗PD等药品。

还有生物制剂领域涉及重组蛋白、单抗、疫苗等新型生物制剂的研究和开发，以及创新医疗设备、感染性疾病和肿瘤系列诊断试剂盒，乃至HPV检测试剂盒等新型体外诊断试剂研发等。

除此以外，则是高端保健品、特殊医用食品和营养健康食品等大健康产品领域的研究开发，以及医药产业共性技术和关键技术的研究开发。

大南药项目为战略性项目，按照规划，研发中心建成后，将集中力量进行自主知识产权新药的研究开发，提升研发水平，逐步丰富产品储备，优化产品结构，增强盈利能力，为长远发展奠定基础。

接下来是大南药的生产基地一期建设。

这部分内容和广东省委、省政府建设中医药强省的决定，以及广州市构建与国家中心城市相适应的健康产业体系的战略部署相符。

从抢占中医药国际竞争战略制高点，到推进生产整合出发，投资建设“大南药”生产基地。这个项目分阶段分批次，把上市公司下属市内企业搬迁到基地中，解决生产场地分散、资源重复投入、技术工艺水平低等制约发展的问题，形成一体化、集约化、现代化生产格局，实现资源集中、优化和共享，建成重要的综合性医药产业研发、生产、物流和出口基地。

这个投资计划中，包括全资子公司广州白云山明兴制药有限公司易地改造项目和分公司广州白云山何济公制药厂易地改造项目。

从广药白云山给出的项目实施的必要性和可行性，以及医药市场前景广阔性来看，“十二五”期间，全球药品市场将维持快速扩张态势，市场规模预计将从2009 年的7730亿美元增加到2015年的1.2万亿美元，年均增长8%左右，医药市场规模持续扩大。

此外，从当时的趋势来看，广州市在推进调整城市产业布局的规划。也就是说，广药白云山的部分生产基地属于政策界定范围，必须按照政府规定的时间进行搬迁。基于此，将生产基地搬迁到工业区，主动适应了政策动向，可以促进产业升级转型。

当然，更重要的原因还在于，2014年时，广药白云山拥有的生产线难以满足市场要求。随着医药行业快速发展，广药白云山经营规模不断扩大，部分产品须对外委托加工，广药白云山急需通过易地建设提升生产规模和生产设备的自动化水平，抓住市场机遇，扩大市场份额。

建设医药产业基地，亦能让“大南药”的优势得以体现。建设“大南药”生产基地，可以积极挖掘“大南药”优势，实现产业升级，是建立战略性新兴产业龙头的重要战略。

在大商业板块，广药白云山计划为它旗下历史悠久的广州医药公司增资。广药白云山计划为它投入资金，用于现代医药物流延伸服务体系建设和医药电子商务平台建设。

在新医改大背景下，医药流通公司和医疗单位面临着新的机遇与挑战。

国家食品药品监督管理总局《关于加强药品监督管理促进药品现代物流发展的意见》提出，发展药品现代物流是深化药品流通体制改革，促进药品经营公司规模化、规范化和进一步规范药品流通秩序的重要措施。

在此之前，商务部在《全国药品流通企业发展规划纲要（2011—2015）》中指出，鼓励药品流通公司的物流功能社会化，实施医药物流服务延伸示范工程，引导有实力的公司向医疗机构和生产企业延伸现代医药物流服务。同时提到，在“十二五”期间，形成

1—3 家年销售额过千亿元的全国性大型医药商业集团、20家年销售额过百亿元的区域性药品流通企业，药品批发百强企业年销售额占药品批发总额85%以上。

这是广药白云山加大广州医药投资的原因所在。而加强医药电子商务平台建设的出发点在于电商对于效率的提升。

随着电子商务的发展和政策的松绑，医药电商市场规模不断扩大，出现爆发式增长。国内医药电商交易规模从2011年的4亿元，增长到2012年的超过16亿元，2013年进一步增长至42.6亿元。

相较于高达2607亿元的年度药品零售总额，2013年医药电子商务市场所占比重不到2%，事实上远低于美国等成熟市场近 30%的水平，医药电商行业成长空间广阔。

就在广药白云山对医药电子商务投资平台做出规划的不久前，即2014年5月，国家食品药品监督管理总局发布了《互联网食品药品经营监督管理办法（征求意见稿）》，明确提出互联网药品经营者应按照药品分类管理规定要求，凭处方销售处方药，处方的标准、格式和有效期等应符合处方管理有关规定。允许电子处方流通，有助于网络销售处方药。这项政策一旦实施，将极大拓展医药电商行业的规模。

医药电商领域高速增长，加上政策助力，打开了行业成长空间，吸引互联网电商纷纷布局。京东商城和阿里健康等纷纷进入，多方合力共同开发的竞争格局有助于培养消费习惯，扩大医药电商的社会影响力，提高医药电子商务的市场渗透率。

此项目从经济效益来看，符合战略发展方向，有利于实现公司“大商业”产业布局，具有良好的市场发展前景。

在四大蓝图中，最具有立竿见影效果的投资规划可能要属于对王老吉大健康的投资。在这个规划中，广药白云山计划增资王老吉大健康，并以此为平台，整合内部大健康资源，加强品牌和渠道建设，优化生产布局，提升“大健康”板块的资产独立完整和综合盈利能力。

增资投向品牌建设、渠道推广、资源整合和产品集群开发、实施国际化战略等。

广药白云山对王老吉大健康的投资是基于对市场的分析。随着国家经济发展和国民可支配收入的提高，中国软饮料行业收入规模从2005年的约1139亿元，提升到了2013年的约5278亿元，人均消费量从2005年的26升，大幅提升至2013年的110升，年复合增长率19.8%。

与其他国家相比，中国软饮料人均消费量还有很大提升空间。以饮食文化最为相近的日本为例，2013年日本清凉饮料人均消费量为193升，中国人均消费量仅为日本的57%，

红罐王老吉产品海报

仍存在较大提升空间。

与此同时，随着生活水平的提高，消费者对饮料的“健康”问题愈加关注，符合健康趋势的植物饮料、蛋白饮料、高端水、功能饮料和茶饮料发展较快。

凉茶由中草药熬制，具有清热、去湿等功效，是软饮料行业中定位于“预防上火”的独有功能性饮品。凉茶饮料终端销售额从2002年的1.8亿元，增长到 2011年的约168亿元，年复合增速超过65%。受健康观念和中国传统观念影响， 符合健康趋势的凉茶行业市场容量仍可能持续稳健增长。

还有一个可供参考的数据是，2012年5月，王老吉大健康被许可使用“王老吉”商标后，王老吉大健康以“品牌上采取防御战、渠道上展开进攻战”为核心战略，采取布局产能、组建销售团队、铺设销售渠道等举措，从零开始。2012年、2013年和2014年1—9月，分别实现销售收入17.13亿元、64.24亿元与58.22亿元，保持快速增长态势。

当然，这也是“王老吉”品牌面临的问题。

受激烈的市场竞争影响，王老吉大健康和竞争方在营销与渠道等方面，投入大量资源，净利率水平不仅低于其他植物健康类饮品，甚至远低于几年前的行业平均水平。这也是广药集团试图通过法律途径，解决后续问题的原因所在。比如，通过在诉讼中取得重大突破的有利时机，增资王老吉大健康，加大在品牌、渠道、市场、产能和品类等方面的投入，确立绝对领先市场优势，提升综合盈利能力。

广药白云山为王老吉大健康定下的战略目标是做大做强王老吉大健康，这对实现“千亿市值”战略目标具有重要意义。而资金的投入将增强王老吉大健康的资产独立完整性，提升综合管理能力和渠道资源优势。广药白云山准备通过王老吉大健康平台叠加优质品牌资源，发挥乘数效应，培育出更多明星产品，建立大健康产品集群。

这项投资从广药白云山的分析来看，符合未来战略方向，具有良好市场发展前景和经济效益。

第四大蓝图提到的利用资本运营平台，以外延式并购提供支持，则需要通过建立专门的投资研究团队来实现。

至此，广药白云山的四大发展战略已清晰明确，如果资金到位，则可以开始在求证中实践，推动这家大型医药集团的腾飞跨越。

第二节 阵痛的融资规模

广药集团完成重组的2013年被市场称为“熊冠全球”的一年，它们想表达的意思是，中国的资本市场表现实在不尽如人意。

大约从此时起，中国的监管部门加强了对于非公开发行股票融资的监管，直指融资须有明确的使用项目。从保护投资者角度讲，这显然是更具意义的一项举措。而广药白云山的非公开发行股份亦正好碰上了这一举措的实践期。

2015年1月13日，广药白云山一口气在上交所上载了29份公告。这些公告或多或少都与一件事情相关，即“白云山非公开发行A股股份”。

仔细阅读预案可以发现，这个100亿元的A股非公开发行，需要获得广药白云山董事会的审议通过、广东省国资委的审核、股东大会与类别股东会的批准，以及中国证监会的核准。

预案中专门注明，为确保非公开发行A股股票后，H股符合联交所上市规则中关于公众持股比例的规定，经董事会审议通过，提请股东大会，以特别决议审议批准授予董事会一般授权，授权董事会根据市场情况和公司需要，决定单独或同时发行、配发不超过已发行境外上市外资股（H股）20%的新增股份。

也就是说，除了非公开发行A股融资100亿元外，广药白云山还可能会在H股发行，或者配售新股。

这一系列公告的上载时间，与广药集团修改承诺向广药白云山注入“王老吉”事宜仅相差三个星期。

在这三周内，关于“王老吉”商标事项和广药白云山融资100亿元的事项交织在了一起，成为网络上的热点事件。

2013年12月3日，广药白云山因为非公开发行股份事宜于当日下午开始在上交所和联交所停牌。15天后，广药白云山发布了关于广药集团修改注入“王老吉”商标的条件和时间的公告。

这则公告把投资者对这家公司何时复牌的关注推向了热点。在这则公告后，市场分析师调低了对广药白云山的盈利预测，给出的缘由是它还需要向广药集团支付商标许可费。

接着，一些投资者通过互联网上和股市相关的讨论帖或社交软件，表达了激烈的反对观点，也有投资者致电广药白云山，还有投资者直接给出建议，要求免收商标许可费，以此作为补偿。

一时之间，舆情开始发酵。

这件事情的连带效果可能是，因“王老吉”商标注入条件的修改而引发情绪，带动投资者否决广药白云山的非公开发行计划。

根据交易所相关的法规法则以及与交易所的沟通，对于“王老吉”商标注入条件的修改事宜，上市公司A股股份须承诺提供网络投票方式。

这一承诺可能隐含的风险是，在控股股东广药集团回避投票表决的前提下，公众股东投票通过，修改才能通过生效。

中介机构根据之前的经验给出的分析是，如果股价在股东大会投票时没有大幅支撑，中小投资者投反对票的可能性极高。连锁反应是一旦股东大会没有通过，随之而来的可能是监管部门的监管函。这也意味着，非公开发行方案可能会因控股股东逾期未履行承诺，被监管部门否决，后果不堪设想。

没人能百分百预知今后十天、二十天，抑或一个月、两个月的股价走向，除了缓解投资者的焦虑，首先联想到的则是需要慎重制定非公开发行股份的方案，方案须体现出上市公司的诚意，不能成为减分项。

也就是说，复牌时，投资者的情绪需要更多对称的信息来释惑。

这让参与非公开发行工作的成员们内心处于忐忑之中。

这不难理解。

从监管角度看，交易所严控停牌时间。广药白云山作为A+H股上市公司，须分别关注联交所和上交所的法律法规，对于股东大会召开的时间规定，如果在规则上没有把握好，就会非常被动。

资本市场走向和股价表现对投资者的情绪不可避免地产生影响。企业在股价上升时的停牌会一直面临投资者较大的复牌呼声和压力，若再继续停牌，压力则更大。

从广药白云山的角度来看，根据联交所上市规则，上市公司须在2015年3月底前披露年报。重组完成进入全面“修复”期的广药白云山，面临经营业绩的压力。从更加理想的情况来看，广药白云山最好在年报披露前召开股东大会，审议非公开发行和修改承诺的议案。如果以此时间往回推，留给广药白云山的时间不多了，而非公开发行的议案还需要得到国资部门的审批。

况且，方案必须慎之又慎。

在医药产业竞争日趋激烈，主业经营压力增大的情况下，医药企业借助非公开发行转型升级，是提振市场信心、赢得发展时机的关键。考虑到非公开发行股票的时间窗口，一旦错过，可能激起系列连锁反应，甚至导致后续三五年都不太容易再重启。

更关键的是，非公开发行的方案须综合考虑可操作性、时间要求，以及不留手尾等多方因素，如果算上A股增发并启动H股增发或配售，融资额的确定和市场时间窗口相匹配很重要。

与此同时，启动定向增发、拟投资项目的环境测评等等，需要依据时间节点推进完成，配合融资方案的时间节点。

再考虑到“王老吉”商标事件的负面影响，需要提振市场、股价和投资者信心，扭转态势。

摆在参与非公开发行工作成员们面前的是紧迫的时间，和更好的市场反馈之间如何平衡好的问题。

据时任广药白云山董秘陈静回忆，他们一边做好非公开发行的书面汇报材料，向省、市国资委更新进展和信息，一边做好推动非公开发行顺利推进的相应准备。

在提交的非公开发行A股股票的预案中，确定的募集资金总额为不超过100亿元，扣除发行费用后，全部用于增资王老吉大健康、大南药研发平台建设、 大南药生产基地一期建设、增资广州医药和用于信息化平台建设等项目，以及补充流动资金。它们的规模分别为40亿元、15亿元、10亿元、10亿元、2亿元和23亿元。

至此，广药白云山规模为百亿元的非公开发行股票工作正式启动！

预案发布后，增强了投资者的信心。原因除了四大战略的投资承诺规模空前，以及对未来发展重点的明确以外，更重要的是，关于广药集团修改“王老吉”商标注入条件的负面影响，与上市公司投资40亿元用于王老吉大健康板块的渠道和品牌建设的承诺相比，后者看起来具有相当诚意，一定程度上抵消了投资者的顾虑和担忧。

此外，在预案的设计中，2亿元用于信息化平台建设，加速重组后广药白云山的资源整合，也对市场信心的提振起到了作用。

预案中提到，信息化平台的建设按照以应用为导向、统一规划、分步实施、集中运维、安全可靠的原则。主要涉及利用私有云技术，建设数据中心、网络和应用基础架构，建立统一通信平台，完善和提高内外网络平台与IT安全体系，建立上市公司信息系统基础架构。与此同时，建设统一的IT运维平台，提高服务水平和系统运维质量与响应速度。

至于应用系统的实施，涉及统一的企业资源计划、人力资源管理、预算管理、报表合并、集中采购和供应商管理、渠道与客户关系管理等一系列系统，以及统一的门户、业务流程管理系统、集团风险管控系统等。

这个项目也计划在各类应用系统基础上，建设数据仓库和商业智能系统，为各层次管理人员提供业务分析和战略管理的依据。

当然，这也是随着移动互联网技术的成熟和普及，顺应了提高办公效率、建立各类移动应用平台的趋势。

随着业务和规模快速发展，集中管控的加强，科学化、规范化管理的要求随之提高，对业务模式创新、供应链反应速度、风险控制能力等，都提出了更高要求。外部环境中，电子化合规要求的提出和电子商务的普及，它们的实现，有赖于信息系统的建设和完善。而广药白云山当时的信息系统现状与未来发展战略需要有明显差距。

根据广药白云山的分析，项目的目的是通过建立高度统一的硬件、网络和软件平台，进行专业化系统运维和服务，信息化应用提升到新高度，为全方位日常生产经营、决策、研发、管控提供技术支持。

信息化平台建成后，将成为管理者管理、决策的重要支撑。在配套的管理体系下，这个项目可提高效率，降低采购、财务、管理、营销和生产的成本或费用，为控制经营风险、提高客户满意和忠诚度提供帮助，提升竞争力。

也就是说，一个医药集团愈发重视信息技术系统对整个运营效率的提升，这怎么看都不是坏事。

另一个规模23亿元的流动资金补充规划，则是用于营运资金补充、增强资金实力，以支持外延式并购扩张。

2013年全年和2014年1月至9月，广药白云山营运资本周转率分别为9.07次、5.96次，存货周转率分别为6.70次、3.81次，应收账款周转率分别为23.12次、14.15次。

募集资金补充流动资金后，可以改善营运资金周转情况。此外，之前的经验表明，开展固定资产投资、对外投资，以及收购兼并等方式，可以壮大公司规模。随着未来募投项目新建产能正式投入和规模化生产，流动资金的需求会不断增加。

2013年末与2014年9月30日，广药白云山的资产负债率分别为 42.67%和46.58%，与之前相比有所上升。募集资金补充流动资金后，有利于满足经营规模扩大所带来的新增营运资金需求，降低负债率，优化资本结构。

当然，补充营运资金后，根据“千亿市值”战略发展规划，广药白云山可以实施以内生式增长为核心动力、外延式增长为重要辅助手段的发展路径。非公开发行股份是完成吸收合并白云山后的首次融资，未来可以进一步推进内部整合，提高内部协同机能，实现“一体化”战略，投入资金优化资源整合平台，也是势在必行。

接下来的问题是，广药白云山的跨越式发展中，如何更好地留住人才，将员工利益和上市公司的发展捆绑在一起。员工持股计划是不错的主意，这也是广药白云山的非公开发行A股股票预案中的重点之一。

第三节　金手套：员工持股计划

又到了时任广药集团副总经理兼财务总监程宁出去四处奔波的时候了，这次是因为员工持股计划。

在当时的中国资本市场，这是一个趋势。

十八届三中全会《中共中央关于全面深化改革若干重大问题的决定》中提到，允许混合所有制经济实行企业员工持股，形成资本所有者和劳动者利益共同体。

2014年6月20日，中国证监会发布了《关于上市公司实施员工持股计划试点的指导意见》。指导意见中提到，为贯彻《中共中央关于全面深化改革若干重大问题的决定》中提到的“允许混合所有制经济实行企业员工持股，形成资本所有者和劳动者利益共同体”，落实《国务院关于进一步促进资本市场健康发展的若干意见》中关于“允许上市公司按规定通过多种形式开展员工持股计划”的要求，经国务院同意，中国证监会依照《公司法》《证券法》相关规定，在上市公司中开展员工持股计划实施试点。

这份指导意见提到，上市公司实施员工持股计划试点，有利于建立和完善劳动者与所有者的利益共享机制，改善公司治理水平，提高职工的凝聚力和公司竞争力，使社会资金通过资本市场实现优化配置。

从指导意见来看，主要从依法合规、自愿参与、风险自担等多方面给出建议，强调上市公司实施员工持股计划，要严格按照法律、行政法规的规定履行程序，真实、准确、完整、及时地实施信息披露，不得利用员工持股计划进行内幕交易、操纵证券市场等证券欺诈行为。

员工持股计划的股票来源，可以是上市公司回购股票、二级市场购买、认购非公开发行股票、股东自愿赠予或法律、行政法规允许的其他方式。上市公司全部有效员工持股计划所持有的股票总数，累计不可以超过公司股本总额的10%，单个员工所获股份权益对应的股票总数，累计不得超过股本总额的1%。员工持股计划持有的股票总数，不包括员工在公司首次公开发行股票上市前获得的股份、通过二级市场自行购买的股份及通过股权激励获得的股份。

不过，意见中让人印象深刻的一条是，除非公开发行方式外，中国证监会对员工持股计划的实施不设行政许可，由上市公司根据自身实际情况决定实施。

在此指导下，广药白云山决定推进员工持股计划。

依据《公司法》《证券法》《上市公司证券发行管理办法》以及《关于上市公司实施员工持股计划试点的指导意见》等有关法律、法规、规章和规范性文件、公司章程的约定，广药白云山准备拟定员工持股计划草案。

在管理层看来，员工持股计划的实施有助于建立并完善公司和员工的利益共享机制，增强员工的凝聚力与公司发展活力，提高治理水平，能更好地促进公司长期、持续和健康发展。

问题在于，员工持股计划该如何开展才能更大程度地覆盖最重要岗位的员工，并让上市公司的下属公司最大程度上参与并受益。这是方案拟定中的重点。

管理层讨论出来的意见是，参考市场方案，采取员工自愿参加的原则，不以摊派、强行分配等方式强制员工参与持股计划。参与人盈亏自负，风险自担，与其他投资者权益相同。

经过初步统计，计划推出的员工持股范围涉及4897人，最终人数视自愿参与情况确定，参与对象认购总份额不超过大约4.2万份，总金额不超过5.05亿元。

从员工持股计划的覆盖面来看，不含独立董事在内的董事、监事和高级管理人员，合计认购占比约为8.7%。其他参与员工认购，认购份额占比超过91%。

接下来的问题是，涉及人数如此之广泛，员工持股计划须统一规划部署缴款时间，以配合广药白云山的非公开发行股票计划。

从员工持股计划角度讲，能为他们办理无论是缴款，抑或在贷款的可供备选金融机构方面将是很大的帮助，尽管原则是无论贷款与否、缴款与否、认购与否，都出于员工自愿，并依据相应的法律法规和条款，金融机构与员工平等协商相应事宜。

这是程宁四处奔波的原因，这一次，她要向可能的合作对象解释的是广药白云山的员工持股计划。

程宁带着时任广药白云山财务部部长姚智志，一家一家地去和银行谈。从员工总体持股计划的角度去商谈，可能存在难度，但不外乎就是持股计划中，员工的缴款使用银行的服务对银行的好处，以及厘清广药白云山不为员工的自愿行为担责或担保，提醒银行以审慎原则提供贷款的事宜。

相比于此，即便银行愿意合作，更难的可能是如何把个人和银行对接的流程做通。在银行办理过交费或者贷款的人，对流程做通中涉及的手续可能有多繁琐，应该有体会。

广药白云山给出的指引提到，员工认购股份的资金须为员工合法薪酬和通过法律法规允许的其他方式取得的自筹资金。

初步测算，员工持股计划的资金总额在5亿元左右，每份金额大约在1万多元，单个员工的认购金额起点为1份，规则是认购总金额应为认购金额起点的整数倍。

当然，发行价格会随着股票在定价基准日至发行日期间，发生派息、送股、资本公积转增股本等除权、除息事项进行相应调整。计算公式是，单个员工的认购金额起点=相应调整后的发行价格×相应的股份数。

员工持股计划如何设计，他们的股票从哪里来，是个技术问题。广药白云山的做法是设立这个计划后，委托资产管理人管理，并全额认购资产管理人设立的资产管理计划。这个资产管理计划通过认购广药白云山非公开发行A股股票的方式，代员工一起持有股票。

也就是说，这个资产管理计划认购非公开发行A股股票的金额，大约不超过5.05亿元，并以此认购相应的股份数。

换句话说，这里还要涉及广药白云山，需要找到有相应业务的资产管理计划机构沟通合作，并在尽可能短的时间里走通流程和解决法务相应事宜。

从员工持股计划的设计来看，持股份额所对应的股票总数不超过非公开发行A股股票后股本总额的10%，任一员工持有的份额所对应的上市公司股票数量，不超过公司非公开发行A股股票后股本总额的1%，实现了员工和公司利益捆绑，风险共担的初衷。

对于拟参与持股计划的员工来说，他们更关心的是股票的价格是如何确定的。

非公开发行A股股票的定价基准日是董事会决议公告日，即非公开发行A股股票的发行价格不低于定价基准日前20个交易日广药白云山A股股票交易均价的90%，也不低于最近一期每股净资产。

这也是员工持股计划中，员工拟参与持股计划的价格和定价方法。

从初步的拟参与情况来看，董事、监事和高管，合计认购非公开发行A股股票数量不足一成，其他员工认购占比约超过九成。

和其他机构投资者参与非公开发行股票计划一样，员工持股计划有锁定期。与机构稍有不同的是，员工持股计划有相应的存续期和禁止行为。

广药白云山的员工持股计划存续期限为四年，从公告股票登记到资产管理计划名下时开始算。前三年为锁定期，最后一年为解锁期。

不过，这个规则具有灵活性。经董事会和员工持股计划管理委员会同意，员工持股计划存续期限可延长。解锁期内，员工持股计划资产都是货币资金时，员工持股计划可以提前终止。不过，员工持股计划的存续期届满后没有效进行延期的，员工持股计划自行终止。通常来说，上市公司一般会在员工持股计划到期前6个月公告到期资产管理计划持有的股票数量。

和机构认购上市公司非公开发行股票相似的是，员工持股计划通过资产管理计划认购上市公司非公开发行A股股票后，资产管理计划基于交易所取得的非公开发行A股股份，因上市公司分配股票股利、资本公积转增股本等情形所衍生取得的股份，按照资管计划中股份锁定的相同规则办理。

因涉及员工流动等一系列可能的变化，广药白云山对员工持股计划也做了一些禁止行为的约定，比如，员工持股计划在一些特殊时期不得买卖公司股票。

这些时期分别为定期报告公告前30日内，或者因特殊原因推迟公告日期的，自原公告日前30日起至最终公告日；在业绩预告、业绩快报公告前10日内；在自可能对公司股票交易价格产生重大影响的重大事项发生之日，或在决策过程中，至依法披露后2个交易日内。员工持股计划还承诺，在持有白云山股票买入后6个月内卖出的，或卖出后6个月内买入的，所得收益归白云山所有。

从员工持股计划的管理模式和机构的选择来看，通常做法是委托给资产管理机构进行管理，机构由董事会选任后，签订资产管理合同。附着在员工持股计划存续期内的投票权，通常也会做相应的约定和安排。广药白云山对此做出的约定是，员工持股计划放弃持有的白云山股票所对应的投票权，资产管理人也不可以行使它的投票权。

从为员工持股计划而设定的资产管理计划的运作来看，除了认购定向增发的股份外，闲置资金也通常投资于期限内的短期债券、可转让存单，或者央行票据、货币市场基金等风险不高、收益稳定的产品。

涉及的关于资产管理计划的管理费、托管费以及业绩报等，一般会约定由资产托管人、管理人商定。

作为员工持股计划，会设定持有人会议召集和表决程序等环节，由他们对员工持股计划的管理委员会委员进行选举、罢免，或者审议批准相关计划的变更和终止，以及授权监督等。

在员工持股计划中，关于权益的处理方式是与员工切身利益相关的事项。通常来说，员工持股计划存续期内，持有人所持有的员工持股计划份额不可以抵押或质押、担保或偿还债务，也不可以转让。

持股人在存续期内丧失劳动能力的，持有份额不受影响；达到法定退休年龄退休的，不会发生变化；死亡则由合法继承人持有。主动辞职的，或劳动合同到期后不续签的，持股计划份额不做变更。但也有一些公司为了绑定员工的工作年限，在这方面做出不同的约定。

另一些情形，比如存续期内与公司的劳动合同因职业素养不够好等原因被解除的，也有公司约定这类情况发生时，参与持股计划的，管理委员会可以把持股份额转让，让接收转让的对象支付相应费用，价格通常是原始认购金额，或按照转让时市值对应的份额价值中更低者来确定。

当然，和非公开发行股票的相应议案类似，员工持股计划也会履行相应程序，比如职工代表大会、董事会监事会独立董事、法务和国资部门，以及股东大会等监管和法定的程序。

至此，这个刚刚完成重大无先例重组的大型医药集团，在它征战资本市场的非公开发行股票的道路上，又加入了跟上市场形势的员工持股计划。而这些早前已是上市公司，或者在广药集团重组中进行股份制改革的公司，以及旗下那些稍晚加入、尚没有机会享有公开上市红利的人，终于有机会加入到这员工激励的滚滚洪流中，享有他们的权利，履行他们的职责。

这也不得不让人感慨，在人生的命运里，有时可能迎来一股脑的沮丧，有时会迎来不期而遇的惊喜，无论哪一个先到来，都是馈赠。

第四节 引入云锋基金

2014年底，广药白云山董事长李楚源给阿里巴巴创始人马云打了个电话。

接到电话时，马云不在中国。不过，仔细听完了李楚源的表述后，他立即安排了一位叫虞峰的同事，跟进了李楚源提到的事宜。

李楚源和马云沟通的事宜，正是关于后者的公司或者投资基金，是否愿意参与广药白云山的非公开发行A股股份认购。

和之前一样，这又是一件广药白云山执行董事程宁解决不了的事情。广药白云山计划非公开发行A股，融资高达百亿元，广药集团计划认购约35亿元的股份，余下65亿元的融资规模中，大约5亿元来自员工持股计划的资产管理计划认购，那么，还有60亿元的资金从哪里来？

非公开发行融资的方式，是上市公司融资中成本很低的融资方式之一，它是通过资本市场向上市公司提供项目投资和运营资金的优先选择。认购对象如果看好这家公司的发展，那么它除了可能从这家公司之后的股价表现中受益，还可能从这家公司之后的利润增长中受益。

问题在于，如此大规模的认购投资，实力不够雄厚的公司是不可能来做的。这也是广药白云山决定开启非公开发行股票融资时，就一直和国资监管部门与可能的市场机构沟通的原因所在。

广州市国资委召开过国资投资协调会，相应的国资投资公司也参与过相应的会议，几家意向公司已开始做相应的准备，不过，对于广药白云山这家经过重组，已经在内地资本市场和香港资本市场名声大振的公司来说，如果能有更多市场化的选择和做法，来表明它的创新能力以及与市场气质相契合的特征，那么，无论对于国际国内投资者来说，还是对于更广泛的资本市场来说，都更能彰显广药白云山的品牌力。

从广药白云山的角度来看，管理层一方面保持与国资投资公司的沟通，一方面在遴选合适的市场化资本参与广药白云山的非公开发行。一旦达成融资，既是为混合所有制的改革探路，也能体现出作为一家集分别最早在香港和内地上市的两个上市公司基因的、具有国际视野的、实际控制人为地方国资委的上市大公司，对于改革举措反应之迅捷，以及与国际国内和市场化接轨的商业灵敏度。

李楚源想起了在一次会上碰到过并互换联系方式的马云。

马云是阿里巴巴原来的董事会主席。正如前面提到的，阿里巴巴是中国著名的互联网公司之一，它旗下的天猫和淘宝网，以及面对海外投资者的电商平台都具有相当大的流量。

阿里巴巴集团是一家致力于让天下没有难做的生意的集团公司，在美国纽约交易所上市。在此之前，这家公司的前身曾经在香港上市，后从香港退市，2014年登陆纽交所。

这家公司最早是由曾担任英语教师的马云为首的18人，于1999年在杭州创立。创立时，这家公司的初衷是让小企业通过创新与科技扩展业务，在参与国内或全球市场竞争时处于更有利的位置。

之后，阿里巴巴推出让中国小型出口商、制造商和创业者接触全球买家的首个网站。随着业务发展和扩张，它演变成了一家网上与移动商务公司。阿里巴巴集团和它的关联公司经营着批发平台和零售平台，有云计算、数字媒体和娱乐以及创新项目和其他业务。

它对自身的定位是赋能企业改变营销、销售和经营方式，提升企业效率；为商家、品牌和其他企业提供基本的科技基础设施以及营销平台，让它们可借助新技术力量与用户和客户互动，以更具效率的形式开展运营。

从阿里巴巴的业务网络来看，相比于腾讯，它对广药白云山来说是相对更好的选择。

广药白云山准备非公开发行股票的2014年底和2015年初，正好是阿里巴巴在纽交所上市后。2014年9月，阿里巴巴登陆纽交所。

基于广药白云山还有三天的时间就到了确定非公开发行股票认购对象的截止日这个特殊情况，经过阿里巴巴管理层讨论评估，通过阿里巴巴认购，投资流程需要的时间难以配合，最后确定通过云锋基金认购广药白云山。

这恐怕是史无前例的快速决策。当然，无论阿里巴巴也好，还是云锋基金也好，对于广药集团的重组从一开始就十分关注，加上广药白云山是一家A＋H的上市公司，财务数据透明，业务板块明晰，受公众监督，是更容易做出判断和评估的公司。确定认购意向后，云锋基金很快介入尽调，做出了投资决策并履行承诺。

这个倒数三天的截止期，被称为广药集团重组、广药白云山非公开发行的第二个紧急的“三天”。正如前面提到过的，第一个“三天”，便是寻找立白成为原白云山股份从深交所退市的现金选择提供方，那也是距离截止期还有三天的时间。

云锋基金的加入，它带来的资金方面认购的作用远小于它带来的与广药白云山建立可能合作关系的意义，而后者的意义甚至是标志性意义。

云锋基金成立于2010年初，总部设在上海，并在香港、北京和杭州等城市设分支机构，是以阿里巴巴董事局主席马云和聚众传媒创始人虞锋的名字命名而成，并联合一批行业领袖、企业家和创业者共同发起创立的私募基金。除了投入资金外，这个基金的特点是想把各自的创业经验和企业交流，在发展战略、组织管理、品牌建设等方面，给予企业帮助。他们自称关注年轻企业家，培育有影响力的企业。云锋基金旗下拥有多只美元基金、人民币基金和专项基金。云锋基金主要涉足互联网、医疗、大文娱、金融、物流与消费等领域。

这个基金建立之初致力成为连接中国企业家的网络，得到对互联网、文化传媒、消费和先进制造等行业权威的理解和分析，并获得在中国拓展业务可信的顾问和合作伙伴，与原发起人一起投资，把握投资机会。

云锋基金拥有较多具有海外并购项目经验的人员，比起国内其他基金，更接近国外基金的形态。这个基金的发起人和顾问委员会拥有中国创业和投资经验，董事总经理在各行业有管理公司的经验，比起国外基金，相对更了解中国的情况。

按照云锋基金的理解，中国的医疗体系正在改革之中，医保体系不断完善，政府医疗开支不断增加，驱动国内药品、医疗器械和服务等细分行业持续增长。随着生活水平的提高，人们对医疗保健服务的要求相应提高，进一步促进了中国医疗保健行业的持续发展。基于此，它重点关注的细分行业是医疗器械和医疗服务领域。

从这个角度讲，云锋基金参与广药白云山的非公开发行股份的认购，和它的投资领域倒是很相符。

云锋基金的创始人正是阿里巴巴创始人马云，以及虞锋。后者担任云锋基金主席、香港上市公司云锋金融集团主席兼非执行董事，他曾于2003年创办上海聚众目标传媒有限公司，担任创始人兼CEO。2006—2008年，虞锋担任当时在纳斯达克上市的公司分众传媒控股有限公司的董事局联合主席和总裁，直到2010年，他与马云共同创办云锋基金。

参与广药白云山非公开发行股票认购的云锋投资，是上海云锋拟筹建和管理的为认购而设立的专项投资主体。双方确认认购意愿后，广药白云山与上海云锋签署了《附条件生效的非公开发行A股股票认购协议》。云锋投资设立后，再转由广药白云山与云锋投资、上海云锋根据前述协议约定，另行签订补充协议。

云锋投资的股权结构中，马云持股40%，余下的为虞锋持有。

也就是说，云锋系对广药白云山的非公开发行股票认购，对于广药白云山来说是加分项，除了可能与阿里巴巴建立合作关系，为广药白云山的医药电商业务提供帮助，还可能带来更广泛的企业家资源和合作的可能性。

需要说明的是，不要忽略了广药白云山的学习能力。从引进外资到建立王老吉大健康板块，一步一步的举措表明这家公司善于学习他者优势，为自己所用，这亦是云锋的认购对于广药白云山来说具有标志性意义的原因所在。此外，它还能帮助广药白云山提振市场信心，有利于缓解之前由广药集团修改“王老吉”商标可能带来的情绪上的影响。

也就是说，对于广药白云山来说，云锋基金的加入是个很好的选择。除了云锋基金外，还有两家公司加入了广药白云山非公开发行股票的认购阵营中，它们分别是广州国资发展控股有限公司和广州国寿城市发展产业投资企业，两者分别认购不超过30亿元和25亿元的非公开发行A股股票。

广州国资发展控股有限公司是一家国有独资的公司，1989年注册成立，经营范围涉及企业自有资金投资、投资管理服务、企业管理服务、投资咨询服务和商品批发贸易以及商品零售贸易。

截至认购时的三年内，它的业务发展和经营情况良好，主要从事基础产业的开发投资，工业、商业及其他项目的投资和经营管理，以及有关市场投资、管理的咨询服务，还有批发和零售贸易。

广州国寿城市发展产业投资企业，于2014年7月中旬注册成立，也就是广药白云山启动非公开发行股票前不久。这家公司的经营范围涉及股权投资、企业自有资金投资和投资咨询服务。

从两家国资公司的认购可以看出，无论是广州市国资委，还是广东省国资委，对于广药白云山的发展都给予了很大的支持与关注，并积极推动了它的发展升级和转型。而广药白云山已成为国有资本投资和管理中，展现出很好发展潜力的上市公司。这也意味着，在省、市两级国资部门的审批层面，广药白云山的非公开发行持赞同意见。

算上云锋基金的不超过5亿元的认购，广药白云山非公开发行A股股票的对象已然敲定，余下的便是这家公司在香港和内地上市地的股东大会和类别股东大会的投票通过。

不过，谁也没有想到，这却是所有环节中最超出想象的环节。

第十一章

股东投票玄机

正在广州老城区参与药品回收事项的广药白云山董事长李楚源，接到时任董秘陈静的电话后，匆匆赶回沙面北街45号的办公室。

他干脆坐在陈静办公室督阵：广药集团重组后的广药白云山第一次资本市场融资，要和小股东与投资者特别是境外投资者，沟通清楚融资的用途、发展规划，争取他们的理解和认同，而不是轻易放弃非公开发行股票计划。

当前的形势很不利。

香港专门分析上市公司资本市场项目的研究机构在它们的研究报告中，对于广药白云山即将投票的非公开发行股票计划，用摊薄股东权益这个标准“一刀切”地给出了投反对票的建议。这相当于给香港市场里的国际投资者建议，对于广药白云山的非公开发行股票议案投出反对票。

需要说明的是，这种研究机构经历几十年的沉淀，早就声名远扬，再加上自身的独立性，在香港市场中已被奉为一种类似于“判断标准”一样的东西。

从上市公司角度来看，重组工作小组有一种无法让更多手握投票权的投资者了解的憋屈感。这种感受李楚源、陈矛，抑或执行董事程宁、原董秘陈静都有，只不过他们的表达方式不同。

尽管投票还没有进行，但他们中有的感觉到了绝望，认为没戏，基本“认命”，认为无法扭转，抱持着放弃的态度；有的没有绝望，但认为可能性不大了，有一种总得走完流程的职业心理；当然，还有的是要尽最大努力，让国际投资者了解更多，在反对票建议面前，呈现更多对称的信息，让他们改变心意。

后一种心理，是李楚源坐镇陈静办公室的根本原因。

这是从广药集团重组到广药白云山非公开发行股票，一路披荆斩棘征战资本市场中，最惊心动魄的那个“三天”。

第一节　在绝望的暗礁下反转

那时，市场上流传着一种说法，广药白云山的竞品可能正在香港资本市场对它们的非公开发行股票计划造成干扰。这些并没有证据可以表明的说法，无疑让参与非公开发行股票的成员们捏了一把汗。

能找到一些并不正相关的线索，是广药白云山在上交所发布的公告。

从2014年12月3日广药白云山公告停牌，到12月11日发布《重大事项继续停牌公告》，再到12月18日、12月24日、12月25日相继发布停牌并延期复牌公告，再到之后的2015年1月1日、1月10日的《关于重大事项停牌进展公告》的发布，以及到1月13日《关于重大事项复牌提示性公告》的发布，40多天的时间里，广药白云山相继公布了停牌；继续停牌，明确了筹划非公开发行股票；停牌并延期复牌，进一步披露方案内容和进展；延期复牌以及到公布非公开发行A股股票议案。

在这40多天里，伴随着非公开发行A股股票事项的推进公告，广药白云山还分别在2014年12月4日、5日、12日、20日和2015年的1月13日，分别发布了广药集团、王老吉大健康等与“王老吉”商标相关的诉讼或纠纷事宜的进展公告。

这两件事情，巧合地在广药白云山发展中相对重要的时间段内相伴相随。

直到2015年1月20日，广药白云山连续发布了三份公告，分别就召开2015年第一次临时股东大会、第一次内资股股东类别股东大会和第一次境外上市外资股股东类别股东大会的时间做出通知。

从通知的时间来看，广药白云山的这三个股东大会的时间都在2015年的3月13日，也就是说，从公告日起，距离投票之日一共有24天。

在这接下来的24天里，股东们将可以考虑通过临时股东大会、内资类别股东大会和外资类别股东大会，用他们手中握有的投票权，对于广药白云山非公开发行A股股票事宜，投出赞成票还是反对票。

在这24天里，正如前面提到的，在香港市场，有研究机构根据“摊薄股东权益”这一个标准，已“一刀切”地建议对议案投反对票。

这让经历过广药集团重组时境外类别股东大会投票的人们顿时有点蒙。重组议案中，研究机构并没有以这么“一刀切”的标准做出判断。等他们了解更多信息后，才对香港市场的研究机构为什么做出这样的建议有了更多认识。这一次是非公开发行股票，它和重组议案的性质完全不同，而在香港市场，那部分研究机构给出投反对票的建议几乎是惯例。

这下可让参与非公开发行的组员们担忧了，做了这么久准备工作，难道前功尽弃了？

要解释清楚这个问题，这里要先说明一下香港市场的投资者是如何投票的。

香港市场的投资者，可以分为香港本地投资者和除本地投资者以外的国际投资者。香港的本地投资者，有机构的，有个人的。无论是机构，还是个人，他们都在机构开立证券账户。在香港市场投资的国际投资者，可能是个人或机构，透过国际的基金或实体在香港机构开户，再以基金或实体的名义，依据个人或机构的意愿进行投资。

那么，如果是一个非公开发行的议案投票，通常的一个流程是在香港的券商或机构，收到上市公司非公开发行议案的投票通知后，把它们告知香港本地的投资者。当然，也同时告知国际投资者。不同的是，因为有时差，国际投资者收到的时间可能相对滞后一些，而且收到通知的可能是代表机构或个人的基金或实体，也就是说，中间隔了一层，才能到达具有投票权的人那里。

还有一个问题是，收到非公开发行股票议案通知的，可能是券商和机构的前台部门，也就是分析研究部门，而负责把议案通知到在香港市场的国际投资者和本地投资者的，是后台部门，亦即相当于投资者管理这样的部门。

这里存在一个中间层，也就是说，开立证券账户的券商和机构的前台部门收到相关信息后，先要把这些通知传递到后台部门。前台部门何时以及如何传递相关信息，存在时间差和不确定性。

这有点类似于小时候课堂玩的一个游戏，就是一个同学以确保他的邻桌不会听见的声音，贴着后桌同学的耳朵悄悄地说一句话，后者听到这句话后，再把它传递到更后一桌，直到最后一排。游戏输赢取决于从第一排到最后一排，每位参与信息传递的同学，他们传递信息是否迅速、准确。

当然，这么描述并不准确，但从这个小游戏中，可以大致了解一个非公开发行股票的议案，它的投票过程中可能出现的客观流程上的不可控因素。

还需要说说主观因素。

券商或机构的前台员工收到通知后，假使他休假了、忘记了、电脑坏了，或者离职了，那这个非公开发行股票议案的投票通知多久后能到达后台部门是个问题。在不考虑以上极端情况下，传递到香港本地投资者时，可能最少需要一周。每个券商或机构不同，时间无法一概而论。关注非公开发行议案的香港市场投资者，有多少是香港本地投资者，不同公司不同，这也是影响因素。

接着是在香港市场的国际投资者。国际投资者，意味着投资者的地域分布很广，理论上讲，可能是全球任何一个地方。这部分投资者的复杂性还在于，在香港券商或机构开立证券账户的基金或实体，它本身可能注册于开曼岛等等各种地方。而这些可能注册于开曼群岛的基金或实体，它背后的投资者也是国际性的，可能来自全球各地。更不用说，那些国际投资者背后是否集结了实体或个人，如果往后推，就更加复杂了。

为了更好说明在香港市场的国际投资者这一部分，暂且把范围界定在在香港券商或机构开立证券账户的、注册地可能在开曼群岛等各地的实体或基金，它背后是国际化分布的个人，或代表实体的个人。

之后你会发现，能找到这个实体或基金背后国际化分布的个人，或代表实体的个人，实在太重要了。

再把香港市场的国际投资者对一项在香港市场非公开发行股票的议案进行投票的流程梳理一下，大约是这样：香港的券商或机构的前台部门收到通知，在没有任何干扰（主观或客观）的情况下，传递到后台部门，可能需要几天时间。接着后台部门传递到在开曼群岛等岛屿注册的实体或基金的代表，可能需要几天时间，前提是能找到这个在开曼群岛注册的实体的代表，比如，他们没有因为休假、离职、出差、生病等客观原因关掉手机。

这个基金或实体的代表，在没有任何客观条件干扰的情况下，再把这些信息传递给它背后的个人投资者，或代表机构的个人，征求他们的投票意愿。这个可能需要几天时间。

在这个环节里，这个实体或基金的代表一定要将相关信息向它背后集结的个人投资者或代表机构的、具有投票权的个人传递到位。信息传递到位后，还要确保投票意愿不能被忘记，要记录下来，再向上一层一层，最终反馈到在香港券商或机构开立证券账户的前台部门。

上述整个过程需要多少时间很难准确判断，不同机构不同个人效率和主观、客观干扰因素不同，乐观预期大约至少需要两周时间。

如果把这个流程再放到一个非公开发行股票议案被建议投反对票的事情上，有多被动，可想而知。

可是，广药白云山这个融合了白云山股份、广州药业股份，以及广药集团优质资产重组后的上市平台，在资本市场上第一次融资时碰巧就遇到了这个问题。如果再加上一层竞品，比如可能干扰各个环节的因素，想来它的复杂和不可控程度实在让人头大，更无法言说。

在这样的状况下，上市公司的投资者关系部门通常可以发挥一些作用。比如，他们会和看好的上市公司，或者已经投资多年的上市公司，或者潜在准备投资的上市公司的机构或个人，基于证券法规约束内的良好互动和信息沟通机制，比如，公告中披露的公司未来发展战略、融资用途、为什么融资、融资对上市公司接下来发展有什么样的价值或意义、盈利预测如何、可行性分析等等。这些机构或个人不一定有时间去完整了解信息，有时他们可能看到了香港市场的研究机构的一篇关于投反对票的研究报告，就直接投了反对票，或者表达投反对票的意向。对于这些投资者，上市公司投资者关系部门是可以再做更进一步的沟通的，把公告中最主要和核心的信息传递得更准确，让投资者收到的信息对称。

广药白云山必须启动这样的流程，以消除信息可能不对称带来的、本可以投赞成票的投资者却投了反对票的可能性。

在香港中介机构的帮助下，广药白云山的投资者关系部门和一些机构投资者代表、个人投资者见了面，把广药白云山关于非公开发行股票中的核心和关键内容提炼出来，向他们说明这对于公司未来发展的重要性。

长线投资者、一些看长期的个人投资者，投资一家上市公司更看重它的未来、基本面、商业模式等等。对于这类投资者来说，他们明白摊薄股东权益的影响，与长远发展相比，长远的发展显然更加重要。这类投资者在了解清楚情况后，可能改变他们的投票意愿，并把他们的投票意愿告知开立证券账户的券商或机构。

在香港市场，这种做法通常被称为“拜票”。

这种拜票的行为，在香港市场很常见。香港市场的规则比较完善，中介机构明白他们违反规则可能承担的后果是致命的，因此，在组织投资者和上市公司投资者关系部门见面时，他们的角色是中立的。与投资者做沟通的上市公司投资者关系部门的人员，明白证券市场的规则，传递的信息基于公告内容的范围。但无论如何，更进一步的交流总是能消除信息不对称可能带来的鸿沟。

一个有趣的细节是，直到上市公司收到投票结果前，没人知道投票结果会是怎样。理论上讲，单个议案的投票结果没有可控性，无法预测。

香港的券商和机构，走完非公开发行股票议案的投资者通知与意愿反馈全部流程，反馈到他们这里的信息，在投票截止前通过他们的后台部门在香港证券登记部门的系统里直接提交。

哪家券商或机构有多少人投了赞成票或反对票，每个券商或机构之间相互是不知道的。只有截止到最后一刻全部提交完了，香港交易所的证券登记部门才知道结果。但这个中立的机构，收到这一个一个的结果，通过系统做完统计后，直接给到上市公司。也就是说，给到上市公司的是一个最终结果——通过，或者没有通过。

这个过程，有点像通过铅笔做机读卡答题的考试。考试结束后，机器最后告诉你考了多少分。理论上讲，没人知道单次考试的通过率。

当然，经验判断是可循的，比如每个同一科目单次考试的通过率是多少，大致会有一个统计数据。就像非公开发行股票的议案，在一些研究机构的评判标准里通常都会给“否”一样。但在关于非公开发行股票的议案的投票里，哪些投资者可能投赞成票，如果是市场的习惯性和长期性参与者，是有经验值和数据可以参考的。

不过，谁也没有百分之百的把握，即便其中可能有误。

2015年3月16日，广药白云山发布了一则公告。

公告中提到，因关注到（关于非公开发行A股股票的议案中）H股股东对临时股东大会和H股类别股东大会中的相同议案，表决情况出现了明显差异，为公允反映股东真实投票意愿，充分保护投资者权益，公司尚需要对相关情况进行进一步核实，预计无法于2015年3月17日发布股东大会决议公告。经申请，公司股票将于2015年3月17日继续停牌。将不晚于2015年3月18日发布股东大会决议公告。

按照香港上市公司规则，股东大会召开两个工作日后，需要公告股东大会决议。广药白云山召开H股类别股东大会的时间为2015年3月13日，当日是周五，除开周末的两天时间，也就是说，按照规则，广药白云山需要在2015年3月17日发布股东大会决议。

问题是，广药白云山发现，H股股东对临时股东大会和H股类别股东大会中的相同议案，表决情况出现了明显差异，而这个差异，可能导致非公开发行A股股份的议案不能被通过，那么关于融资额度、广药集团关于“王老吉”商标承诺的修改和引入云锋基金做投资者、员工持股计划、省市国资部门的关注和支持，以及接下来的发展，都可能成为泡影。

拿到这个结果后，非公开发行股票的参与者们都泄了气，感觉非常沮丧，甚至连国资部门的相关领导都打电话给李楚源表达慰问。电话中安慰他说，广药白云山非公开发行的参与者们都尽力了，请他理解并接受相关结果。

李楚源从关于药品回收事宜的工作现场赶回广药白云山时任董秘陈静的办公室后，坐在那里，很不甘心，他没有一点放弃的想法。除此之外，他想知道，到底哪里可能出了问题，导致临时股东大会和H股类别股东大会相同议案的投票出现了差异，他其实想弄清楚会不会是在香港的券商或机构，哪里出现了失误。

李楚源想弄清楚这个根本问题，是一个比较大胆的想法。一些人可能不会去这么想。有的人可能这么去怀疑了，但他们多半会放弃这种怀疑，原因在于让一个券商或机构承认失误，如果没有十足的证据，那简直比让一个没有坐过飞机的人去登月还难。

可是李楚源不但这么想了，他还安排人去香港找证据。

广药白云山副董事长陈矛、广药集团副总经理程宁和另一位同事，第一时间去到香港。握着手里的临时股东大会和H股类别股东大会的投票结果表，他们理了理，看看哪些机构可

广药白云山路演

能出现了失误。

正如前面提到的，H股类别股东大会投票前，广药白云山投资者关系部门在中介机构的组织安排下，前往香港，一场一场地做了拜票。他们甚至倒推了流程，在中介机构的安排下，向在香港市场的国际投资者一个一个地根据时差打了电话进行了拜票。

从拜票的反馈来看，那些在香港市场投反对票的投票者和广药白云山投资者关系部门沟通后，表达了他们愿意改变投票意愿的想法。

合理的疑问是，改变投票愿意的投资者，他们的反馈在香港券商和机构那里是否做了即时记录？香港券商和机构的后台部门，是否确实按照之后最新的意愿提交了投票？

拿着投票结果，逆着流程，程宁和同事展开了查证。到周日晚上，她们查证到的确有投行出现了失误。但程宁却感到有些无助，她觉得要让投行承认错误是一件很难的事情。

在程宁和投行反复沟通后，对方最终同意了修改意见，但发出确认邮件尚须等待一段时间。她给李楚源打了个电话，向他汇报了情况，并征求他的意见，要不要返回广州等待。

接到电话时，李楚源还在处理一个工作事项，他对程宁说，让她再等等，他立即去香港。李楚源去香港的出发点是给程宁打气，他希望为此再做出最大的努力。当晚，李楚源便赶赴香港。

周一上午一上班，即3月16日上午，李楚源和程宁一大早便来到香港交易广场，他们着急地等待着回复。在此之前，在中介机构的帮助下，他们已经把相关证据提交给了出现投票失误的券商，券商在收到相关证据后，也表达了他们对失误的抱歉，并表示愿意出具书面材料，向相关机构证明的确是因为他们的失误，导致了H股类别股东大会的投票结果出现偏差。

在此之前，重组工作小组已拟定相关申请，向联交所和上交所汇报情况，并申请了3月16日即周一的临时停牌事宜。

收到这家国际上知名投行出具的文件后，各方接受了这一结果，并按照最新的情况，让广药白云山准备相关的股东大会决议公告文件。

这让人想起“有梦想就会了不起”这句话。如果李楚源当时不去质疑可能哪个环节出现了失误，没有安排人去跟进，没有在安排的得力人手对跟进感到希望渺茫时给予鼓励，没有亲自前往给予支持，那么，广药白云山的非公开发行A股股份的议案投票结果可能就是不通过，甚至连不通过可能是失误造成的真相都随着一阵清风，消失于2015年的广州初春里，淹没在那些无法追溯真相的尘世里。

第二节 突如其来的资本市场受挫

2015年3月17日，广药白云山发布了临时股东大会和类别股东大会的决议。在控股股东回避表决的情况下，临时股东大会、A股和H股类别股东大会对于非公开发行股票的议案，都获得了三分之二的投票通过，这意味着，重组后上市平台广药白云山的首次融资在获得中国证监会的核准后，方可实施。

有必要说一下这时的资本市场状况。2014年底，广药白云山筹划非公开发行股份前，阿里巴巴在美国纽交所挂牌上市，首日股价报收近94美元，市值破2300亿美元，是6年以来美国最大规模的IPO。阿里巴巴从一家互联网小微企业走进了纽交所，成了中国互联网经济发展中的重大里程碑。

这一年中，房产限购相继取消，楼市调控举措开始放松。2014年6月底，呼和浩特市率先宣布取消限购，之后一个多月里，相继有30多个城市以不同方式对限购政策做出调整。到当年底，除了北京、上海、广州和深圳几大一线城市，以及三亚之外，40多个限购城市中90%以上正式取消，或变相放松了限购。

在此之前的2014年初，暂停14个月后，A股重启IPO。这是自2011年11月后，中国资本市场的新进展。在这一年，注册制改革推进，新三板转板机制加速。当年5月，中国国务院发布的“新国九条”推动着中国资本市场的发展和变革，它意味着无论场内还是场外，公募还是私募，在股权、债权、现货和衍生市场，都正在迎来一个全方位的战略性布局。

更具有标志性意义的是“沪港通”的开通。

2014年11月17日沪港通正式开通。它标志着中国内地资本市场和境外市场的连接开始。尽管它的目的是通过沪港通渠道引进资金，为内地企业融资和发展提供平台。

当然，还有接踵而至的央行意外降息。2014年11月21日，也就是广药白云山停牌筹划关于非公开发行股票前半个月，央行宣布，从11月22日起，下调金融机构人民币贷款和存款基准利率。这是距2012年7月宣布降息后的再次降息。贷款基准利率随之下调0.4个百分点，那是继2008年11月27日以来最大的一次贷款利率下调。央行给出调息的解读重点是，引导市场利率和社会融资成本下行；促进实际利率逐步回归合理水平，缓解企业融资高成本；为经济持续健康发展提供中性适度的货币金融环境。

央行意外降息的消息发布后，中国的股市开始了突飞猛进而又疯狂的拉升。

截止到2014年12月31日收盘，上证综合指数创下年内新高3234.68点，全年涨幅超过52%，创下自2010年以来最大年度涨幅纪录。第四季度涨幅高达36.84%。这样的趋势似乎确认，一波慢牛市行情可能正在到来。

截止到2015年3月31日，亦即广药白云山召开临时股东大会和内、外资类别股东大会通过关于非公开发行股份议案的那个月月末，上证综合指数创下了3747.9点的2015年第一季度新高。

种种迹象表明，中国的资本市场从2014年底开始进入一个上升通道。由此来看，广药白云山找到了一个很好的非公开发行股票的时间窗口。

接下来，广药白云山开始做相关准备工作，一旦中国证监会核准后，便可以发行新增股份融资。

因非公开发行股票涉及员工持股计划，涉及对公司章程等进行修改。这段时间内，广药白云山便着手做公司章程相关的事宜。加上之前重组时，广药集团就转让商标和房地产，对广药白云山前身广州药业做出过补偿承诺，于是同一时段内，广药白云山也正着手相关事宜的解决。

2015年5月4日，广药白云山取得了中国证监会出具的中国证监会行政许可申请受理通知书，这意味着，中国证监会对这家公司提交的上市公司非公开发行股票行政许可申请材料进行了审查，在申请材料齐全，符合法定形式后，行政许可申请才会受理。

不过，非公开发行股票事宜须中国证监会核准。

为了确保非公开发行股票后，广药白云山的H股符合联交所上市规则中关于公众持股比例的规定，在董事会、2015年第一次临时股东大会和类别股东大会审议通过议案时，同时审议授权董事会根据市场情况和需要，决定单独或同时发行、配发不超过已发行境外上市外资股20%的新增股份。2015年6月28日，在2014年年度股东大会上，审议通过了对董事会H股增发的授权。

也就是说，广药白云山的准备工作看起来已经到位。

大约几天后，广药白云山收到了中国证监会行政许可项目审查反馈意见通知书。在这份通知书里，证监会对于一些重点提出了疑问。比如，关于募集资金补充流动资金的测算，在补充流动资金方面，要求广药白云山的保荐机构就报告期内营业收入增长情况、应收、应付以及存货等，对流动资金的占用情况，说明补充流动资金的测算情况等等。

2015年7月9日，中介机构就中国证监会的上述相关问题做了详细答复。之后，广药白云山按照对监管的回函，对非公开发行股份的相应内容做了修改并予公告。

不过，对应的时间段内，中国的资本市场已经发生了巨大变化。作为一个小股民，估计用尽想象力也无法想象到，从2015年4月1日到6月30日的一个季度内，A股玩起了“蹦极”，爬到峰值，然后迅速跌到谷底。

2015年6月12日，一个周五，A股创出了5178.19点的季度和几年来的新高，过了一个周末后，急速下跌，从6月15日到6月18日，下跌了几百点，市场开始措手不及。

另一个数据是，2014年12月19日，融资融券刚破万亿元，之后两融余额一路曾突破2万亿峰值。

还有一个数据值得关注。2015年5月25日，深沪两市成交量突破了两万亿元，创下全球史无前例的成交纪录。这个纪录令人惊奇，也让市场担忧。可以对比的是，即使在2007年的大牛市，上证综指超过6000点时，两市成交量也才1000多亿元。而在公开数据中可以查询到的是，在2015年5月25日前，美国纽交所和纳斯达克两个交易所，加起来的日成交量，最高纪录出现在2006年10月20日，当时的成交额为2328.273亿美元。

问题在于，市场的担忧之后是恐慌，上证指数一路下跌。6月26日，上证综指大跌7.4%。

接下来，下调交易结算费，叫停IPO，大资金入市，一个接一个稳定市场的措施出台，但市场像是听不见，只管我行我素一直往下。

就在广药白云山回函中国证监会的当日，中国公安部会同中国证监会，联手排查恶意做空的线索，针对涉嫌恶意做空大盘蓝筹股的十余家机构和个人开展核查取证工作。

接下来的问题是，中国证监会对广药白云山的非公开发行股票计划会怎么批复，以及广药白云山是否还能在经历波折通过的临时股东大会和内、外资类别股东大会决议后的有效期里，启动融资？

恐怕很难说。

2015年7月12日，中国证监会发布了《关于清理整顿违法从事证券业务活动的意见》，对违规公司下发了巨额罚单。

基于市场和监管环境的变化与要求，广药白云山决定下调非公开发行股票规模，将一些投入计划削减或延后，融资规模相应调为不超过83亿元。

这是一个巨大的调整，意味着无论认购方，还是员工持股计划，都需要做出相应调整。之后，广药白云山把调整后的方案再次上报中国证监会审核。2015 年 12 月 9 日，中国证监会发行审核委员会对广药白云山非公开发行 A 股股票的申请，进行了审核并通过。

鉴于获得中国证监会发行批文后，实施方案尚需要一定时间，而非公开发行A股股票的股东大会决议有效期即将到期，根据规则要求，同时又须提前45天发出股东大会会议通知，为了确保非公开发行工作顺利推进，广药白云山经董事会审议同意，在分别获得临时股东大会和类别股东大会批准的前提下，延长A股发行决议和授权决议的有效期，到公司2016年第一次临时股东大会和第一次内资、外资股股东类别股东大会分别批准相关决议起，12个月后到期。

也就是说，这次一波三折的非公开发行，从2015年将跨入2016年，且还需要再次履行相应的股东大会投票流程。

2016年3月10日，相关股东大会投票通过了延期非公开发行股票的决议。大约两个月后，广药白云山收到了中国证监会核准发行的批复，核准非公开发行不超过约3.5亿A股股份，并要求按照报送中国证监会的申请文件实施，6个月内有效。同时也核准了经修改后的员工持股计划。

2016年8月17日，非公开发行新增股份在中登上海分公司办理完毕登记托管手续。新增股份性质为有限售条件股份，股票限售期 36 个月，限售期满次一交易日，便可在上交所上市交易。

至此，经历引入投资者的懵懂探索和紧急时间，制订利益共担和风险共享的员工持股计划，遭遇险象环生的类别股东大会投票和资本市场的风云变幻，以及调整非公开发行股票计划，并重新走过一遍延期发行须履行的流程后，广药白云山首次征战资本市场的融资告捷。

接下来，市场期待着这个医药产业的资深新贵，演绎它的风华正茂，展现它的绰约风姿。

第十二章
金戈来了!

时任广州医药海马品牌整合传播有限公司董事长陈志钊依然记得，2014年10月底，当白云山金戈在广州开展“中国性科学普及工程——男性健康中国行”的大型公益活动时，不少广州市民带着好奇心，来到现场参与。

不过，据他观察，一些市民的表现特别有趣：一边看着展出的关于两性健康的科普和性知识的内容，一边又带着不可捉摸的神态，这种神态里有害羞、不好意思、难以名状、高深莫测、委婉含蓄，或楚楚动人。

这次活动让他感受到，两性知识和关于性的药品有一个心理打开的过程，而这背后可能是巨大的市场。

这是广药白云山金戈产品获得生产批件申请两个月后。

正在广药白云山启动非公开发行股票筹划事宜前不久，即2014年7月31日和 2014年8月22日，广药白云山以“金戈”为商品名称的“枸橼酸西地那非”获准生产。

一个月后，这家公司又取得了国家食品药品监督管理总局核发的“枸橼酸西地那非”和“枸橼酸西地那非片”的药品补充申请批件。也就是说，广药白云山申报的“枸橼酸西地那非”原料药和片剂的生产注册批件申请已获得批准。

随着非公开发行融资资金的到位，金戈的顺利投产和上市，显然是从其中受益的药品——白云山总厂每年在研发领域投入数亿元。

金戈已成为广药白云山的主要产品之一。2017年，它的销售量同比增长幅度惊人。需要说明的是，从2016年起，它已成为这家公司第二大主力品种，2016年市场终端销量为2498万片，当时的市场占有率接近49%，居行业首位。

不过，这个药品的上市，可谓经历了“犹抱琵琶半遮面”、不可言说的时期。

白云山金戈生产基地

第一节　试用！试用！

2014年10月28日，金戈正式上市。这是一款由广药白云山下属公司广州白云山制药总厂，针对男性勃起功能障碍（ED）而推出的药品，被称为首个国产“伟哥”。

事实上，金戈是治疗勃起功能障碍的一种药物。它是通过增加阴茎血流量，同时抑制阴茎海绵体中导致阴茎疲软的酶的分解，来起到保持阴茎海绵体内性爱信使浓度和维持勃起的作用。服用金戈并不能直接诱发性欲，而是需要在一定的性刺激下才能发挥作用，也因此，这也更体现出了它作为一种药物的特点。

这个药品的面市背景，基于“伟哥”在中国的专利于2014年5月12日到期。在此之前，国内有近20家药企先后申请了仿制“伟哥”的生产批件，争夺抗ED药物的市场份额。白云山金戈首批获得相关批文，被称为“伟哥之父”的诺贝尔奖获得者穆拉德博士对于药品的研发和投产给予指导和帮助。

市场上有一种流传的说法是，员工一般是自己公司产品的第一批使用者。

金戈上市，广药白云山的一些管理层人员是第一批用户。

这是金戈上市后的第一个问题：用户从哪里能了解到这款产品？

通常来说，如金戈这样的产品，一般是从大型连锁药房和医院两大渠道铺货，即采用“药店为主，医院为根”的策略。当然，具有资质的互联网药房，也是可供选择的渠道之一。基于金戈本身是药品，所以一般建议需求者在医院在经过专科医生检查和指导后，再根据处方单购买。另外，即便是线上药房购买金戈时，仍然需要处方单。

不过，需要注意的是，医药市场都有一个公开招标的过程，如果把上市这个重要的信息通过招标来传播出去，显然不现实。原因在于招标周期通常很长，从新药上市的角度来看很难一下让市场广泛关注。

于是药店成了重要渠道。如果有院外处方，药店是最贴近人群的渠道。

不过，普通人兴许并不知道这些信息，这也是金戈面市后的推广难题。

一些新的市场策略开始尝试。

广州白云山制药总厂推出“中国性科学普及工程——男性健康中国行”，通过借助全面广泛的科普推广，减少因男性疾病私密属性导致的绝大多数ED患者不愿积极，或没有在正规医疗机构就诊的情况。

之后，广州白云山制药总厂又多次开展“为男性减压”“其实男人更需要关爱”等一系列活动，从生理到心理，开始做市场铺垫。

2015年1月24日，亦即金戈上市两三个月后，广州白云山制药总厂联合中国性学会、北京大学医学部性学研究中心、吴阶平医学基金会、中华医学会男科学分会等单位，发起主办“男性健康中国行”，这是科普讲座的首站现场开讲，当天有几百名市民来到现场。

按中止前的计划，从那一场开始，这个活动预计走遍全国31个省区市，通过科普巡讲、专家咨询、学术论坛等方式，培训男科医生；通过线上和线下活动，普及男性健康知识，把基本知识和健康理念向更深的渠道下沉，推动金戈类产品走到市场需求的更纵深处。

白云山金戈的上市，是广药白云山大南药板块发展的里程碑式事件，从中国市场角度出发，它打破了外资企业对ED市场的垄断，也标志着广药白云山正式进军男性医药健康领域。经过几年的发展，金戈已实现了从“0”到“1”的飞跃。

金戈研发负责人曾透露，在研制药品时，对金戈药效做过分析后，在原研品亦即外资竞品相同效果前提下，金戈同剂量价格下降约三成，单次用药剂量下降一半，综合起来是单次用药金额下降六成。

这是金戈价格更具优势的根本所在，亦正因此，当金戈上市时，人们最关心的问题便是药品单粒的价格。而价格存在的优势，又极大促进了市场扩容。

2017年5月21日，金戈新产品上市，更是定下了用100毫克拓展大连锁业务、25毫克拓展轻症ED市场、50毫克巩固原有市场的市场策略，还为金戈确立了情趣用品的定位。

这个情趣用品的定位，来源于市场调研。

于是，金戈在包装的设计上，想要呈现出一种浪漫氛围。

市场上可以看到的金戈，它是粉红色菱形药片，很抢眼，金色包装盒很绚丽，与一般朴素的药品有明显的不同。

2014年金戈上市时，在东方宾馆开发布会，专门邀请了帅哥美女，来展示这种青春活力和爱情的感觉，通过消费者的感知，去认识金戈。即便到场的专家，也并未完全从治疗角度去讨论男科，而更多的是谈怎样释放压抑的性文化，以更多的包容去理解这个药品。也正因此，金戈赋予着国内性文化的革新，一举与江湖郎中用所谓的补肾壮阳中成药的概念划分成了不同的阵营。

金戈是竞品仿制药。竞品做市场时，更多从传统治疗药物角度去打市场。问题在于在中国市场，人们趋向于不太承认甚至不会感觉这方面有问题，也不会去看医生。金戈通过巧妙的差异化市场感知去切入，赢得了更好的认同和接受。

从销售数据来看，金戈上市的第一年，市场零售额已超过7亿元。原研版“伟哥”此前在国内市场一年零售额11亿元左右。但由于金戈市场零售价低于原研药，实际销售数量已超过原研药。金戈还在积极开拓国际市场，在多个国家启动了药品注册。

金戈的销售数据远超其上市时的预期。

上市时，广州白云山制药总厂并未给金戈设定销售目标。与市场不俗的表现相比，起初的心理预期比较保守。

推出金戈时，竞品在中国的市场总量在11亿元左右，金戈的团队能想到最好的数据是5亿元至6亿元，也就是约占竞品前一年50%的规模，已经是非常好的结果，第一年的心理预期甚至更低。

从传统医药销售思维中感知的东方文化是，希望西药也能有中成药那样固本培元的属性。不过，金戈一推出，给出的信号就比较明确：有效、安全。

为了让“安全”两个字更具象，陈志钊和团队还用了数字化的方式来做呈现，当然，这本身也是金戈的药品策略。

金戈上市的2014年，市场通常有的“伟哥”产品是100毫克的剂量，而金戈的市场策略是50毫克。之所以定50毫克的剂量，原因在于临床试验中，50毫克能达到效果。一个可供参考的数据是，美国药店推荐的同类产品的剂量也是50毫克。从临床试验来看，50毫克和100毫克相比有效性可能会降低几个百分点，但硬币的另一面是安全性成倍增长。这个对比来源于100毫克副作用概率是几个百分点，用50毫克更会显著降低。

从市场策略来看，金戈更想传递的是两性文化。用西药技术治疗ED，可以解决实际生活问题，这点的策略目标更针对消费者理念。

当前，市面上卖得最好的金戈产品是50毫克的一片装和十片装。金戈负责市场的人员推测，这可能和消费者的尝试心态有关，试用后确认有效，进而购买性价比更好的10片装。

金戈的市场研究数据发现，购买者一般经济能力比较好，工作压力大，生活品质要求高，且新的变化和趋势是用整体健康视角治疗ED，且ED年轻化。

正如刚上市时，试用过金戈的人给陈志钊打电话，说朋友想打听一下哪里能买到金戈。抗ED类产品的隐晦特性，让传统的产品策略很难奏效。

于是，广州白云山制药总厂在加速发展男科产品群的同时，针对新形势通过男科医生成才计划、公益宣传等，联动男科协会，开展消费者教育和终端店员教育。

从金戈的发展来看，广州白云山医药销售公司不断加大了和重点连锁客户的合作力度。无论是广药白云山董事长李楚源，还是广州白云山医药销售公司董事长裴泽建，他们都自己主动到百强连锁企业拜访，把工作重点从过去传统的深度分销模式，向加强与主流连锁、基层医疗机构沟通为主的转变。

无论从国家宏观政策导向，还是市场的趋势判断，连锁药店都是未来医药渠道的重要形态，连锁药店的发展也依赖品牌公司的支持，两者都是未来医药市场的主角，互相依存度比较高。从数据来看，金戈在连锁药店的销售权重已达普药销售的50%。由此看来，消费升级是促进供零战略合作转型的好机会，也有促于销量的提升。

不过，金戈的上市，到销量的突飞猛进增长，并非一帆风顺。毕竟，竞品已经在中国市场上耕耘多年。让参与金戈面市的成员印象更深刻的，恐怕要属刚推向市场时，竞品流传出来的“斩首”行动。

这是市场竞争的残酷性。

第二节 “斩首”中新生

新生药品，从价格、剂量上挑战原市场格局中的“霸主”地位，金戈被一个流传出来的“斩首”行动的市场策略盯上。

金戈推出来时，市场上出现了不同的声音，有的来源于多年来就对竞品了解而又近距离观察和研究的权威。

这不难理解。

对于市场来说，它是一款仿制药品，且刚刚上市。无论专家也好，权威也好，他们可能对于这样的药品尚未接触，抑或有其他竞品先入为主的印象，新药品在他们的眼里，终归是会有一个渐渐被了解认同的过程，但这并不意味着这样是公平的。

不过，如果是故意为之，则显得很尴尬。

金戈上市发布会时，邀请的专家和学者有的参加了，有的没有参加。没有参加的，甚至可能公开表达了对竞品的支持，提出竞品有哪些方面的优势，与金戈针锋相对。

比如前面提到的关于50毫克与100毫克剂量、药效与安全性的问题。这让金戈很被动，一个新生药品正在遭遇巨大的挑战。

不过，金戈并非没有准备，只不过，它们并没有想把这些数据这么早公开出来。当一些专家用竞品优势，拿到弗里德·穆拉德博士这里去做一些印证时，穆拉德摆出了数据——生物等效性。

在2014年底一次北京的公开发布会上，一头白发的弗里德·穆拉德博士表情丰富地说，市场竞争虽然激烈，但作为首个中国“伟哥”，白云山金戈具有与原研产品一致的品质，有助于在市场竞争中获胜。他还不得不专门提到，中国市场潜力巨大，相信金戈上市后能取得非常好的业绩，成为广药白云山的大品种。

为了表明他对金戈系列产品的期待，他还就金戈后续开发“女用伟哥”和市场前景等问题和科研骨干现场进行了互动交流。

之后，竞品方面立即息了声。

顺着这样的思路，更多权威声音沟通的渠道建立起来，金戈与学术机构和专业的科研机构展开了合作。

沿着金戈药品的原理，广药白云山与钟南山院士合作，研究金戈在肺动脉高压治疗中存在的可能性。凭借一氧化氮机理研究和应用成果心得等，弗里德·穆拉德博士获得了诺贝尔奖。而国际制药巨头最初研制出的“枸橼酸西地那非”（“伟哥”），也是利用他发现的一氧化氮机理开发的新药。作为生物化学、临床医学等多学科领域造诣深厚的诺贝尔奖获得者，他在后续的研发过程中，发现“枸橼酸西地那非”具有治疗高血压、心脏衰竭、部分癌症等功效。也正因此，广药白云山投入研究金戈系的肺动脉高压药品，为人类健康服务。

肺动脉高压（PH）是一种肺血管疾病，随着患者肺部血管阻力的持续性升高，最终可导致心脏和呼吸衰竭。肺动脉高压患者虽然外表健全，实际上却具有严重的行动障碍。比如，肺动脉高压患者上楼梯，夸张地说难度并不小于让一个健康的人攀登珠穆朗玛峰。

更重要的是，肺动脉高压是一种比较危险的疾病。随着患者肺部血管压力和阻力的持续性升高，最坏的结果是可能导致心脏和肺部衰竭，在不能得到及时正确的诊断以及规范治疗下，死亡率可能比乳腺癌和结直肠癌还高。

公开资料显示，流行病学分析中国约有百万计肺动脉高压患者，他们大多依靠进口药物来治疗，经济压力和身体负担较大。这种病的患者，因缺氧会导致嘴唇呈蓝紫色，也被称为“蓝嘴唇”。

也就是说，在同机理药品上，广药白云山试图研究拓展它的更多可能性，它一方面是金戈可靠性的表现，另一方面也体现出了金戈药品机理的可延展性。

从金戈上市到遭受竞品的干扰，再到生产和铺货，大约4个月到8个月的时间，才终于传导到了终端药店，它的迹象是药店的反馈和询问纷至沓来。

市场数据也传导回来。调研数据显示，线下购买金戈产品的主力人群年龄在35岁以上，电商平台上的主力购买人群则是20多到30多岁的年轻人。

金戈的产品传导到药店终端后，它就一直处于迅速增长中，2015年底，甚至处于暴涨中，这点从新药品上市后一直处于铺货状态和销量持续增加上就能感觉到。

在乐视的一部网剧中，年轻人还看到了金戈。那是一个偶然的机会，金戈与这部剧产生了合作，但没有想到的是，金戈这个名字却在微信朋友圈意外火起来，蹿红成了一个网红药品。

当然，随着网剧停播，金戈也因此受了罚。

不过，广州白云山制药总厂从1998年就开始研究金戈，直到上市的2014年，整整用了16年。

在那一年，按照国内化学药一类新药的要求，白云山会同广州白云山医药科技发展有限公司组建了研发团队，展开对枸橼酸西地那非（即金戈前身）的研制和申报。3年后，枸橼酸西地那非原料药和片剂获得了国家药监局一类新药临床批件。

之后，白云山制药厂的金戈便开始在原北京大学人民医院、北大第一医院、北大第三医院、中山医科大学附属三院等进行随机、双盲、安慰剂平行对照的多中心临床研究。研究结论是安全有效。2003年6月，枸橼酸西地那非原料药与片剂获得国家药监局一类新药证书。从那时起，白云山制药应该觉得自己离国内首个“伟哥”一步之遥。

然而，的确是一步之遥，但这一步，走了十年。

基于专利保护，白云山制药需要等十年才能开展生产批件注册申请。于是，时间就流转到了2014年。

十年间，白云山制药厂枸橼酸西地那非原料合成工艺“制备喜勃酮用的中间体及其制备方法”获得发明专利，另一发明专利“喜勃酮的制备方法”获得授权。也就是说，它和原研竞品伟哥的路数，又有了些许不同。

在专利保护到期两年前，白云山制药便启动了枸橼酸西地那非原料药和片剂的申报生产批件工作。这一年9月，广药集团聘任了弗里德·穆拉德博士，请他做博士后科研工作站的指导老师，而“枸橼酸西地那非原料药及片剂的研制”项目，是穆拉德带领博士后进站的首批研究课题之一。

在“质量源于设计”的理念中，广药集团要求按美国和欧洲标准以及国家最新、最严的标准开展系列一致性研究，使产品质量达到了国际质量标准要求。在专利到期前一年，穆拉德博士专门就金戈项目的研制和申报情况和白云山制药总厂的团队展开了讨论，那时他的反馈是对项目研发质量和进度满意，盼望金戈早日上市。

专利保护到期后一个月，白云山金戈通过了广东省食品药品监督管理局组织的连续3

批严格动态检查。之后，国家食品药品监督管理总局网站显示，金戈原料、制剂生产批件全部完成审批。

审批全部完成后，白云山制药总厂便启动了生产上市计划。机构的效率如开动的机器般开始运转。白云山制药总厂与国内排名靠前的大型连锁药店签约，率先在一线城市铺货，全国各省份药店同步上市，2014年底完成第一轮铺货。

此时，金戈定下的目标是争取在三到五年时间，实现5亿元到10亿元的年销售规模，并在三方面发力：以药店为主，以医院为根，以其他渠道做补充，依托于金戈的价格优势，挤占抗ED类药物竞品的市场份额；依托产品确切的疗效，挤占众多抗ED类药物的份额；通过医生和患者教育，提升大众对ED的认识和重视，促进抗ED类药物市场的扩容。

大约不到一年后，金戈已在超500家批发商、超1000家连锁药店和超3万家单体药店完成铺货，实现了销售中关于“买得着”这重要一环的落地。

也就说，到2015年10月，中国市场上人们开始可以更容易地接触到国内“伟哥”，这让一部分需求者对于这个之前可能“高高在上”，或者“离得太远”的药品有了一次新的认知。

“伟哥”的商品名为“Viagra”，是第一个在美国获准使用的口服治疗男性勃起功能障碍的药物，1998年3月27日经美国FDA（美国食品药品管理局）批准首次在美国上市。

随着渠道的打开和市场的扩容，以及人们对于它的认知的加深，抑制的需求和非正规渠道购买同类药品的需求，逐步转移到购买金戈类药品上来。

2015年，金戈为广药白云山贡献了超过2亿元收入，对当年广药白云山的净利润贡献超过15%。次年，金戈以占大医药板块较高的营收份额，成为广药白云山第二大核心品种。

因为金戈产品的亮眼表现，白云山制药总厂再次展现了它的前瞻性、品牌实力与生产实力。

白云山制药总厂在2018年中国500强企业中排名第165位。这家制药总厂，连续多年位居中国工业制药百强企业榜首，它是广药集团旗下最大的制药工业企业，也是国内实力较强的单体制药工业企业。作为国内著名的抗生素、抗ED药生产企业，白云山制药总厂是一家集科研、生产和销售于一体的制药厂，年销售规模超过30亿元，销售收入和利润持续多年较稳定增长，拥有“白云山”“抗之霸”两个中国驰名商标，还有11个剂型超过300个品规的产品，抗生素产品群几乎涵盖所有抗菌消炎常用品种，而国产“伟哥”成了它新的明星药品。

除了金戈，令白云山制药总厂声名卓著的还有它所拥有的35项国内外发明专利。这家制药厂培育出了全球唯一由中国人自行研制、拥有自主知识产权，并首先应用于临床的半合成头孢菌素——头孢硫脒。这一研发成果，获得国家技术发明二等奖。

此外，它自主研发的头孢菌素类全新化合物——头孢嗪脒钠，获临床批件，是中国近二十年来，唯一成功获批的头孢类1.1类新药临床批件，也正因此，白云山制药总厂被认定为国家企业技术中心、国家高新技术企业和广东省高新技术企业与创新型企业。

作为中国知识产权优势企业、广东省知识产权示范企业，2011年，白云山制药总厂还获得了广州市首届保护知识产权市长奖唯一一个一等奖。

除了"伟哥"之父穆拉德博士为白云山制药厂研发指导老师外，中国工程院院士唐希灿也是这个制药厂的首席科学家，而中国科学院院士魏于全是它的双聘院士。白云山制药总厂与中山大学、北大药学院等进行产学研合作。

受益于广药集团重组重新打开资本市场融资功能，资金投入到了白云山制药总厂的产业升级中，先后投资超亿元，建造了具有国际化先进生产水平的粉针大楼。此外，投资1.8亿元、占地170亩的广药白云山揭西生产基地，年产值可达10亿元，使得技术先进、绿色低碳、高效率和低成本成了它的特色。它亦是国内较大的口服青霉素生产基地、感冒镇咳类中成药生产基地。2015年，它入选了全国100家互联网和工业融合创新试点企业。

如果回溯白云山制药总厂的历史，可以看到近40年来中国制药工业发展的脉络。白云山制药总厂的前身，是1973年成立的白云山农场制药车间。八年后，白云山制药厂成立。之后两年，广州白云山制药厂药物研究所成立，至此，研究板块开始进入白云山制药总厂。

这家制药厂比较典型的品牌建设方式便是承办足球队。1984年，白云山制药总厂的前身开始承办广州市足球队，开中国企业办体育先河。为此，广州市委、市政府召开了学习和推广白云山制药厂经验会议。正式定名为广州市白云山制药总厂，是在1987年。一年后，广州白云山企业集团股份有限公司成立，广州白云山制药总厂成为集团旗下独立法人机构。

1992年，以白云山总厂为核心的广州白云山制药股份有限公司成立，差不多在那前后，广药集团董事长李楚源开始在白云山快速成长。一年后，广药白云山的前身公司之一白云山股份，作为深交所首批上市公司在深圳上市。

七年后，白云山制药总厂从白云山制药股份有限公司组织架构中分离出来，设置独立组织架构及管理班子。两年后，广药集团先托管后重组白云山制药股份有限公司。直到广药集团进行重组，用上市平台广州药业股份吸收合并上市平台白云山股份，之后新的上市平台为广药白云山。

2009年以来，白云山制药总厂不断有新产品上市，逐步从营销导向型向创新驱动型升级。更有趣的是，在40多年的发展历程中，这个制药厂创造了多个“第一”。

第一个打破原医药销售体制、第一个在全国医药界实行“五包”、第一个合办足球队等，以及之后的首个中国人自主研发的头孢菌素——头孢硫脒，后者是至今为止国内药物研发获得的最高奖项。

对于专利保护到期后，仿制药对原研药竞品市场可能造成的冲击，弗里德·穆拉德在接受媒体采访时谈到的看法是，制作设计和原研药物在化合物上完全一致，才被称为学名药。它的潜在意思是说，学名药的最终产品会跟原专利药物一致，如果有结构上的区别，那就是新药。研发过程中，如果制药企业发现有药用功效的新化合物时，会立即申请专利。但即使研发过程顺利，到申请药物真正可核准上市通常需要十年，而一般药物只能申请17—20年的专利期，在这期间开发经费昂贵，还有失败风险。当新药上市，制药企业需要在专利到期前，也就是大约5—7年内回收投入资金，支持后续研发，这是它定价相对较高的原因。学名药负担轻，上市后价格较专利药物低，有利于更多民众获取，使更多人受到医疗照顾，穆拉德很支持学名药的开发。

抢得市场先机的金戈，正在给白云山制药厂和广药白云山创造更多的利润、市场机会和新的增长点。广药集团的重组和广药白云山的资本运作，则像吹向金戈和更多想借助它们资源扩张的子公司的春风，随着整改的进一步到位、发展策略的落实和执行，以及资本的撬动，展现出它们的发展潜力和未来性。

第三节　新药和未来

2018年9月21日，夏季达沃斯论坛上，中国国务院总理李克强和广药集团董事长李楚源见面，握了握手，李克强面带微笑，和李楚源说着什么。

这次见面，给前去参加达沃斯论坛的李楚源带去了一些感受：“李克强总理让参加2018夏季达沃斯论坛的国内外各界代表，对中国经济发展充满了信心。”

这是一家以医药产业为主营业务的实业集团掌门人的现场感知。当然，他同时希望他所经营的实体和所处的行业，能得到更多的关注、支持和帮助。

尽管广药白云山下属公司广州白云山制药总厂自主研发的头孢菌素类全新化合物——头孢嗪脒钠，是中国近二十年来唯一成功获批的头孢类1.1类新药临床批件，但他还是寄望于无论西药，还是中药，都能有更好的环境与机制鼓励创新，特别是中药的创新，能有更符合中药特性的评价体系，以促进它的研发、创新和投产。

2018年6月26日，广药白云山公布了《治疗性双质粒HBV DNA疫苗IIc期临床研究的进展》。这一连串读起来生涩拗口的字符，对应的是治疗慢性乙肝的一种可能性药物的临床第二阶段试验。

截止到当天，临床试验投入的经费超过2700万元。

这是确定一款新药获批投产与否前的漫长准备阶段。对于患者来说，这是一种负责任的机制，但对于药企来说，这只是临床试验中随机、对照和双盲试验中的一个环节，是否能对药业带来商业上的价值，还须对临床试验结果完成统计分析后等才能判断。

即便是IIc期临床研究，也须准备不同的方案。这款乙肝药的临床研究准备了两套方案。

第一个方案的试验设计是通过随机、双盲、对照和多中心设计，计划入组240例慢性乙型肝炎受试者，他们经恩替卡韦（一种治疗方法）连续治疗1年以上，HBeAg（一种参数）未发生血清学转换，试验周期为72周。

这组试验的目的，是通过试验组与对照组的HBeAg血清学转换率比较，评价在体电脉冲介导的疫苗序惯性，联合恩替卡韦治疗HBeAg阳性的慢性乙型肝炎患者的疗效和安全性。

这个方案原计划于2016年9月完成受试者入组，2018年3月完成受试者临床观察。但由于两方面因素，导致试验工作滞后。

一个方面的原因是，2015年国家食品药品监督管理总局“7·22”核查后，各临床单位对临床试验的开展审核非常严格，审核周期长，对试验开展要求高，这个项目疫苗的试验方案先后3次进行修订。

另外一方面的原因是，临床试验方案对受试者要求比较高，对受试者的既往病史、治疗史均有严格要求，证据收集困难，筛选难度大，导致受试者入组工作延长21个月。

这个方案的1.0版本，于2016年5月10日，在组长单位重庆医科大学附属第二医院通过伦理委员会审查。3.0版本于2017年5月10日通过审查。一共在包括重庆医科大学附属第二医院、陆军军医大学第一附属医院、河南省人民医院等在内的17家临床医院开展临床试验。

截至2018年6月22日，已入组233例受试者，14例在筛选中。此方案预计2019年12月完成受试者临床观察，之后再进行中心化检验、数据统计、揭盲和总结。

第二个方案，计划入选60例慢性乙型肝炎受试者，他们经恩替卡韦治疗，HBeAg已发生血清学转换、HBsAg阳性，试验周期72周。

这组试验的目的，是通过试验组与对照组的HBsAg消失率比较，评价在体电脉冲介导的疫苗序惯性，联合恩替卡韦治疗HBeAg已发生血清学转换、HBsAg阳性的慢性乙型肝炎患者的疗效和安全性。

这个方案原计划于2016年9月完成受试者入组，2018年3月完成受试者临床观察。由于和上面第一个方案的两个相似原因，临床试验工作滞后，不同的是，第二个原因导致受试者入组工作延长27个月。

第二个方案的1.0版本，于2016年5月10日，在组长单位重庆医科大学附属第二医院通过伦理委员会审查。3.0版本于2017年5月10日通过审查，一共在包括重庆医科大学附属第二医院、陆军军医大学第一附属医院、河南省人民医院等17家临床医院开展临床试验。

截至2018年6月22日，已入组27例受试者，4例在筛选中。这个方案预计2018年12月完成入组，2020年6月完成受试者临床观察，之后是中心化检验、数据统计和揭盲及总结等。

更何况这还没有没有算上前期的研发，而仅仅是临床试验期的投入。

这是新药研制面对的现实。它具有高风险、高投入和周期长的特性。无论是临床研究的探索性临床试验和之后的研究结果，抑或是否还有后续研究、继续推进，都是不确定的。

从这点上来说，药企一方面需要有人类赋予的天然的关于生命和救助的担当、使命和本能属性，另一方面有商业价值、股东权益和投资回报的商业主体属性。

从药企角度讲，特别是中医药，如果一个更符合产业特征的评价体系能给予支撑，那就是更好地促进两方面统一的能动因子。

这也是李楚源在达沃斯论坛期间接受媒体采访时所表达的关切——目前中国中药审评尚待建立符合中药特点的技术评价体系，思路主要按化学药标准是中药新药审批难的重要原因。

这背后可见的数据是，2017年国家食药监总局批准上市的药品394个，中药2个。在两个获批中药里，一个是中药新药，一个是中药仿制药。

如果把五年的数据做比较，趋势显得更加明确：药品审评报告显示，从2012年到2016年，批准上市的中药新药数分别是21、15、11、7和2。也就是说，逐年大幅下降。

作为其中比较幸运的一家医药集团，广药集团的上市公司广药白云山，在2017年9月26日，获得了广东省食品药品监督管理局同意开展中药配方颗粒省内试点研究的批复。

批复中，同意了广药白云山按照《广东省中药配方颗粒标准》第一、二册收载的203个中药配方颗粒品种，开展中药配方颗粒省内试点研究，同意由它的下属公司广州白云山和记黄埔中药有限公司承担中药配方颗粒试点研究品种的生产。生产配方颗粒所需中药饮片，由它的下属公司广州市药材公司中药饮片厂生产。

试点的要求是，试点研究的每个中药配方颗粒品种须至少试生产验证3批，由所在地市局封样，送省药检所注册检验。试点研究的中药配方颗粒品种和生产工艺、注册检验报告等，参照中药饮片的管理模式，报所在地市食品药品监管部门备案。且试点研究中药配方颗粒品种，仅限省内医疗机构试点使用，药品经营企业还不能经营。试点研究的中药配方颗粒，由下属公司广州白云山和记黄埔中药有限公司直接配送，或由下属公司广州采芝林药业有限公司负责配送。

此外，如果国家食品药品监督管理总局出台新规定，就须按新的规定执行。接到批复后，按规定办理药品生产许可证变更等相关手续。

广药白云山对此的分析是，近年来，中药配方颗粒保持快速增长态势，获得中药配方颗粒试点的批复，有利于完善产品结构，推进中药全产业链布局，满足市场需求，促进大南药板块发展，进一步扩大公司品牌效应和市场份额，突显中药产业在行业内的优势地位。

接下来，它们须按规定办理相关药政手续、试生产及品种备案等业务。这个试点的风险是，中药配方颗粒业务可能随着国家医药相关政策法规的颁布或调整而受到影响。广药白云山依托现有销售网络，推进中药配方颗粒产品在广东省内医疗机构的销售，但也可能存在未达预期的风险。

至于对财务状况和经营业绩的影响，需要项目达产后，才可能对未来业绩增长产生正面影响。

这是中药试点研究仍然需要面对的流程。如果中药的新药审批过程近乎停滞，那么那些投入中药创新的医药企业，它们是否还会持续投入？无论答案为是，还是否，中国的中医药新药该怎么办，可能会发生什么，是否会出现这样持续跌到谷底的局面，都是所面临的挑战。

新药审评标准西药化，是媒体和业界关注的原因之一。比如评价新药的疗效，通过随机对照临床试验，这是审评西药常见的方式之一。问题是，中药疗效的特点是需要较长期临床观察才可能有结论的，随机对照临床试验不一定对中药新药特别适用。

新药品注册审评，对应具体的“病”。中药治病更侧重症候，通过多靶点、多维度和整体调节来实现，通过动物模型临床试验很难体现。这是中药新药审评通过率逐渐探底的重要因素。

看起来，中药新药评审的可操作性不够，支持中药创新的配套政策和实施细则仍须完善。如果动物临床试验数据比较难以满足临床试验要求，那么中医药之前对患者的治疗数据的分析，是否成为可供参考的因素，接下来是否可以累积更多数据供研究分析和新药开发所用就有待商榷。

长期以来，中医药的理论来源于临床实践，基于全国的临床大数据是可供探索的路径。可中医药诊疗效果数据库是否有建设，以及是否愿意共享也成为难点。

此外，中药还存在药材的问题。中药质量管控、优质药材基地建设，技术化地联网评估监督平台，以及中药材生产销售链条中质量的可追溯性，都是需要去改进的问题。历史原因形成的中药药品批文重复申报也是制约因素之一。

李楚源建议中药可以像化学药一样，开展一致性评价，把国家食药监总局发布的化学药橙皮书引入到中药中来，制定中药橙皮书。

看起来，中药需要一场更重要的关注和改革，以便更好地促进中药的创新、改革、发展、升级和全球化。

当然，这是整个中药产业的现状。

无论如何，作为拥有化学药、中药，以及整个医药产业链的大型医药集团，广药集团和广药白云山正在为赢得更好的生存空间与未来发展寻找解决之道。研发新药、展开更多研发获得更多临床试验可能性，生产仿制药，以及通过扩大合作开发和生产，拉开一张大网，创建大南药的发展空间。

2018年8月，广药白云山属下广州白云山明兴制药有限公司收到国家药品监督管理局核准签发的药品注册批件，药品批准文号有效期至2023年7月30日。

获批的注射用谷胱甘肽，是消化系统疾病药物，适用于放疗化疗的辅助治疗、肝脏疾病和解毒治疗等。

注射用谷胱甘肽最早于1965年在日本上市，商品名为TathionAstellas，目前已在欧盟及日本、韩国和中国等多国上市。

公开数据库显示，2017年注射用谷胱甘肽中国销售额超过32亿元。2016年1月26日，明兴药业向广东省食品药品监督管理局递交的药品注册申请获受理。除明兴药业外，国内有5家公司拥有这一品种批文，2家进口。

截至获批前，明兴制药在产品注射用谷胱甘肽0.3 g和注射用谷胱甘肽0.6 g研发项目上投入研发费用约为450万元。

获批的审批结论显示，根据《中华人民共和国药品管理法》和有关规定，经审查，符合药品注册要求，批准注册，发给药品批准文号。

基于申报的生产线和设备，这一药品生产现场检查的批量约为1.8万瓶/批（注射用谷胱甘肽0.3 g）、9000瓶/批（注射用谷胱甘肽0.6 g）。这也意味着，之后商业化生产如须放大批量，须开展相应放大研究和验证，必要时，还要针对生产规模放大提出补充申请。

如金戈一样的仿制药的研发和投产，则是另一路径。

2016年2月29日，广药白云山下属公司白云山制药厂收到了国家食品药品监督管理总局核准签发的吉非替尼原料药审批意见通知表，以及吉非替尼片剂的药物临床试验批件。获批的是化学类原料药。

白云山制药总厂分别于2013年10月和12月提交了吉非替尼原料药、片剂临床试验申请。到2016年2月底，投入的研发费用近千万元。

吉非替尼片，是英国公司开发的靶向抗癌药物。2002年7月在日本首次上市，2003年5月，获美国FDA批准在美国上市。2005年2月，经SFDA（国家食品监督管理局，后改为“国家食品药品监督管理总局”）批准，在中国上市。

这种药物适用于表皮生长因子受体酪氨酸激酶（EGFRTK）基因，具有敏感突变的局部晚期，或转移性非小细胞（NSCLC）患者的一线治疗。它在东方人群中的整体生存和缓解率，明显优于西方人群。

截至广药白云山获得临床批件前，这种药物只有原研企业在中国生产和销售。根据Pharmarket全球71国家药品销售数据，2014年吉非替尼片的全球销售额为5.32亿美元。根据上海医药工业研究院PDB药物综合数据库，2014年吉非替尼片在国内样本医院销售额为人民币3.24亿元。

到白云山制药总厂获得批文时，国内有25家企业申报吉非替尼片的临床批文。临床试验结束后，制药厂再向国家食品药品监督管理总局递交临床试验报告与相关文件，后续是申报生产批文等环节。如果成行，这是广药白云山一款值得期待的新的仿制药。

合作与生产技术竞拍，亦是不错的选择。

2018年4月3日，广州白云山星群（药业）股份有限公司收到广东省食品药品监督管理局核准签发的维生素AD滴剂等25个品种药品补充申请批件。它们属于滴剂类化学药品。

审批结论是，同意星群药业成为维生素AD滴剂等25个品种的药品上市许可持有人，星群药业须按照国家《药品上市许可持有人制度试点方案》的有关规定，履行持有人有关义务与责任。

药品上市许可人（Marketing Authorization Holder，MAH）制度，是指将上市许可和生产许可分离的管理模式。这种机制下，上市许可和生产许可相互独立。上市许可持有人可以将产品委托给不同的生产商生产，药品的安全性、有效性和质量可控性，由上市许可人对公众负责。

广药白云山2016年第3次战略发展与投资委员会会议同意，星群药业于2016年4月参与广州珠江制药厂上述维生素AD滴剂等25个品种的药品生产专有技术公开挂牌竞拍，并成功摘得上述药品生产专有技术。上述药品生产企业已由“广州珠江制药厂”变更为“广州白云山星群（药业）股份有限公司”，药品生产地亦由前者变更为后者。

星群药业获得广东省食品药品监督管理局批件，成为上市持有人，对开展兼并后整体搬迁，成为上市许可持有人起到示范性作用，有利于广药白云山整合生产资源，提升药品质量。

这些都是发生在广药白云山发展大南药中的细微事件，不过，它们正在串起大南药板块的未来。

通过制定科技创新顶层设计、销售整合、长板补短板等措施，数据显示，广药集团众多重点品种实现了高增长。伴随着金戈和全球唯一由中国人自行研制、拥有自主知识产权的半合成头孢菌素在白云山制药总厂的投产与研发成功，大南药已声名远播，站在了一个更高的平台上拥抱竞争。

第十三章
资本扩容大棋局

在广药集团非公开发行股票期间，一次工作小组和广药集团高管在内参加的会议上，广药集团董事长李楚源措辞严厉地对在场的中介机构人员说："广药集团和你们合作，是让你们来解决问题的，不是让你们当传声筒，把信息传递给我们，你们要想办法解决问题。"

坐在下面的工作小组和中介机构人员听得心里紧张了一下。

回想从2011年底广药集团开启重大无先例的重组，到2014年底筹划非公开发行股票融资，如果没有找到立白集团作为重组时现金选择异议权的提供方，没有在非公开发行股票绝大部分参与者感到希望渺茫时，坚持倒推流程找到投行失误造成的类别股东大会议案投票结果的偏差，可能广药集团和广药白云山不会如当下般具有蓬勃生机。

然而，时光无法倒流，也就无法假设如果。

至少在当前，回顾近十年来广药集团的发展，你会看到一家地方国资委旗下的大型医药集团，如何从一个近乎有点一潭死水的沉静中，重新焕发出了生机、活力，以及展现着生命力。

更重要的是，从重组到融资，再到以资本为纽带布下的大棋局而形成的广药集团的新局面，不得不让人感慨在对的时间里，迎着趋势去改变一个公司命运发展的路径，在重要的节点转换引擎，实现跨越式发展的转折，是一件极具价值和意义的事情。

值得注意的是，广药集团围绕在那些重点发展战略周围的医药产业链上的投资和布局，可能正孕育着一个广阔的前景和新的未来，正在用资本创造资本的复利，用资本带动实业创造复利。

第一节　围猎优质项目

时任广药白云山董秘陈静有了一个新的职位——广东广药金申股权投资基金管理有限公司总经理，负责与广药集团医药产业链上能产生协同效应、具有未来性项目的投资。

2018年4月18日，广药白云山公告准备和云南鸿翔一心堂药业有限公司、广东广药金申股权投资基金管理有限公司，共同投资设立广州白云山一心堂医药投资有限公司。此项投资已经过广药白云山董事会讨论通过，因不构成重大资产重组，不须提交股东大会审议。

也就是说，从程序上，广州白云山一心堂医药投资有限公司的成立手续已经履行完毕。

这是一只应势而生的基金。

随着医药分家、分级诊疗和医院药品零加成等医药改革政策的深入推进，医药零售行业有望承接巨量医院市场的渠道分流，具有广阔的发展前景。

为把握发展机遇，广药白云山和一心堂，以及广药白云山参与设立的医药健康产业基金，共同投资设立合资公司。

因产业基金须待广药金申完成在中国证券投资基金业协会的登记手续后，方可募集设立，为把握投资机会，产业基金拟投资份额由基金管理人广药金申代为出资，并在产业基金设立完成后转让给产业基金持有。

广药白云山和一心堂，以及广药金申签订了股东出资合同。合同约定，白云山一心堂注册资本3亿元，分期缴纳出资。广药白云山认缴9000万元，占注册资本

30%份额，广药金申认缴1.05亿元，占35%份额，一心堂认缴出资1.05亿元，占35%份额。

基金成立后，立足广东，发挥合作方资源优势，通过并购、新建等多种方式，在医药连锁终端进行布局。

这是三家强强联合而又互有合作关系的公司。

云南鸿翔一心堂药业集团股份有限公司是一家位于云南昆明的公司，于2000年底成立，经营范围是药品、医疗器械、食品销售、消毒产品、农副产品、日用百货、化妆品、食品添加剂、宠物用品、纺织、服装和家庭用品等等，涵盖范围广泛。截至2017年第三季度，一心堂总资产超过60亿元，净资产超过27亿元，营业收入超56亿元，净利润约为3.2亿元。

广药白云山持有一心堂少量的股权。

这两家公司的股权合作源于2017年。当年1月4日，广药白云山公布拟以自有资金8亿元，认购一心堂非公开发行A股股份，此笔投资占一心堂发行完成后6.92%的股权。

广药白云山投资一心堂，看重的是国内医药零售行业未来的发展机遇，与连锁药店合作，可以促进它的医药零售产品在西南地区的销售。当时，一心堂非公开发行股份拟募集资金15.2亿元，投入中药饮片产能扩建、门店建设和改造，以及信息化建设与补充流动资金等项目。

事实上，一心堂主要从事医药零售连锁和医药批发业务，主要收入来源为直营连锁门店医药销售收入，2014年7月在深交所上市。这家公司以云南为中心，布局西南医药零售市场，截至广药白云山参与认购非公开发行股票的一个季度，即2016年第三季度末，一心堂拥有3877家直营连锁门店，当时位居行业第一。根据协议，在当时投资完成后，广药白云山成为一心堂第三大股东。

参与投资的第三家公司广东广药金申股权投资基金管理有限公司，于此公告前一个多月前成立，经营范围为资本市场服务。广药金申主要从事股权投资基金管理等业务，广药白云山持有广药金申40%的股权。

完成中国证券投资基金业协会的登记手续后，广药金申以普通合伙人和基金管理人身份发起设立总规模不超过人民币20.2亿元的产业基金，广药白云山本公司认购不超过8亿元的有限合伙份额。

这是广药白云山把握医药零售行业市场机会，加快推进医药零售终端发展，完善本公司产业布局，以及符合战略发展方向的投资。也就说，接下来，这三家公司投资成立的基金将投资医药创业创新公司，成为广药白云山产业链上布局的一环。

事实上，广药集团重组、广药白云山非公开发行股票融资完成后，它们已经通过成立投资基金，或进行股权投资，撬动资源，形成广药白云山竞争力的强力后盾和支撑。

广药金申是其中一只基金，另外一只与广药金申同期设立。

2018年3月26日，广药白云山公布出资2000万元，和深圳市金申翊金融投资有限公司合作设立广东广药金申股权投资基金管理有限公司，注册资本5000万元，广药白云山出资占注册资本的40%，管理团队设立的广州明实投资合伙企业出资1000万元。

在此之前，广药白云山出资400万元，和广州汇垠汇吉投资基金管理有限公司合作设立股权投资基金管理公司，并拟出资不超8亿元，参与认购股权投资基金管理公司作为普通合伙人，以及基金管理人发起设立的医药健康产业投资基金的有限合伙份额。

根据合作协议，管理公司注册资本为1000万元，汇垠汇吉和广药白云山出资额相同，第三方专业投资机构出资200万元，占注册资本20%比例。这只基金的经营范围为资产管理、投资管理服务、风险投资、股权投资管理等等。

汇垠汇吉主要从事国企改革、医疗健康、大消费和高端制造等领域的资本市场服务，已依照相关要求，完成在中国基金业协会的登记备案工作。

产业基金总规模不超过人民币40.01亿元。有限合伙人根据项目投资需要实际缴纳出资，普通合伙人于首次出资时缴纳全部出资。产业基金期限为7年，前5年为投资期，后2年为退出期。

产业基金主要围绕广药白云山“十三五”战略规划，聚焦生物医药健康，投资广药白云山内部优质资源整合和资本运作，大南药、大健康、大商业和大医疗四大业务板块对外并购整合，以及生物医药、医疗器械、智慧医疗等医药战略新兴产业。

参与设立股权投资基金管理公司和医药健康产业投资基金，有利于借力资本市场，放大投资资金；并通过专业化运作发掘投资机会，降低投资风险，提升资本运作能力，以及加快对外投资步伐，促进广药白云山加速在生物医药健康产业领域的转型升级和快速发展。

在更早前的2015年10月底，广药白云山曾对外公布出资1.5亿元，认购广州中以生物产业投资基金（或工商行政管理部门核准的其他名称）的有限合伙份额，以及出资50万元，即10%出资份额，参与设立中以基金普通合伙人——广州以琳生物产业创业投资管理有限公司。

据公开资料显示，当时的这只中以基金总规模为6.0606亿元，分期成立，首期为总规模的1/3，广药白云山认购有限合伙份额，首期出资5000万元。

基金合作方分别为注册在以色列的G.L.K.InvestmentsLtd.和广州产业投资基金管理有

限公司，以及广东冠昊生命健康科技园有限公司、广州恒运企业集团股份有限公司等六家公司。

中以基金重点对象是注册在广州，并拥有或在中国有独家使用权的、尚未投产，来源于以色列、以色列相关公司，或非以色列公司技术成熟的生命科学企业。

以色列是全球生物医药产业创新的重要源头之一，中以基金的设立，对于推进以色列在生物医药领域的优秀项目在广州的产业化利好。广药白云山参与设立中以基金，有助于引进以色列创新生物医药技术项目，特别是技术比较成熟、处于产业化前期、孵化周期短的医疗器械，以及生物制药项目，可加速广药白云山生物医药健康产业的转型升级，为进一步加强对外投资积累经验。

还有一只国际化基金，是广药白云山设立的广药白云山中医药国际化发展基金。这只基金当时准备投入2亿元，用于在“十三五”期间专项支持推进名优中药产品的境外注册、国际市场开拓和国际化合作等。

广药白云山拥有丰富的中药资源，致力于推动中药产品国际化发展。发展基金的设立，有利于加快广药白云山中药产品的国际化进程，对开拓国际市场、提升核心竞争力产生积极影响。

事实上，在设立基金之前，广药白云山已展开了股权投资。

2017年7月24日，广药白云山作为战略投资者，参与认购重庆医药（集团）股份有限公司定向增发的超过2500万股股份。

这是一起源于2015年下半年的认购。当时，广药白云山董事会通过了认购重庆医股1000万股股份的方案，出资额为1.5亿元。增资完成后，广药白云山持有重庆医股2.18%股权。

广药白云山认购重庆医股，源于双方可以在资本和业务领域进行全面战略合作。认购重庆医股时，它是中国西南地区最大的集药品研发、制造、分销和零售于一体的大型医药集团，当时正推动引进战略投资者和首次公开募股的进程。

2015年7月28日，广药白云山和重庆医股，以及它的控股股东重庆化医控股（集团）公司签订了上述增资协议。

重庆医股是重庆化医控股的股份有限公司，业务涵盖医药研发、生产、纯销、分销、零售、社区终端和医药物流配送，拥有进出口经营许可权，是中央政府和重庆药械定点储备单位和中国三家经营特殊药品的全国性批发企业之一。

重庆医股的控股股东重庆化医控股，是重庆市国有资产监督管理委员会全资控股的国有独资有限责任公司，成立于2000年，经营范围涉及重庆市国有资产监督管理委员会授权范围内的国有资产经营、管理和货物和技术进出口等。

对重庆医股的投资，有利于广药白云山实现业务协同和资源互补，以及加快它和属下公司在中国西南地区的布局，具有重要战略意义。

之后，广药白云山一发不可收，加快了它在全国重要和上下游业务的布局，相继投资了创美和美时医疗等。

2015年11月，广药白云山通过它的全资子公司广药白云山香港有限公司，投资不超过7000万港元，作为基石投资者认购创美药业股份有限公司在香港联合交易所首次公开发行的H股股份。

根据公开发售情况，香港公司获配创美药业超过790万股H股股份，如果创美药业不行使超额配股权，香港公司持有创美药业公开发售后7.3%的股权。香港公司持有的该部分股份锁定期为6个月。

这意味着，广药白云山以机构的身份成了一家香港上市公司的基石投资者，对于巩固广药白云山在香港市场的品牌影响力显然是利好的。广药白云山香港公司主要从事与医药产品、生产原材料、仪器设备等有关的产品和业务，以及投资项目，是前者全资持有的境外子公司。

创美药业是一家位于汕头的医药公司，成立于1984年。在当时，专注于医药分销业务，分销涵盖西药、中成药、保健产品、中药材、中药饮片，以及医疗器械等约5700多种产品，是华南地区领先的分销商之一，也是广药白云山下属公司的长期合作客户。

创美药业在细分行业和区域具有较强的竞争优势，广药白云山通过全资子公司认购H股股份，提高资本运营效率的同时，有助于建立更好的沟通和合作关系，为进一步合作奠定基础。

两个月后，即2016年1月，广药白云山发布公告，拟与美时医疗控股有限公司签署《合作意向书》，双方有意就美时医疗引进战略投资者事宜进行探讨沟通，即美时医疗准备引进广药白云山为它的战略投资者。

从国内到国际，从周边到地区，从基金到股权和基石投资，广药白云山已形成了关键地区的战略化布局，以资本撬动资本，围猎优质项目，形成了广药白云山战略投资的核心竞争力。

第二节 延展资源力半径

广药集团重组中，吸收合并白云山股份后，广州药业股份在上交所举行了新增股份上市仪式和庆典。

庆典上宾朋如织，上海医药集团的负责人也来了。也许，从此时起，已埋下了重组完成后上市平台广药白云山和这家公司合作的伏笔。

一个更强壮的广药白云山，全新地站在中国内地和香港资本市场，敞开它的大门，向合作和生意伙伴抛出橄榄枝，扩展它的资源半径，以引领者的开放姿态、共赢的商业理念，迎接新的飞跃式发展。

广药白云山在总部所在地和周边地区扩大辐射力度，巩固影响力。

持股50%的合营公司广州白云山和记黄埔中药有限公司，和广东莱达制药有限公司合资成立白云山和记黄埔莱达制药（汕头）有限公司。

莱达制药成立于1990年，由自然人投资设立，经营范围为药品生产，拥有包括两项独家品种心脉安片和肠胃适胶囊在内的30余项药品批文，具有产品优势和发展潜力。

白云山和黄持有合资公司70%股权，莱达制药持有余下股权。双方合作成立的合资公司，围绕心脉安与肠胃适两项独家品种进行重点规划，发挥白云山和黄的产能、营销优势，将独家品种优势转化为市场优势，并借助白云山和黄的科研资源，提升合资公司的科技研发能力和核心竞争力。

种种举措和动作显示出了广药白云山建立合纵连横合作网络，打开合作新局面的思路。除了国内同业的强强联合，广药白云山还和西门子上海、奥咨达等在医疗器械方面打开合作的版图，向上下延展医药产业链。

广州奥咨达医疗器械技术股份有限公司创建于2004年，2016年1月挂牌新三板，提供医疗器械临床试验和医疗器械综合服务，主要涉及为医疗器械企业临床试验技术服务等等，与国内外临床试验医院、认证机构、测试机构、行业协会等建立了合作关系，形成医疗器械技术服务平台，为医疗器械企业提供整体临床和法规解决服务。

广药白云山和奥咨达建立合作关系，是想依托前者在医药健康领域的优势，结合自己在医疗器械细分领域累积的大数据信息与全球渠道，合资共建白云山奥咨达国际医疗器械孵化产业园，加快具有前瞻性和带动作用的高端医疗器械项目落户广州，建立医疗器械战略性新兴产业优势集群。

两者也意在合作共建白云山奥咨达医疗器械与转化医学研究院，和白云山奥咨达国际医疗器械孵化产业园资源共享，提供技术、研发支撑，加快引进项目和企业研发、孵化以及成果转化，再依托广药白云山的销售渠道，推动创新医疗器械的项目开发、产品制造和高端产品的输出等。

广药白云山在医药健康产业领域有较强的影响力，奥咨达在医疗器械领域具有一定的行业优势，双方试图通过联合知名医疗器械企业、临床试验机构、高等院校和科研院所、第三方检测机构、医疗器械产业园区、投融资机构等，共同发起医疗器械临床试验产业联盟。

两家公司把合作的方向定得更加宽泛，比如整合利用优势资源，合作建设医疗器械大动物实验室，搭建医疗器械研发创新服务平台，为行业提供专业技术服务，加快创新产品和企业的研发和产业化速度。

这是广药白云山在医疗器械方面的布局。更早前，它与西门子上海已就此达成合作。

广药白云山与西门子医学诊断产品（上海）有限公司签署《中国医学诊断中心项目合作意向书》，双方基于各自的资源优势，合资设立一家公司。广药白云山方面持有合资公司51%股权，西门子上海持有49%股权。

合资公司注册于广州市，经营范围为在广东省内，利用体外诊断设备、试剂、消耗品和影像设备，开展涵盖影像诊断、体检、体外诊断的诊断中心的运营。

合资公司为主体，与广东省医疗机构建立战略合作关系，与合作医院间营销采取B2B模式。中长期计划是以合资公司为基础，探讨构建远程诊断服务。合作双方表示，在合资合同有效期内，双方在区域内就同类业务而言，以合资公司为唯一平台，寻求合作伙伴和第三方开展合作。

合资公司所需要的产品和服务，如果全球范围内西门子上海、广药白云山，或其各自关联公司可提供的，则以它们的最优惠价格向合资公司提供。合资公司优先向合资主体双方采购。

也就是说，这是个排他性的合资合作。这也体现出了双方共同致力于向既定目标发展的意愿。

机制上的创新与灵活，是促进和带动上下游产业产品和业务模式创新的可行之道，这也是广药白云山投资肿瘤疫苗项目的逻辑。

2017年3月28日，广药白云山全资子公司拜迪生物参与发起设立项目公司广州白云山南方抗肿瘤生物制品股份有限公司，并在当日举办的2017中国广州国际投资年会生物医药健康产业分论坛上举行挂牌仪式。

2016年，经广药白云山的一次战略发展与投资委员会审议，拜迪生物和南方医科大学南方医院、广东省粤科财政股权投资有限公司，以及自然人李明松，发起设立项目公司，开展新型抗肿瘤疫苗开发及应用项目。项目公司注册资本9950万元，拜迪生物以无形资产评估价值入股，占50%股权。

这个新型抗肿瘤疫苗的开发和应用项目，由南方医院李明松教授团队研发，是为了开发以GPC3（glypican-3，即磷脂酰肌醇蛋白聚糖-3）为靶向的重组GPC3-HBsAg（乙肝表面抗原）蛋白疫苗。

实验表明，GPC3-HBsAg蛋白作为疫苗，对肝癌和肝母细胞瘤、恶性黑色素瘤、卵巢癌、肾细胞癌和肺鳞状细胞癌等表达GPC3的恶性肿瘤，有安全可靠的预防和治疗作用。

这个项目成立时，预计开发的GPC3-HBsAg蛋白疫苗在五年内完成临床前研究，申请临床试验研究批文。2013年底，拜迪生物（第一申报单位及第一责任单位）、南方医院（第二申报单位）等三家单位，联合向广东省发展和改革委员会申报国家战略性新型产业区域集聚发展试点项目。截至项目公司挂牌当日，已提交8项国内专利申请。

三家发起方中，广药白云山下属公司拜迪生物成立于2001年，前者直接持有后者98.48%的股权，并通过全资子公司广州医药研究总院有限公司间接持有余下股权。

南方医院则是一所集医疗、教学、科研、预防保健于一体的大型综合性医院，属于国家首批三级甲等医院，从事门诊、住院、体检、出（会）诊、教学，以及进修、科研开发和国内外学术交流与合作等。南方医院主要负责HBsAg-GPC3蛋白疫苗的药效学、毒理学和临床试验。

项目研发团队负责人李明松是医学博士，德国肿瘤研究中心博士后，美国国立卫生研究院研究员，时任南方医科大学南方医院消化科主任医师。那时，他致力于以GPC3为靶向的抗肿瘤疫苗的研究，并担任项目公司董事、副总经理。

拜迪生物是广药白云山生物医药研发和产业化平台，参与发起设立项目公司，并承担研发支持与产业化工作，可以加速推动广药白云山在抗肿瘤生物制药领域的布局，项目如能研发成功并顺利实现产业化，将带来巨大的经济效益和社会效益。

这是广药白云山通过资本为它的上下游在医药产业布下的大网，从专利新药产品，到重点独家品种，再到医疗器械，以及重点区域大医药集团的股权投资，从境内，到境外，从创投基金，到股权基金，捕猎优质资源，依靠广药白云山和背后蝉联中国医药工业百强首位的广药集团的优势，形成合力，为开创广药白云山和广药集团新的发展局面奠定基础，形成核心竞争力与新的利润增长点。

然而，广药白云山和广药集团的野心不仅如此，它们还把跟医疗医药和健康，以及明亮的医药产业相关的商业版图，尽纳其中，等着它逐渐强大、羽翼丰满，向更广阔的世界传递中医药的文明和传奇。

第十四章
未来始发站：从千亿再出发

2018年国庆期间，“王老吉”商标在美国纽约时代广场的大屏幕上闪耀登场。几天后，凉茶博物馆在纽约开幕。

这是一家在香港和内地上市的医药集团在全球性的金融和商业中心的亮相。大约一年前，这个上市公司的母公司营收过千亿元。到2018年底，它的营收可能达到创建时的1万倍。

这是一艘医药产业的航母。

在一个月前的中国企业联合会主办的2018中国500强企业高峰论坛上，发布了2018中国企业500强榜单。广药集团位列第165位，较前一年上升6位。在2018中国制造业企业500强中，位居第68位，较前一年提升5位。更早前的中国制药工业百强榜单上，广药集团继续居首位，连续七年全国第一。

放到更大的维度来看，《2018中国500强企业发展报告》显示，2018年中国500强企业整体营收首次突破了70万亿元大关，相当于之前一年中国GDP总额的86%。值得注意的是，172家公司迈入千亿俱乐部，加起来的营收约占全部500强营收总额的76%。

这是一家从传统医药制造起步的医药集团的新阶段，它表明了机制、运营模式的创新，以及对资本市场特性的更好的了解，通过资本的运营和布局，正在打通传统医药制造企业的毛细血管，建立起良性循环的造血功能，把握时间的机遇窗口期，向更广阔的未来性迈进。

战略格局已然初步成形。

广药集团在生物医药健康产业的全产业链布局，形成了大南药、大健康、大商业和大医疗四大业务板块，以及电子商务、资本财务和医疗器械三大新业态。

这是广药集团推进结构调整，以“创新增效年”为起始的开端，从千亿起航，它正在展开一幅稳健繁荣的新画卷，各个战略板块渐次林立。

尽管如此，市场风云变幻，如何更好地确保战略的实施能跟进市场的变化做出调整，是需要引起关注的。

眼下，它的上市公司广药白云山已经定下了三年股东回报规划，这看起来倒是一个负责任的承诺。

当广药白云山具备现金分红条件时，优先采用现金分红分配利润，分配股利总额不低于净利润的30%，最近三年以现金方式累计分配的利润，不少于最近三年实现的年均可分配利润的30%。

比如，通过股票股利分配利润，给予股东合理现金分红回报，在维持适当股本规模的前提下，综合考虑公司成长性以及每股净资产的摊薄等因素。

承诺的利润分配间隔，原则上每年进行一次，在有条件时，董事会可根据资金状况提议中期现金分红。当然，在未弥补亏损和提取法定公积金，以及法定公益金前，不派发股利。此外，未来十二个月内拟对外投资、并购或购置资产累计支出，达到或超过公司最近一期经审计净资产的 10%时，这可能成为不分红的原因。而如果营业收入和净利润增长较快，董事会认为处于发展成长阶段、净资产水平较高，以及股票价格和公司股本规模不匹配，可以提出并实施股票股利分配预案。

在差异化的现金分红政策方面，将依据医药行业特点、公司发展阶段、自身经营模式和盈利水平，以及是否有重大资金支出安排等因素而定。

比如无重大资金支出安排的成熟期，在分配利润时，现金分红所占比例最低达到80%。如果是成熟期、有重大资金支出安排的，分配时，现金分红所占比例最低为40%。而成长期、有重大资金支出安排的，现金分红比例最低为20%。

王老吉凉茶博物馆（纽约馆）开幕仪式

第一节　王老吉的“吉文化”和大健康

艺人刘昊然悠悠然地嘀咕了一句：“好热啊。”

一瓶红瓶装的王老吉凉茶从装满冰块的冰桶里升腾起来。画面上呈现出一种沁人心脾的凉意。

“来瓶王老吉？”周冬雨问刘昊然。

王老吉现泡凉茶店

刘昊然和周冬雨代言图

这是曾被封为“金马影后”的周冬雨和被称为“五十亿先生”（票房）的刘昊然为王老吉品牌代言的广告。

再看另外一些镜头，在火辣辣的火锅面前，周冬雨一边大快朵颐，一边挥汗如雨，嘟囔着“好辣、好辣”，渗透着冰冰凉凉意味的红瓶装王老吉凉茶出现在周冬雨的面前；周冬雨和刘昊然一脸兴奋地或熬夜打着游戏，或吃着烧烤，红瓶装王老吉凉茶适时地出现在他们的面前。

这些镜头传递出年轻、时尚的信号。

这是2018年夏天王老吉凉茶推出的新广告。随着2018年足球世界杯的到来，这些广告出现在电视屏幕上。

在线上，王老吉以卫视加省市台，高频次硬广投放，对核心销售区域展开强有力的品牌渗透。东方卫视、湖南卫视，安徽卫视、河南卫视等12大二线卫视高频次硬广覆盖，配合郑州、合肥、南京、武汉、昆明5个核心餐饮市场的电视媒体，整合全媒体资源，让王老吉190周年high了一把。

它们也出现在地铁里。包括北京西单、上海静安寺、广州珠江新城、深圳老街、成都春熙路、武汉洪广等在内的北京、上海、广州、深圳、成都、武汉、重庆、昆明、长沙等一、二线城市地铁站里，周冬雨和刘昊然就像地铁站里忙碌的小清新，携带着一句“怕上火，就喝王老吉”，浸染整个足球季。

王老吉凉茶成了那个夏天随处可见的清凉饮料，红色旋风席卷城市年轻人和每个触手可及的角落。

这是王老吉首次正式起用品牌代言人。

王老吉大健康新品椰柔椰汁产品图

时尚中药：王老吉新品黑凉茶

白云山矿泉水新装产品图

2018年是王老吉品牌诞生190周年，这个品牌瞄准了新生代市场，用人气明星代言，试图以此打开和年轻人对话的窗口。

从吉祥罐、态度罐，到依据年轻人特点而推出的黑凉茶，王老吉在喜好和品味上探寻年轻人变化的需求。它先后通过电影、电视剧、游戏、综艺等领域展开深度跨界合作，让更多的年轻人能接触到它，试图带给他们王老吉品牌聚焦新生代、品牌年轻化的深度感知。

在此之前，王老吉品牌深耕“吉文化”，以情感共识塑建品牌内涵。

2017全球新年首日，王老吉推出的凉茶业首部品牌文化纪录片在央视播出。这是一部向世界讲述变迁下的百年凉茶“王老吉”演变的故事，意在传递吉祥、喜庆的新年祝愿，它正是想传递王老吉的主文化诉求——“吉文化”。

王老吉对“吉文化”的倡导，体现在伦理情感和生命意识，表达对美好、幸福和平安生活的渴望与追求，它承袭民族文化发展过程中具有代表性的吉祥符号。

在“吉文化”方面，王老吉通过线下活动的推广，从形式和内容上对其丰富。

在布局2017年春节整体营销上，王老吉先与浙江卫视达成战略联盟，独家冠名浙江卫视真人秀《我们十七岁》。之后播出电视广告影片（TVC），通过讲述春节阖家团圆，用王老吉摆出“吉”字。

更早前的2015年新春，王老吉和爱奇艺合作，推出“过吉祥年，喝王老吉，总有吉祥好意头”的新春营销理念。2016年新年，王老吉亮相纽约时代广场大屏幕，送出中国老字号品牌新年的问候，之后还在春节前推出春晚预告片——中国红宣传片，并在央视播出。

这是广药集团重组期间建立，一出生就风华正盛的王老吉大健康板块。在2018年上半年它的收入占了广药白云山超过三分之一的营收。2018年第一季度销量同比大幅增长，上半年主打产品罐装王老吉凉茶销量同比增长超过10%。

这也是广药白云山前身广州药业股份，吸收合并白云山新增股份上市时的庆典晚宴上，时任广药集团副董事长李楚源致辞后，与所有来者碰杯致谢时用到的“（祝大家）王老吉！”

作为广药白云山四大战略板块中近几年增长最快的一个板块，这足以看出广药集团对王老吉大健康的资源倾斜和支持，以及这种关注和支持的持续性。

广药白云山的大健康板块主要经营饮料、食品、保健品、药妆等产品的生产、研发和销售，由广药白云山全资子公司王老吉大健康和王老吉药业等公司组成，产品涵盖王老吉凉茶、灵芝孢子油胶囊、润喉糖和龟苓膏等。

不久前，王老吉大健康生产基地在兰州落成。

2018年7月，王老吉大健康公司与兰州高新技术产业开发区管理委员会签订战略合作《合作框架协议书》。双方在借鉴雅安基地等经验的基础上，力争让此基地成为兰州食品工业的一张名片。

除了基地外，王老吉大健康拟和兰州高新技术产业开发区管委会协作成立王老吉大健康甘肃研发中心，与包括兰州大学、甘肃中医药大学等在内的高等院校和科研机构展开科研合作，利用当地地道药材研究开发大健康产品，开拓适合当地市场的大健康产品。

根据协议，双方要设立王老吉凉茶西北品牌及文化建设项目，开展品牌和文化建设，加大西北地区王老吉凉茶文化培育和宣传，促进王老吉大健康产业在这里的业务发展。

在甘肃的投资项目，兰州高新区委员会按“一厂一策”给予王老吉大健康，以及它在甘肃的子公司最优惠入园政策与资金扶持，涵盖项目自来水供水、环保排放指标需求、项目补助、各类科技研发项目，以及省级重点实验室或工程技术研究中心的申报等等。

通过和兰州的战略合作，王老吉大健康在西北地区建立王老吉凉茶罐装模板企业，有助于进一步开发西北地区凉茶市场，提高王老吉凉茶在这里的占有率，扩大王老吉大健康产业业务覆盖和延伸范围。

这是王老吉大健康渠道下沉与生产外移降低生产成本策略的体现。事实上，除了建立生产基地，王老吉大健康也通过虚拟运营，与中国各地具有生产能力的合作伙伴合作，加大王老吉系列凉茶的生产和销售覆盖面。

在继续加大凉茶系列产品的研发和投入的同时，王老吉大健康也在扩充大健康板块内的其他商品的研发和合作。

比如，更早前，广州王老吉大健康与山西大寨饮品有限公司签署《大寨核桃露项目合作意向书》，成立由王老吉大健康控股的合资公司，生产经营大寨品牌核桃露和系列产品。

这项合作涉及双方利用各自资源优势，共同投资开拓和发展核桃露饮料市场，在全国范围内形成一个业务覆盖全面的植物蛋白饮料推广平台，推动销售增长。王老吉大健康的合作方大寨饮品成立于2001年，主营大寨核桃露系列产品开发和营销，是最早开发、生产核桃乳饮料的企业之一，王老吉大健康试图通过此次合作丰富大健康产品线。

从商标品牌上，可以看出广药白云山给予王老吉大赛饮品的支持。2017年9月，王老

广州王老吉大健康产业有限公司

吉大寨饮品与广药白云山签订了《商标使用许可合同》，前者从签约时起到2020年，可以在植物饮料、无酒精饮料上，使用32类广药集团拥有的商标，按照商品项目净销售额的一定比例支付给广药白云山，作为商标许可使用费。

当前，广药白云山大健康板块的收入主要来自王老吉凉茶。王老吉大健康以罐装、瓶装为主，销售王老吉系列凉茶。它设立三级经销商销售架构。一级经销商对王老吉大健康负责，根据王老吉大健康下达的销售任务，负责区域渠道开发。二级分销商从一级经销商处采购并负责产品配送。王老吉大健康直接负责产品的资源投入，参与终端扩展、促销和客户维护等。

在渠道建设基础上，王老吉大健康紧紧围绕“吉文化”，深耕细作市场。比如，在春节期间强化“过吉祥年，喝红罐王老吉”，通过“吉文化”氛围，强化红罐品牌效应。

这家公司还以时尚化营销带动大健康板块的发展。2018年上半年，王老吉大健康首次起用明星代言，带动年轻群体消费，加大瓶装即饮市场和终端网点的开发，促进销售增长。最新的消息是王老吉现泡凉茶店这个新鲜业态出现，它还把直营逐步转向加盟模式，已开门店累计12家。

通过“一核多元、品类多元”的品类战略，王老吉大健康继续推进单品多元化，白云山矿泉水新装、王老吉大健康新品椰柔椰汁已经上市。

从药用凉茶发展为畅销饮料，再到新式茶饮线下门店现泡凉茶店，王老吉品牌成为广药集团“时尚中药”的代表，艺人周冬雨和刘昊然的产品代言，标志着王老吉大健康展开时尚化营销。

2018年11月29日，王老吉190周年创新发展大会上，王老吉提出了“下一个190年”战略目标，并发布了对应的“1136”发展规划，即“让世界更吉祥”的1个使命、“打造全球饮料一流品牌”的1个愿景、“产品经营，资本运营和虚拟创赢”3种经营模式，以及“人才为本、科技支撑、文化塑魂、时尚引领、管理制胜和党建聚力”的6方面着力。

一个典型的事件便是，在此之前大约十天，王老吉首个海外凉茶博物馆在美国纽约开馆。它是中国广州和北京之后，王老吉开设的第三个凉茶博物馆。

第二节　医药航母的电商新商业

广药白云山在天猫和京东等设立了旗舰店，出售十多个著名商标的近两百种药品，如果加上它的自建线下和电商结合的广药健民网平台，这家上市公司把它的医药产品搬上了包括互联网在内的全渠道。

重组开始前后，广药集团就在做医药电商方面的试水。据广州医药公司党委书记、副总裁郑坚雄透露，广州医药统筹的对消费者端的药品电商销售收入占广州医

广药白云山非公开发行暨与阿里健康战略合作签约仪式

药销售收入一定的份额，从2012年开始，直到2018年，保持着年均约50%的增长。

对于不同产业来说，电商是一个新的业态，尽管它看似只是把渠道搬到了互联网上，但事实上，他们的玩法因行业的不同，是存在不同程度的差异的。

在郑坚雄看来，在医药电商的生态里，平台通过支付的完成，解决了消费者与品牌之间的距离的问题。因此无论是阿里巴巴，还是京东，抑或广州医药旗下的广药健民网，从医药销售平台来看，都可以很好地挖掘和利用。

在京东和天猫上，广药白云山上线了10多个品牌近200种药品，和广药健民网上的分布有些相似。

广药健民，是广州医药有限公司和广州健民医药连锁有限公司联合创建的互联网零售药店。它是广东省较早通过国家药品食品监督管理局审批的合法网上药店，通过广州医药和广州健民两大品牌资源优势，利用较为强大的集约采购模式和多品牌品种结构，面向消费者端的健康消费服务平台。

从电商的角度来说，医药和普通的零售商品不同，它的全链条都关系到安全方面的问题，也正因此，无论是在电商上的销售，还是物流运输方面，都有更多有别于普通零售商品的要求，比如商品进货、验收、储存养护、出库运输等，都需要更加严谨，以确保药品质量和消费者用药安全。

也正因此，医药公司在电商平台上设立旗舰店，相对于电商平台自营药品，更能获得消费者的信任，自建的医药电商平台也同理。

广药健民网就依托于它之前的线下连锁店广州健民医药连锁有限公司，因此在一些地区可以实现网上购买，线下提货。不过，线下提货的要求随着覆盖面和合作伙伴的增加，仍须进一步拓展。

广州健民医药连锁有限公司成立于1952年，是广州医药属下具有独立法人资格的全资企业。它的经营范围涵盖化学药制剂、化学原料药、生化药品、生物制品、中成药、中药饮片、医疗器械、保健器械、计生用品等等。它有实体门店23间，医保药店19间，非医保门店4间。

这个医药连锁店的前身是中国医药公司广东分公司第一门市部，1958年迁址后扩大经营，成为当时中南地区规模较大的国营医药零售商店之一。1996年建为健民医药连锁药店，2001年成为国内较早一批GSP认证管理的连锁零售企业。2007年4月22日，正式更名为广州健民医药连锁有限公司。

大约在20世纪70年代，健民连锁的前身便在行业内率先推出24小时售药服务，是

"长夜里不灭的灯光"的创建者。它最早一批推出留、找、送服务，以及代客邮寄等特色服务，创行业先例。

随着业务规模的扩大和互联网购物模式的普及，广药健民网在2015年初全面改版升级，从产品展示、购物流程、用户体验等着手改进，并从业务模块入手，在产品品种、用药咨询、发货速度、售后服务等方面展开全面优化。

基于互联网销售完全自主的特点，这个网站除上载了商品高清数码照片、说明书和使用指南外，还增设了热线，通过执业药师提供用药咨询，支持无卡支付。

广药集团旗下有1021个注册商标，如白云山、王老吉、陈李济、中一、抗之霸、潘高寿等等在内的知名商标，已入驻健民网。而健民网的母公司广州医药，负责主要的物流配送，它是2010年广州亚运会唯一药械配送商。

广州医药的电子商务业务开展较早，它是国内仅有、同时具备互联网药品批发和零售经营资质的医药流通企业，较早获得了网上药品交易资质。

作为拥有线下连锁的线上自营医药电商平台，广药健民网具有向个人消费者提供药品的互联网药品交易服务资格证书、从事零售的互联网药品信息服务资格证书、零售连锁药品经营许可证，以及医疗器械经营许可证和食品经营许可、食品流通许可、食品经营者自建食品交易网站备案凭证等等一系列认证和证书。

广药健民的商品全部从广州市发货，省内大多1至2天到达，省外除偏远区域外，2至5天到达。

不过，郑坚雄认为基于平台的医药电商可能有更好的发展，而基于中间商一样中介角色的医药电商平台，则可能很难生存。诸如阿里巴巴、腾讯和百度这样的大平台，可能从互联网形态上来讲，形成了"寡头"的形式。作为大的互联网平台，它们集合了小平台，形成了中介类电商难以切入赚钱的格局。

中介类电商难以赚钱的原因在于承担的责任可能很大，但难说有核心竞争力，用传统电商思维来做，从医药公司拿货，放到电商平台去卖，无论从拿货价格，还是电商渠道的流量来说，都难以形成价格优势和利润空间。互联网的特色是去中间化，做中间的商业做不起来，就是这个逻辑。

从广州医药在电商上的探索来看，郑坚雄认为电商是一种互联网服务，具有乘积效应。从医药流通公司角度来看，电商可以成为中间的工具，让医药流通公司的药品可以直接面对消费者。"你不会去一个电商的部门，或者电商的百货公司买东西的。"郑坚雄说。

他认为广州医药电商业务从零到几亿的生意，就是医药公司的地位已发生重大变化，直接面对电商、面对工具和面对消费者。广药白云山在阿里巴巴或京东的平台上做旗舰店，正是想通过这样的业务模式接近消费者。

在运营和技术方面，通过旗舰店，广州医药建立机制，建立数据库，并以此做技术销售。虽然是消费者端，但一单都可以留下痕迹，形成相应数据，积累起来就很庞大，交易在内的数据都在医药公司手里，下一步做数据挖掘与数据运用，可以实现更精准推广，了解消费者和市场反应，这些可能存在更大的商机。

事实上，2017年，广药集团已先后和京东集团、微医签订跨界合作协议。更早前，在广药白云山非公开发行股票时，云锋基金认购前后，前者便与阿里巴巴达成了合作。

2015年初，广药白云山和阿里健康信息技术有限公司签订《全面深度业务合作协议书》，在医药电商、大健康产品和医疗健康服务方面展开合作。

合作内容涉及O2O业务和处方流转。即广药白云山属下的健民和采芝林连锁药房入驻阿里健康北京公司的O2O平台，深度参与阿里健康北京公司的药店合伙人计划。阿里健康北京公司发挥C端（消费者端）流量优势、互联网技术优势和品牌影响力，为药店导流，并结合其他业务资源，在药店开展增值延伸服务。

广药白云山则发挥采购、运营等优势，与阿里健康北京公司共同对药店进行管理，并利用行业资源，帮助阿里健康北京公司吸引更多药店加入。双方当时还提出，共同探索“未来药店”的转型模式。

基于医改顶层政策支持医药分家的大背景，双方提出共同探索处方流转模式。利用它们都具备的医疗机构资源，展开深度开发，作为处方源头。阿里健康北京公司利用技术力量和体系内O2O、B2C药品销售平台，承载外流处方，为C端提供产品和服务。它们准备借鉴国际经验，从常见慢性病用药等需求庞大、复开方风险小、安全性可控的领域入手，减轻医院压力，方便患者购药，从企业、医院和患者多方考虑。

在医保支付方面，广药白云山和阿里健康以广药健民现有的医保药品在线支付为基础，探索更广泛的医保在线支付，并在此基础上，对接医保控费、电子监管码等业务。从医院和患者的时间与效率提升入手，加强用药和医疗服务的精准性。按照之前的约定，广药白云山和阿里健康的合作协议有效期到2018年底。

阿里健康科技（北京）有限公司成立于双方协议签订前几个月，它是阿里健康的全资子公司。阿里健康聚焦云计算和大数据技术，整合医疗健康资源，搭建电子商务生态系统。

这是阿里健康和广药白云山的第一次牵手，之后双方还发起成立了国内首个全国家庭过期药品回收联盟。

广药白云山在电商新商业上的探索，更早前可以见于与九州通医药集团股份有限公司和北京赛柏蓝企业管理有限公司，签署《实施医药云商战略合作项目三方投资意向书》。

三方基于各自资源优势，共同投资设立独立于各方的法人实体，并以此为主体，实施医药云商计划。通过医药云渠道建设，把控医药生产商所生产的产品和医药电商伙伴的战略合作，归拢线上，实现线下传统医药分销网络和线上医药电商分销网络的互联互通。线下的批发、分销、仓储和配送，线上的自营网店平台、第三方平台、微商等，实现有效销售端覆盖，形成云仓储、云配送、云分销、云服务，达到医药云渠道全覆盖医药云终端的目的。

合作三方中，九州通医药是一家中国医药商业行业的上市公司，是中国较少同时具备B2B、B2C和O2O业务模式的企业之一，旗下拥有九州通医药电子商务交易平台、好药师网上药店和去买药网三个电商平台。

另一方北京赛柏蓝，是基于移动互联网技术快速成长的医药行业新媒体网络公众平台。它拥有由医药行业人士形成的大量粉丝资源，涵盖医药产业链纵向的上中下游，以及政府部门和投资机构等横向领域。

根据当时的合作意向，新设立的云商公司各有定位。

广药白云山提供符合国家标准的产品，供新设立的医药云商公司分销推广，即医药云商公司的产品提供商。而九州通医药提供医药电商渠道分销网络资源和符合医药保健品销售的、国家法定的各类资质条件，实施云商公司分销推广系列产品的云仓储、云配送、交易结算等，它扮演医药云商公司的分销服务商。北京赛柏蓝则为云商公司提供实施基于微信移动互联技术条件下的移动端入口。

三方在资源方面各有倾斜。广药白云山提供有市场竞争力的药品产品。九州通医药提供与已经合作的各大医药电商平台线上的分销网络资源，实现甲方产品的线上渠道覆盖和在全国已经和即将签约的近3万家O2O药店的线下资源，以及共享集团公司体系内，分布于全国各地的传统分销配送资源，实现线下分销网络的覆盖。北京赛柏蓝提供并组织分布于全国各地的医药人粉丝资源，涵盖药品代理商、营销人员、医药自然人以及药店店员和店主等，逐步实现转化，转化成医药云商公司云渠道建设的云渠道成员，参与三方共建云渠道中所属产品的营运推广工作。

这是一个医药航母集团电商新商业的探索。随着药品、渠道的进一步完善和拓宽，以及医药体制改革带来的医、药分家趋势，它将愈发展现出自己的影响力和竞争实力。

第三节 千亿俱乐部

2018年8月8日，广药白云山和它的合作伙伴沃博联向它们的合资公司广州医药，按比例增资10亿元。

这是沃博联和广药集团合作十年来，入股广州医药后难得一见的大手笔增资。

此次增资，是为了满足医药公司运营资金需求，确保重大项目落实而展开的。增资事项完成后，广州医药的注册资本由7亿元增加到17亿元。

广州生物岛广药白云山研发总部效果图

广药集团生物岛项目效果图

这也是广药白云山从沃博联手中回购它持有的广州医药30%股权，成为广州医药的控股股东后，广药白云山对于广州医药的首次大举动支持和资源倾斜。

至此，广药白云山完成了对它下属战略布局的最主要资本支持和注入。

2018年6月26日，广药白云山董事会审议通过，投资建设生物医药与健康研发销售总部项目，建设内容包含创新药及医疗器械研发平台、研发中心、国际医药合作交流中心、科技孵化器及双创基地等。

投资资金来源于自有资金和非公开发行A股股份募集专项资金等，估算投资额超过10.5亿元，涵盖之前募投项目大南药研发平台建设的预计3.5亿元。广药白云山生物医药与健康研发销售总部位于广州国际生物岛内，以广药白云山为投资主体。

这个项目根据《广州国家生物产业基地总体发展规划》和广东省及广州市关于生物医药产业发展的整体布局，结合广药白云山医药健康产业战略发展和非公开发行股份募集资金使用规划中大南药研发平台建设项目的要求而拟订。

广州国际生物岛2006年被认定为国家生物产业基地，2008年列入《珠江三角洲地区改革发展规划纲要（2008—2020）》，2011年7月正式开岛运营招商。广州国际生物岛致力于建设生物产业技术创新和国际交流合作聚集地，配合出台了优惠政策，选址于此，对于广药白云山医药健康产业发展具有前瞻性和合理性。

这个项目占地面积约3.1万平方米，总建筑面积约为10.7万平方米，包含四个功能区域：研发中心、创新药及医疗器械研发平台；国际医药合作交流中心；科技孵化器及双创基地等；余下的是地下室，用于水蓄能池、消防水池和垃圾回收处理等设施。项目总工期预计22个月，于2020年5月底竣工验收并移交使用。

生物岛项目将联合广州国际生物岛，以更为开阔的视野谋划、深化生物技术战略性新兴产业领域，以及孵化器运营、创新体系等方面的发展，建成具有影响力的专业综合性研发平台和国际高技术合作产业区，在加快医药行业科技创新和推广应用，引进孵化或培育拥有自主知识产权、竞争力的高端产品方面建立优势，把创新源、服务区和孵化器功能聚在一起。

这是大南药板块的重大投资。

在此之前，广药白云山已经对大健康板块的全资子公司广州王老吉大健康产业有限公司现金增资8亿元。

得益于广药白云山以现金方式收购广州医药30%股权的交割与完成，广州医药公司成为前者的控股子公司，并纳入合并报表影响，广药白云山2018年上半年的营业收入同比增长较大。此外，广药白云山从沃博联手中购回它所持有的股权，按照购买日公允价值计量，差额人民币8.26亿元计入利润表的投资收益项目，增厚了广药白云山的利润。

2018年上半年，广药白云山涵盖广州医药公允价值差利润的回拨因素，利润同比增长超过115%。从财务角度来看，经营业绩取得较大增幅，源于进一步推进各业务板块发展，加大市场拓展力度，带动了主营业务平稳较快发展。之前的2017年底，广药白云山参与一心堂公司非公开发行股份，持有它7.38%股权，之后广药白云山已与一心堂在流通领域展开项目合作，据此情况和企业会计准则，广药白云山对于一心堂具有重大影响，持有它的股权从其他非流动金融资产转入长期股权投资的权益法核算，这一投资公允价值较2018年初增值超过2.5亿元。

不过，广药白云山业绩的增长，正是一系列动作和布局，以及广药集团重组完成后整合带来的机制效率的提升促成的。

广药白云山继续加大对潜力品种渠道建设和品牌推广的力度，加大培育重点品种的力度，集中资源优势聚焦“巨星品种”，提升销售和加大市场拓展。通过“时尚中药”理念，促进传统中药板块转型发展，推动大南药板块较快发展。

可见的表现是，白云山制药总厂的金戈和光华药业的小柴胡颗粒等巨星品种，潘高寿药业的蜜炼川贝枇杷膏、陈李济药厂的壮腰健肾丸等重点品种，销售收入同比快速增长。

产生合力的地方在于，广药白云山继续推进资源整合战略，细化整合工作，发挥大商业板块配送网络和物流优势，协调大南药板块和大商业板块的协同合作，使两大业务板块的发展相互促进。

同时，广药白云山围绕“品类多元”为核心，以时尚化营销和规范化运作推动大健康板块质量提升，其中王老吉凉茶业绩的增长显著。

在大商业板块，以深耕和开拓为主线，提升增长率。从沃博联手中买入30%广州医药股权，使广药白云山成为后者的控股股东，扩大了大商业板块的规模，为板块资源整合奠定了基础。

同时，大商业板块加快了现代医药物流延伸服务的拓展，各级医院、医疗机构业务以及医院业务增长较快。而在广州医药智慧药房品牌方面，以采芝林中药智能代煎中心为依托，探索基层医院物流延伸服务。此外，还多方位、多元化开展零售服务，布局零售业务。广药白云山与一心堂公司、广东广药金申股权投资基金管理有限公司，共同投资成立广州白云山一心堂医药投资有限公司，正是为了充分发挥各合作方资源优势，立足广东市场，通过并购、新建等多种方式，加快推进在医药连锁终端的布局。

在大医疗板块，广州白云山医院通过整合周边物业扩大规模，提升医院软实力、医疗水平和品牌形象，促进了业务的增长。值得一提的是，探索逐步开拓女性月子服务、养老服务等领域新的合作项目，与有关机构签署了共建月子会所、民营养老机构的合作框架协议。而在培育医疗器械新业态方面，以参股成立的广州众成医疗器械公司，搭建医疗器械创新孵化园区运营平台。

从经营模式上来看，完成重大资产重组后，广药白云山对下属公司的采购体系进行了统一整合，建立了以采芝林药业、医药进出口公司、广药白云山香港公司为核心的统一采购平台，通过集约化统筹管理中药材、原辅材料、包装材料、进口设备等物料采购，提高对外议价和抵御风险能力，有效降低了采购成本。

在大南药板块，针对大宗中药材的采购需求，通过和药材产地直接挂钩，重点结合GAP基地认证等方式，保证珍贵原材料资源稳定可控，从而确保大宗中药材供应的数量、质量、时间和成本。通过加强供应商开发，完善细分供应商的分类管理，培育战略合作供应商等方式，保证采购的大宗原辅材料、包装材料的品质和成本优势。而广药白云山香港公司负责进口设备的统一购进，医药进出口公司负责统一办理进口手续。

大南药的销售通过自营和代理模式实现。通过各级经销商、代理商，对全国大部分医院、社区医疗和零售终端进行销售覆盖。销售平台则形成了以白云山医药销售公司为核心的医药工业销售平台，它已整合了属下白云山制药总厂、光华药业、敬修堂药业三家企业的销售业务和销售人员等资源。

大健康板块的采购，主要通过广药白云山建立的统一归口采购平台集中采购。而销售则是正如前面提到的通过三级经销体系来实现。

大商业板块的医药流通业务分为医药分销和零售两种模式，主要利润来源为以供应链服务为主导的医药品批发、零售业务。广药白云山控股子公司广州医药公司，是华南地区医药流通龙头公司，具有较好的商业信誉，拥有完善的销售网络、较为广泛的销售渠道和较强的医药配送能力。广药白云山拥有“采芝林”“健民”等医药零售连锁品牌，以及68家医药零售网点，具有较强的终端实力。

从竞争力来看，产品方面，广药白云山下属公司在糖尿病、心脑血管、抗菌消炎、清热解毒、肠外营养、止咳镇咳、跌打镇痛、风湿骨痛、妇科及儿童用药、滋补保健等领域形成齐全的品种系列，拥有各类剂型30余种近2000个品种规格，独家生产品规超过100个。

品牌方面，广药白云山和合营企业拥有中国驰名商标9项、广东省著名商标20项、广州市著名商标25项。“白云山”品牌知名度在消费者中具有较大影响力。2013年重大资产重组完成后，在整合品牌资源基础上，广药白云山推动大品牌战略，品牌营销策划模式由零散企业品牌向统一集体战略品牌群转变，形成大南药、大健康、大商业和大医疗四大特色业务板块，以及电子商务、资本财务、医疗器械三大新业态，品牌价值从传统医药产品向新的大健康产品辐射。

广药集团和广药白云山拥有悠久的中医药历史和文化。后者属下12家成员公司获得“中华老字号”认证。陈李济药厂、中一药业、潘高寿药业、敬修堂药业、采芝林药业、王老吉药业、星群药业、奇星药业、明兴药业、光华药业等已是百年老品牌，并拥有星群夏桑菊、白云山人神口滋清、王老吉凉茶、陈李济传统中药文化、潘高寿传统中药文化、中一保滋堂保婴丹制作技艺等六项国家级非物质文化遗产，建立了陈李济博物馆、陈李济健康养生研究院、岭南中医药文化体验馆、神农草堂、采芝林博物馆和王老吉凉茶博物馆，更好地展现了中医药悠久的历史与灿烂的文化。

值得关注的是，广药白云山拥有相对完整的产业链体系，从原料、研发、生产、流通到终端的产业链。以中药材供应为例，广药白云山和合营企业在国内有71个GAP药材基地，建立了原材料、辅料统一采购平台，保证了中药材的质量和供应，并能帮助有效控制生产成本。产品研发方面，通过较为完善的技术创新体系，和国内外科研名院所建立了广泛的合作网络，发挥协同效应，高效利用各方资源。

此外，广药白云山拥有规模较大的医药批发分销配送网络和广泛稳定的客户基础，下属公司是广东省首批取得药品质量管理规范（GSP）认证的医药商业企业之一，与31个省、自治区、直辖市数万名客户建立了长期、稳固的合作关系，有数字一体化营运信息化管理系统，控股子公司医药公司是首批通过两化融合管理体系评定的企业之一。

在科研创新体系方面，广药白云山和合营企业有国家级研发机构、国家级企业技术中心、博士后工作站，还有省级企业技术中心、省级工程技术中心、市级企业技术中心和市级工程技术研发中心，以及省部级重点实验室、市级重点实验室。

在中药和中药保健品研究与开发、自动控制和在线检测等中药工程技术、中药制剂、逆流提取、中药指纹图谱质量控制和头孢类抗生素原料药的合成与工艺技术等方面，有处于领先地位的核心技术。引进并形成包括诺贝尔奖得主、国内院士、外籍院士、享受国家特殊津贴在职人员、首席专家、博士及博士后等在内的高层次人才队伍。

这是重组完成五年后的广药白云山。它和那个分为两个上市公司三地上市的前身，已经有了极大的差别。这是一个全新的广药白云山，它已在中国医药产业展现出了非凡的竞争和研发能力，焕发出了对市场反应敏锐的年轻和活力。

这是资本带给传统制造的新的机会和改变。

有趣的是，回溯广药白云山下属具有几百年历史的陈李济品牌的发展历程，似乎可以从中找到它的渊源和一个关于资本和信用结合的开端。

在中国漫长的医药历史中，有“南有陈李济，北有同仁堂”的说法。而关于陈李济的创业故事，倒是一个经典的商业合伙雏形。

据《广药故事》记载，公元1600年，广东南海县（现佛山市南海区）商人陈体全乘船回广州，不小心把货银忘在了船上，结果被同船的李升佐捡到。后者在广州开了一间中草药铺。捡到钱后，他就在码头上等，等到了失落银子的陈体全。

之后，陈拿了一半的银子出来，投资了李经营的中草药铺，并依据两人签订的合同雏形——本钱各出，利益均沾，同心济世，长发其祥，把店号定为了陈李济。直到1922年，陈李济在香港皇后大道中开了分行，开始做对外贸易。

穿越历史，陈李济在广州起步，之后跟随华人的步伐走遍新加坡、马来西亚、越南和泰国等地。如今，它依然在广州的沙面传承着那些关于医济天下、信守承诺的文化，跟随广药集团的步伐，与广药白云山一起，从内地到香港，及至未来到纽约，到伦敦，再到全球。

这是广药白云山的一个切面。

中信建投研究数据显示，2018年年初至2018年12月底，医药指数下跌超过26%。可供参考的数据是，白云山股份股价较2018年初上涨超过21%，年内最高曾创下725亿元的市值。如今，广药白云山已入选国际资本风向标MSCI指数，这意味着，它成为国际资本市场的潜在投资对象，更广阔的用户市场将把目光向变化中的中国医药健康行业聚焦。

回望过去十年、过去五年，以及如今眼前这个迈入千亿俱乐部的广药集团，更能深刻感知它的气度、格局与视野，如何在内地和香港市场上向境内外投资者彰显。

当前，它已为自己定下目标：两年后冲刺世界500强。

站在历史性机遇面前，广药集团做出了最有魄力的抉择：迎着资本市场的浪潮，乘风驭浪，沿着商业文明的路径，筚路蓝缕。这是一个积淀、探索、审时度势与历久弥新的广药集团。它迎着波涛，沉着冷静地等待浪潮来袭。